IMPRESSUM

Herausgeber:
Annette Danielsen I www.annetted.dk
Originaltitel:
Under Regnbuen
August 2023

Strickdesign: Annette Danielsen | www.annetted.dk |
www.facebook.com/AnnetteDStrik
Übersetzung: Dörte Dietrich, www.wollwerkstatt-kiel.de
Styling: Gitte Brandt Damgaard
Modell: Marie Frølund
Modellfotos: Sanne Berg | www.sanneberg.dk
Inspirationsfotos: Henrik Kreiner
Gestaltung: Randi Schmidt | www.randis.dk
Titelgestaltung: Anne Gäng, LV Media Pro im Landwirtschaftsverlag GmbH
Herstellung: LV MediaPro im Landwirtschaftsverlag GmbH,
Anja Luszck-Hoffmann (Ltg.), Ingo Feyka
Druck: Westermann Druck Zwickau GmbH
ISBN: 978-3-7843-5785-0

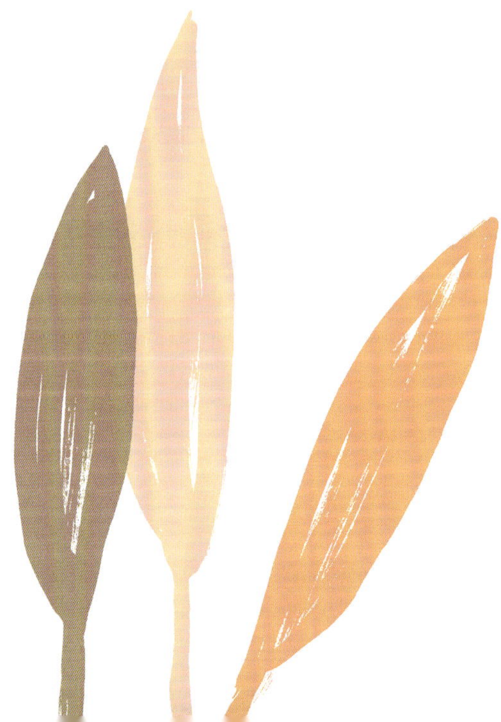

Heimatliebe

Inspiriert von der dänischen Stadt
Aarhus

Annette Danielsen

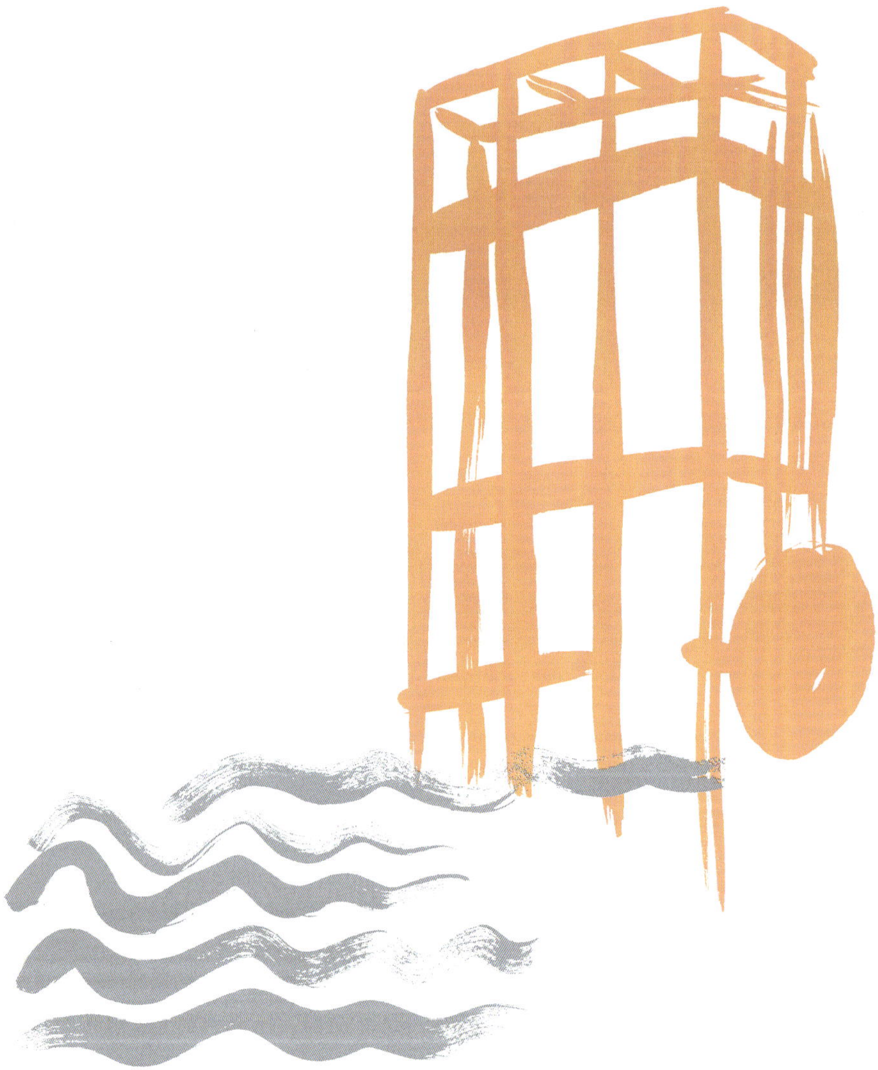

Heimatliebe

Du kannst ein Mädchen aus Aarhus holen, aber niemals Aarhus aus dem Mädchen.
Zitat: Steine Aamose

Aarhus – weltweit die kleinste Großstadt,
Aarhus – Stadt des Lächelns
Und dann ist da noch das Geheimnis: Aarhus – Danish for progress[1]
Liebes Kind – viele Namen

Ich bin Zugezogene und wie viele andere bin ich aus der Provinz gekommen und hier geblieben.
Aarhus ist meine Stadt geworden – durch und durch:
Oliemøllen, Spytbakken, Tangkrogen … Ja, ich nehme das alles gerne in mich auf.

Als Einheimische ist man sich über die Grenze an der Ringgade im Klaren – denn nur, wenn du innerhalb dieser unsichtbaren Grenze geboren bist, kannst du dich eine echte Aarhusianerin nennen und darfst den unverwechselbaren Dialekt sprechen.

In meiner Kindheit gab es jede Menge Aarhuswitze: Warum nehmen Aarhusianer immer eine Autotür mit in die Wüste? Wenn es zu warm wird, können sie einfach das Fenster runterkurbeln. Darüber haben wir viel gelacht. Ich glaube nicht, dass es die Aarhusianer beeinflusst hat. Es braucht wohl mehr, um das Selbstbewusstsein hier in der Stadt zu erschüttern.

Meine 35 Jahre in Aarhus machen mich nicht zur Aarhusianerin, aber Aarhus ist mir tief unter die Haut gedrungen. Ich stelle es immer wieder selbst in meiner Sprache fest.
Ich bin das Mädchen, das nach Aarhus gekommen ist und man wird Aarhus nie wieder aus mir herausbekommen.

Ganz viel Spaß beim Stricken

Viele liebe Grüße Annette

[1]Offizieller Slogan für Aarhus 2011-2014

ABKÜRZUNGEN/ ERKLÄRUNGEN

abh = abheben
abhFh = abheben mit dem Faden hinter der Masche
abhFv = abheben mit dem Faden vor der Masche
abk = abketten
abn/Abn = abnehmen/Abnahme(n)
anschl = anschlagen
beg = beginnen
Hilfs-Nd = Hilfsnadel
Hin-R = Hinreihe = Außenseite
li = links
M = Masche(n)
MM = Maschenmarkierer
Nd = Nadel(n)
R = Reihe(n)
Rd = Runde(n)
re = rechts
Rück-R = Rückreihe = Innenseite
str = stricken
U = Umschlag (den Faden von vorne nach hinten über die rechte Nadel legen)
verschr = verschränkt
wdh = wiederholen
zun/Zun = zunehmen/Zunahme(n)
zus = zusammen
zw = zwischen
1 neue re = den Querfaden vor der nächsten M auf die li Nd heben und re verschr str
1 neue li = den Querfaden vor der nächsten M verdreht auf die li Nd heben und li str
2aus1M str = 1 M aus dem vorderen Maschenbogen re str, dann eine 2. M aus dem hinteren Maschenbogen derselben M re verschr str

KORREKTUREN:

www.annetted.dk
Die Korrekturen für die dänische Ausgabe wurden in der deutschen Ausgabe bereits berücksichtigt

VERWENDETE GARNE

Die Informationen zu den Garnen und den empfohlenen Isager-Geschäften befinden sich auf der Homepage: www.isagerstrik.dk

DANK

Nochmals vielen Dank an alle, die mir immer zur Seite stehen. Ohne Euch keine Veröffentlichungen: Randi, Signe, Sanne und Stine, Gitte, Bodil, Dorte und meine Mutter. Außerdem ein großes Dankeschön an Henrik für die inspirierenden Fotos. Und last but not least: Ein großes Dankeschön an alle Strickerinnen, die mich unterstützen,fast egal, was ich mir einfallen lasse.

Über Maschenproben

Ihr solltet Maschenproben anfertigen!

Erledigt es jetzt. Ihr müsst viele Stunden stricken, also warum solltet Ihr riskieren, einen Pullover fertigzustellen, mit dem Ihr nicht zufrieden seid? Denkt daran, dass Ihr gerne strickt und eine Strickprobe maximal eine Stunde dauert. Trinkt in der Zwischenzeit einen guten Kaffee, esst etwas Leckeres und genießt es.

Erst wenn die Strickprobe passt, startest Du Dein Projekt. Bewahre die Strickprobe auf, um beim Stricken immer wieder vergleichen zu können. Überprüfe die Maschenprobe Deines Strickprojektes zwischendurch 5-mal.Wenn das Stricken beendet und der Pullover komplett fertiggestellt ist, spüle ihn in lauwarmem Wasser aus. Schleudere in der Waschmaschine vorsichtig möglichst viel Wasser aus und wenn in der Anleitung nichts anderes steht, lege den Pullover zum Trocknen flach aus und ziehe ihn in Form.

So gehts:
So viele Maschen wie die Maschenprobe angibt + weitere 6 Maschen anschl – so kannst Du innerhalb der äußeren Maschen messen. Stricke 13 cm, damit Du innerhalb der ersten und letzten Reihe messen kannst. Wenn die Probe glatt rechts gestrickt wird, stricke nur die alleräußersten Maschen in jeder Reihe rechts, NICHT die äußeren 4 - 5 Maschen kraus stricken. Das würde die Seiten zu sehr zusammenziehen und das Höhenmaß beeinträchtigen.

Messe zuerst die Höhe Deiner Strickprobe.
Passt die Reihenanzahl auf 10 cm zu der angegebenen Maschenprobe? Wenn sie übereinstimmt, ist alles gut.

Messe danach die Breite Deiner Strickprobe.
Passt die Maschenanzahl auf 10 cm zu der angegebenen Maschenprobe? Wenn sie übereinstimmt, ist alles gut

Aber was ist, wenn die Strickproben nicht passen?

Wenn die Probe zu viele Maschen auf 10 cm + zu viele Reihen auf 10 cm hat: Gehe mit der Nadelstärke hoch und stricke eine neue Probe. (Sind im Bus zu viele Menschen, so brauchst Du einen größeren Bus).

Wenn die Probe zu wenige Maschen auf 10 cm + zu wenige Reihen auf 10 cm hat: Gehe mit der Nadelstärke runter und stricke eine neue Probe. (Sind im Bus zu wenige Menschen, so benötigst Du einen kleineren Bus).

Wenn die Maschenanzahl auf 10 cm passt, aber Du zu viele Reihen auf 10 cm hast – also wenn die Breite passt, aber die Höhe zu gering ist: Ziehe Deine Probe etwas in die Länge und messe erneut. Nun passt die Reihenanzahl, aber die Breite stimmt nicht mehr: Du hast zu viele Maschen auf 10 cm bekommen. Gehe mit der Nadelstärke hoch und stricke eine neue Probe.

Sind nun zu wenige Maschen auf 10 cm (die Strickprobe wird zu breit) und vielleicht immer noch ein bisschen zu viele Reihen auf 10 cm (die Strickprobe ist noch ein wenig zu kurz)? Dann ziehst Du Deine Probe wieder in die Länge – diesmal nicht so kräftig. Messe erneut. Nun passt die Reihenanzahl, und durch das Ziehen in die Länge bekommt man auch die passende Maschenanzahl für die richtige Breite. Wenn dies nicht beim ersten Mal glückt, so probiere es noch einmal mit einer größeren Nadel.

Das bedeutet, dass Du auch während des Strickens Dein Projekt immer wieder in die Länge ziehen solltest. Jedes Mal, wenn Du Deine Strickarbeit messen sollst, ziehe sie ein wenig in die Länge, sodass die Maschenprobe passt.

„Die Höhe meiner Strickprobe ist mir nicht so wichtig, ich stricke einfach ein paar Reihen mehr"
Im Vergleich zur Maschenprobe strickst Du zu fest. Das Ergebnis der Strickarbeit wird nicht so werden wie erwartet und Du riskierst, zu wenig Garn zu haben. Am Ende wird der Pullover oder die Ärmel zu kurz und Du wirst den Pulli automatisch lang ziehen, sodass die Ärmel und der Pulli zu eng werden.

Ich rate Dir dringend dazu, eine Strickprobe anzufertigen, die passt – auch in der Höhe.

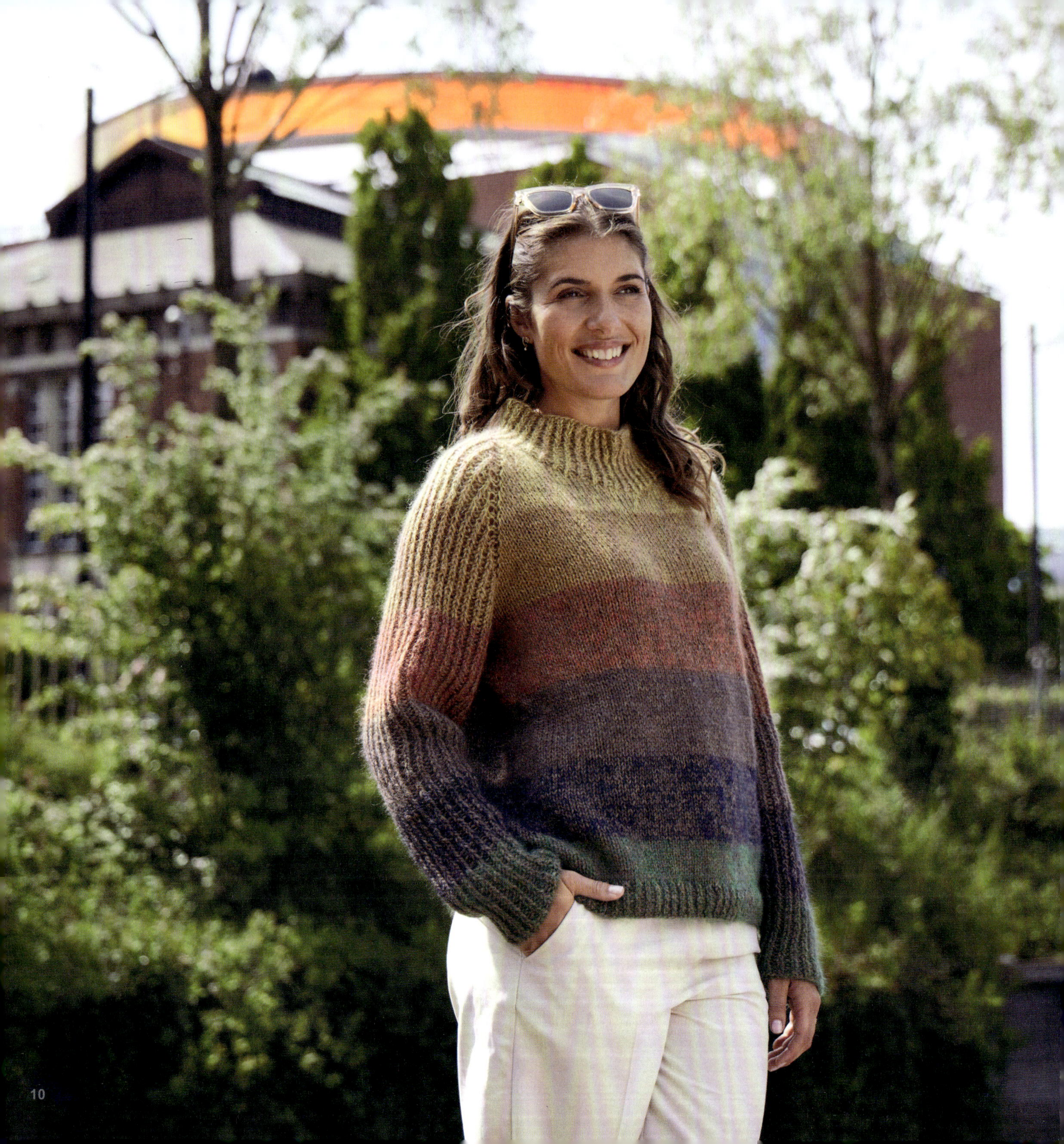

Aros

Die Gründung der Stadt Aarhus wird auf das 8. Jahrhundert datiert. Damals wurde die Stadt noch Aros genannt.
Wenn man an den Fußgängerampeln im Stadtzentrum steht, bekommt man einen kleinen Gruß aus der Vergangenheit: Roter Wikinger – bleib stehen – grüner Wikinger – du kannst gehen.

Wenn wir heute Aros sagen, denken wir an das Kunstmuseum ARoS, das mit seiner sehr zentralen Lage mitten in Aarhus eine große visuelle Bedeutung für die Stadt hat – nicht zuletzt da das Museum 2011 Olafur Eliassons Kunstwerk ‚Your rainbow panorama' auf das Dach des Gebäudes platziert hat. Der Regenbogen, wie wir das Kunstwerk hier in Aarhus nennen, ist neben dem Rathaus und der Domkirche zu einem Wahrzeichen der Stadt geworden.

Gr: S(M)L(XL)XXL

Halbe Oberweite: 49(54)58(61)66 cm
Länge: 60 cm
Ärmellänge ab Armausschnitt: 44(43)42(41)40 cm

Material
A: 100 g Isager Jensen Yarn Farbe 59s
B: 200(240)250(250)300 g Isager Jensen Yarn Farbe 8s

1: 25 g Isager Silk Mohair Farbe 59
2: 25 g Isager Silk Mohair Farbe 63
3: 25(25)25(25)50 g Isager Silk Mohair Farbe 28
4: 25(25)25(25)50 g Isager Silk Mohair Farbe 60
5: 25 g Isager Silk Mohair Farbe 100
6: 25 g Isager Silk Mohair Farbe 56

Mit je 1 Faden beider Qualitäten stricken

Rund- und Strumpfnadeln: Nr 4½ und 5

Maschenprobe glatt rechts mit Nd Nr. 5: 10 cm = 15 M und 20 R

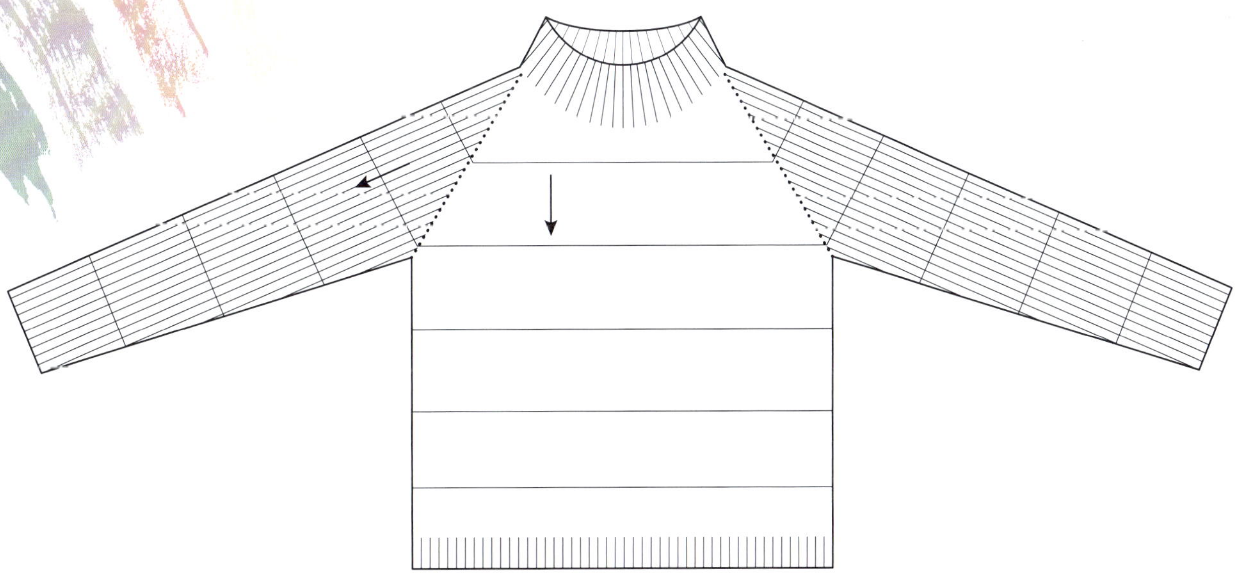

U: Den Arbeitsfaden von vorne nach hinten über die rechte Nd legen und einen Umschlag bilden.
Verschr U: Den Arbeitsfaden von hinten nach vorne über die rechte Nd legen und so einen verschränkten Umschlag bilden.

U re verschr str: Das hintere Maschenbein des Umschlags re str (= re verschr).
U re str: Das vordere Maschenbein des Umschlags re str.

U li verschr str: Das hintere Maschenbein des Umschlags li str (= li verschr).
U li str: Das vordere Maschenbein des Umschlags li str.

Der Pullover wird von oben nach unten gestrickt.

RAGLANPASSE

Schlage 49(51)53(55)57 M mit A+1 und Nd Nr. 5 an.

Reihe 1 (Rück-R): 1 re – U – 1 re (Raglan-M) – verschr U – *1 re – 1 li*.
Von * bis * insg 3-mal str – 1 re – U – 1 re (Raglan-M) – verschr U – 29(31)33(35)37 li – U – 1 re (Raglan-M) – verschr U – *1 re – 1 li*.
Von * bis * insg 3-mal str – 1 re – U – 1 re (Raglan-M) – verschr U – 1 re = 57(59)61(63)65 M.

Reihe 2: 1 re – U re verschr str – 1 li (Raglan-M) – U re str – *1 li – 1 re verschr*.
Von * bis * insg 3-mal str – 1 li – U re verschr str – 1 li (Raglan-M) – U re str – 29(31)33(35)37 re – U re verschr str – 1 li (Raglan-M) – U re str – *1 li – 1 re verschr*.
Von * bis * insg 3-mal str – 1 li – U re verschr str – 1 li (Raglan-M) – U re str – 1 re – 2 neue M anschl = 59(61)63(65)67 M.

Reihe 3: 1 re – 3 li – U – 1 re (Raglan-M) – verschr U – *1 li – 1 re*.
Von * bis * insg 4-mal str – 1 li – U – 1 re (Raglan-M) – verschr U – 31(33)35(37)39 li – U – 1 re (Raglan-M) – verschr U – *1 li – 1 re*.
Von * bis * insg 4-mal str – 1 li – U – 1 re (Raglan-M) – verschr U – 2 li – 2 neue M anschl = 69(71)73(75)77 M.

Reihe 4: 4 re – U re verschr str – 1 li (Raglan-M) – U li str – *1 re verschr – 1 li*.
Von * bis * insg 4-mal str – 1 re verschr – U li verschr str - 1 li (Raglan-M) – U re str – 31(33)35(37)39 re – U re verschr str – 1 li (Raglan-M) – U li str – *1 re verschr – 1 li*.
Von * bis * insg 4-mal str – 1 re verschr – U li verschr str – 1 li (Raglan-M) – U re str – 4 re – 2 neue M anschl = 71(73)75(77)79 M.

Reihe 5: 1 re – 6 li – U – 1 re (Raglan-M) – verschr U – *1 re – 1 li*.
Von * bis * insg 5-mal str – 1 re – U – 1 re (Raglan-M) – verschr U – 33(35)37(39)41 li – U – 1 re (Raglan-M) – verschr U – *1 re – 1 li*.
Von * bis * insg 5-mal str – 1 re – U – 1 re (Raglan-M) – verschr U – 5 li – 2 neue M anschl = 81(83)85(87)89 M.

Reihe 6: Bis zum U re str – U re verschr str – 1 li – U re str – bis zum U Rippen mit re verschr M str – U re verschr str – 1 li – U re str – bis zum U re str – U re verschr str – 1 li – U re str – bis zum U Rippen mit re verschr M str – U re verschr str – 1 li – U re str – bis zum R-Ende re str – 2 neue M anschl = 83(85)87(89)91 M.

Reihe 7: 1 re – bis zur Raglan-M li str – U – 1 re – verschr U – bis zur Raglan-M Rippen str – U – 1 re – verschr U – bis zur Raglan-M li str – U – 1 re – verschr U – bis zur Raglan-M Rippen str – U – 1 re – verschr U – bis zum R-Ende li str – 2 neue M anschl = 93(95)97(99)101 M.

Reihe 8: Bis zum U re str – U re verschr str – 1 li – U li str – bis zum U Rippen mit re verschr M str – U li verschr str – 1 li – U re str – bis zum U re str – U re verschr str – 1 li – U li str – bis zum U Rippen mit re verschr M str – U li verschr str – 1 li – U re str – bis zum R-Ende re str – 2 neue M anschl = 95(97)99(101)103 M.

Reihe 9: Wie Reihe 7 str = 105(107)109(111)113 M.

Reihe 10: Wie Reihe 6 str, aber 2(3)3(3)3 neue M anschl = 107(110)112(114)116 M.

Reihe 11: Wie Reihe 7 str, aber 2(3)3(3)3 neue M anschl = 117(121)123(125)127 M.

Reihe 12: Wie Reihe 8 str, aber 3(3)3(4)4 neue M anschl = 120(124)126(129)131 M.

Reihe 13: Wie Reihe 7 str, aber 3(3)3(4)4 neue M anschl = 131(135)137(141)143 M.

Es sind nun für den Raglan 7 Zunahme-R gestrickt.

Die Fäden abschneiden.
Die 43(44)44(45)45 zuletzt gestrickten M von der li auf die re Nd heben, ohne sie zu str. Einen MM für den neuen Rd-Beginn direkt vor die Raglan-M zwischen linkem Ärmel und Rücken platzieren.

Die Arbeit zur Runde schließen.
Runde 1 (Außenseite): 1 li – U li str – bis zum U re str – U re verschr str – 1 li – U re str – Rippen mit re verschr M str – U re verschr str – 1 li – U re str – 20(21)21(22)22 re – 1(1)3(3)5 neue M anschl – 20(21)21(22)22 re über das linke Vorderteil str – U re verschr str – 1 li – U re str – bis zum U Rippen mit re verschr M str – U re verschr str = 132(136)140(144)148 M.

Das Muster in Runden weiter str.
Runde 2: *1 li – U – bis zur Raglan-M re str – verschr U – 1 li – U – bis zur Raglan-M Rippen str – verschr U*.
Wieder von * bis * str = 140(144)148(152)156 M.

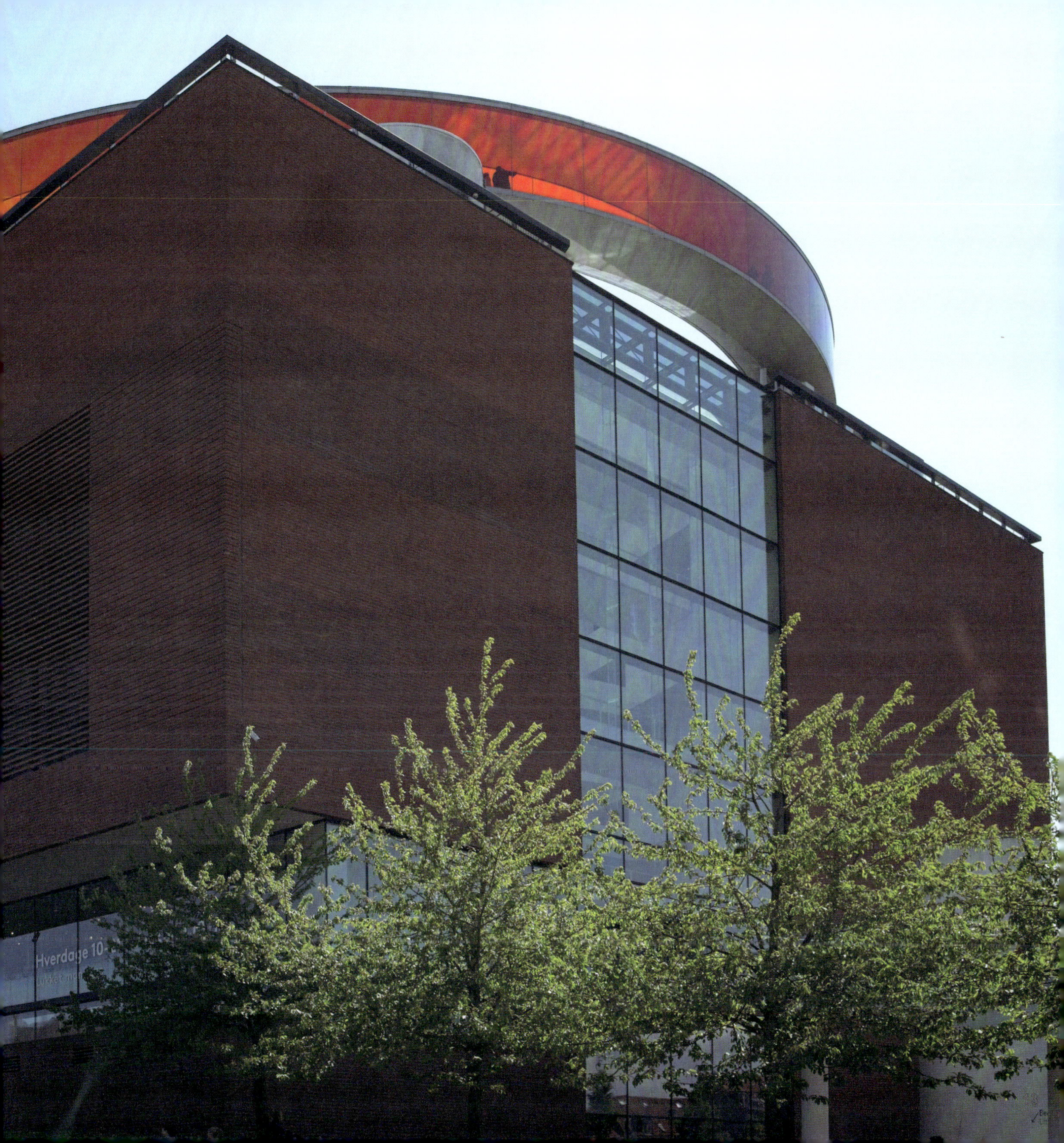
Hverdage 10-

Runde 3: *1 li – U re str – bis zum U re str – U re verschr str – 1 li – U li str – bis zum U Rippen mit re verschr M str – U li verschr str*. Wieder von * bis * str.

Rd 4: Wie Rd 2 str = 148(152)156(160)164 M.

Rd 5: *1 li – U re str – bis zum U re str – U re verschr str – 1 li – U re str – bis zum U Rippen mit re verschr M str – U re verschr str*. Wieder von * bis * str.

Es sind am Raglan nun insg 9 Zunahme-R gestr und die Arbeit misst 10 cm.
Farbe 1 abschneiden. Mit A+2 str.

Die Rd 2-5 wdh, bis weitere 10(11)11(11)11 Zunahme-Rd gestr sind = 228(240)244(248)252 M.
Nach einer Rd 5(3)3(3)3 enden.

Gr. (M)L(XL)XXL:
Beide Fäden abschneiden. Mit B+3 str.
Noch (0)2(4)6 weitere Rd und mit Zun wie bisher str = (240)252(264)276 M.

Alle Gr.:Die Passe misst 19(20)21(22)23 cm.

VERTEILUNG

Keine weiteren Zun str.
In der nächsten Rd die M auf Rumpf und Ärmel verteilen: Die 1. M abh, ohne sie zu str – 67(71)75(79)83 re str – die nächsten 47(49)51(53)55 M stilllegen, ohne sie zu str – 6(10)12(14)16 neue M anschl – 67(71)75(79)83 re str – die nächsten 47(49)51(53)55 M stilllegen, ohne sie zu str – 6(10)12(14)16 neue M anschl. (Die erste abgeh M wird am Ende der R zur Ärmel-M).

RUMPF

Es sind insg 146(162)174(186)198 Rumpf-M. 143(157)168(179)190 Rumpf-M re str und hier einen MM für den Rd-Beginn platzieren.

Gr. S: Beide Fäden abschneiden.
Mit B+3 str.

Alle Gr.: 20(18)16(14)12 Rd re str.
Farbe 3 abschneiden.

20 Rd re mit B+4 str.
20 Rd re mit B+5 str.
12 Rd re mit B+6 str.

Zu Nd Nr. 4½ wechseln.
Rd 1: *1 re verschr – 1 li*. Von * bis * wdh.
Rd 2: *1 re – 1 li*. Von * bis * wdh.

Rd 1-2 wdh, bis insg 7 Rd Rippen gestr sind.
Alle M im Rippenmuster abk.

ÄRMEL

Die 47(49)51(53)55 Ärmel-M auf eine Nd Nr. 5. heben

Gr. S: Mit A+2 str.

Gr. (M)L(XL)XXL: Mit B+3 str.

Alle Gr.:
Im Armausschnitt 6(10)12(14)16 M aus den angeschl Rumpf-M str – 2(1)1(1)1 M aus dem Übergang zu den Ärmel-M str – im Rippenmuster über die Ärmel-M str – 2(1)1(1)1 M aus dem Übergang zu den angeschl M str – die ersten 3(5)6(7)8 der heraus gestr M re str (hier ist der Rd-Beginn) = 57(61)65(69)73 M.

Zur Rd schließen.
Rd 1: *1 re verschr – 1 li*.
Von * bis * wdh. Enden mit 1 re verschr.

Gr. S: Beide Fäden abschneiden.
Mit B+3 str.

Alle Gr.: Rd 2: *1 re – 1 li*.
Von * bis * wdh. Enden mit 1 re.

Rd 3-4: Wie Rd 1-2 str.

1. Abnahme str: 2 li zus – im Muster bis zu den letzten 2 M str – 2 li zus = 55(59)63(67)71 M.
6(5)4(4)3 Rd im Muster str.

2. Abnahme str: 2 re zus – im Muster bis zu den letzten 2 M str - 2 re verschr zus = 53(57)61(65)69 M.

Dem Farbverlauf (s. u.) folgen.
Die Abn in jeder 7.(6.)5.(5.)4. Rd wdh und zwischen der 1. und 2. Abn wechseln, bis insg 12(14)16(17)19 Abnahme-Rd gestr sind = 33(33)33(35)35 M.

FARBVERLAUF:
Mit B+3 weiter str, bis insg 22 Rd gestr sind.
22 Rd mit B+4.
22 Rd mit B+5.
20 Rd mit B+6.
Alle M im Rippenmuster abk.

Den zweiten Ärmel genauso str.

HALSBÜNDCHEN

Rund um den Halsausschnitt M mit Nd Nr. 4½ und A+1 wie folgt heraus str:
Zwischen rechtem Ärmel und Rücken beg.

29(31)33(35)37 M aus den Nacken-M str – 9 M aus den Ärmel-M str (die 1. M aus der ersten rechten Ärmel-M str) – 39(41)43(45)47 M aus dem Vorderteil str – 9 M aus den Ärmel-M str = 86(90)94(98)102 M.

Zur Runde schließen.
Rd 1: *1 li – 1 re verschr*. Von * bis * wdh.
Rd 2: *1 li – 1 re*. Von * bis * wdh.

Rd 1-2 wdh, bis insg 14 Rd gestr sind.

Rd 1 str. Alle M im Rippenmuster abk.

FERTIGSTELLUNG

Alle losen Fäden vernähen.

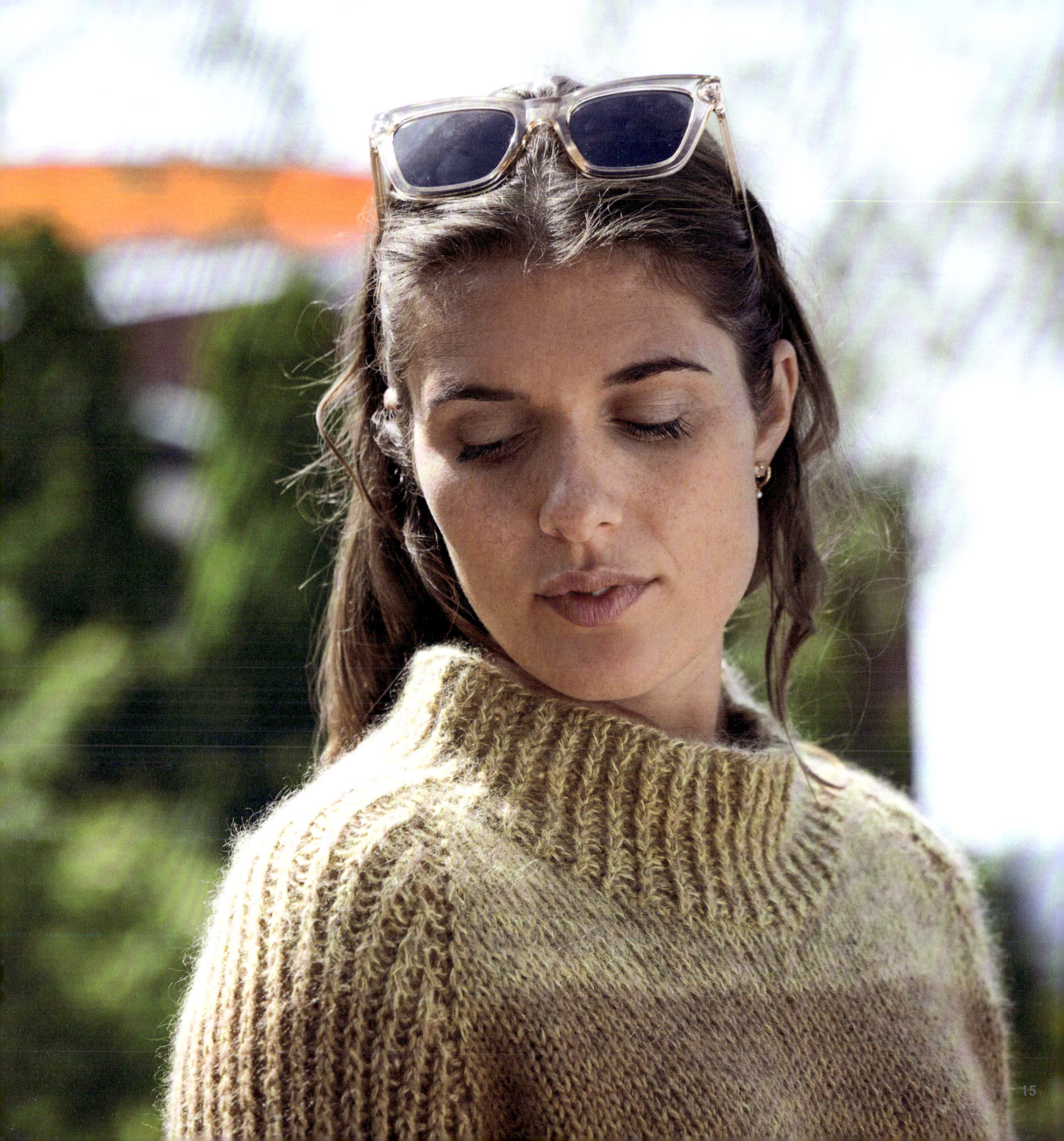

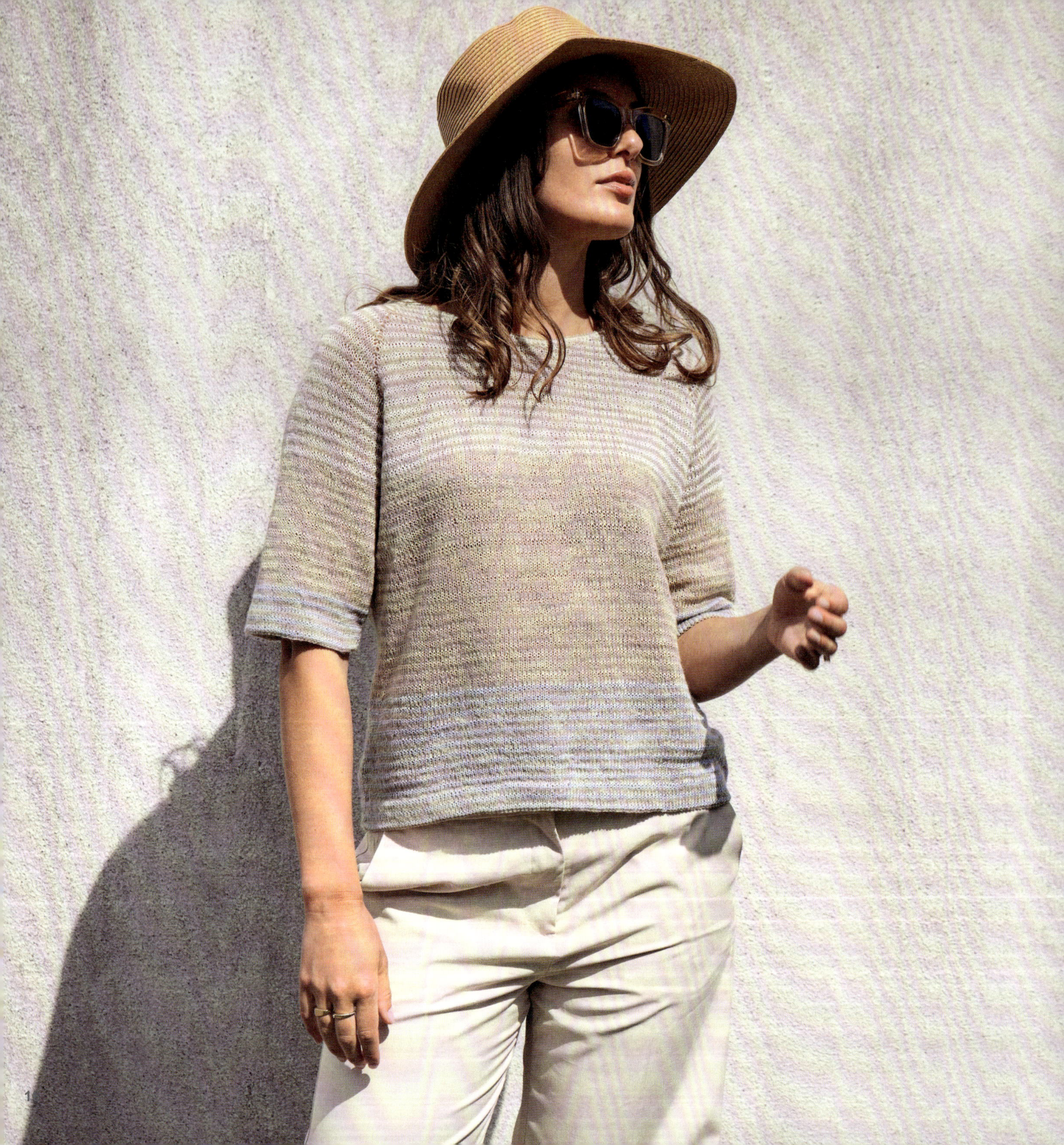

Bellevue

Sonne, Sommer und Schokoladeneis.

Aarhus erstreckt sich mit seinen Landzungen in die Aarhusbucht, und die Küstenlinie reicht fast bis in die Innenstadt, sodass Aarhus reich beschenkt mit schönen Aussichten ist.

Bis in die frühen 1900er-Jahre war alles nördlich des Riis-Waldes noch landwirtschaftliche Nutzfläche und militärisches Gebiet, aber 1925 wurde dies in kleine Sommerhausgrundstücke unterteilt und da begann der Ärger:
Gäste von „außerhalb" begannen die Strandbereiche zu nutzen, Müll zu hinterlassen und nur leicht bekleidet zu baden – ja sogar auch unbekleidet.

König Christian X. saß auf Schloss Marselisborg und wurde sehr neugierig.
Er sprang auf sein Pferd und ritt los, um sich selbst ein Bild zu machen …

So war es früher, und so ist es immer noch: Die Grundstückseigentümer sind es leid, dass Gäste entlang der kleinen Wohnstraßen parken, Müll hinterlassen und immer noch spärlich bekleidet oder gar nackt baden ...

Gr: S(M)L(XL)XXL

Halbe Oberweite: 48(52)56(60)65 cm
Länge 57 cm
Ärmellänge ab Armausschnitt: 19(18)18(17)16 cm

Material
A: 100(150)150(150)150 g Isager Highland Farbe Sand
B: 50 g Isager Trio 1 Farbe White
C: 50 g Isager Trio 1 Farbe Linen
D: 50 g Isager Trio 1 Farbe Frost

Rund- und Strumpfnadeln Nr. 2½ und 3

Maschenprobe glatt rechts mit Nd Nr. 3: 10 cm = 26 M und 36 R

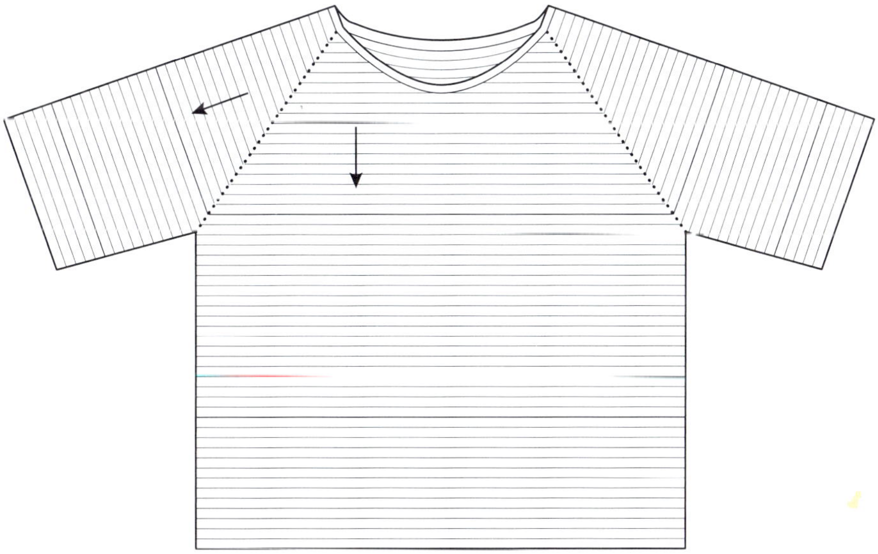

3aus1M: Die nächste M re str, aber nicht von der linken Nd heben – U – dieselbe M wieder re str und nun von der Nd abh.

Der Pullover wird von oben nach unten gestrickt.

PASSE

72(74)74(78)78 M mit Nd Nr. 3 und A anschl.

Reihe 1 (Rück-R): 1 re – 71(73)73(77)77 li – 1 neue M anschl = 73(75)75(79)79 M.

Mit B str:
Reihe 2: 2 re – 3aus1M – 10 re (Ärmel) – 3aus1M – 46(48)48(52)52 re (Rücken) – 3aus1M – 10 re (Ärmel) – 3aus1M – 1 re – 1 neue M anschl = 82(84)84(88)88 M.
Reihe 3: 1 re – 81(83)83(87)87 li – 1 neue M mit A+B anschl = 83(85)85(89)89 M.

Mit A str:
Reihe 4: 4 re – 3aus1M – 12 re – 3aus1M – 48(50)50(54)54 re – 3aus1M – 12 re – 3aus1M – 3 re – 1 neue M anschl = 92(94)94(98)98 M.
Reihe 5: 1 re – 91(93)93(97)97 li – 1 neue M mit A+B anschl = 93(95)95(99)99 M.

Mit B str:
Reihe 6: 6 re – 3aus1M (die mittlere M markieren) – 14 re – 3aus1M (die mittlere M markieren) – 50(52)52(56)56 re – 3aus1M (die mittlere M markieren) – 14 re – 3aus1M (die mittlere M markieren) – 5 re – 1 neue M anschl = 102(104)104(108)108 M.
Reihe 7: 1 re – 101(103)103(107)107 li – 2 neue M mit A+B anschl = 104(106)106(110)110 M.

Weiter in Streifen mit A und B str:
Weiterhin in allen Hin-R Zun in den markierten M str und am Ende jeder R 2 neue M anschl, bis insg 9(11)11(11)11 Zunahme-R gestr sind = 174(200)200(204)204 M.
Es sind nun insg 5(6)6(6)6 B-Streifen gestr.

Mit einer Rück-R enden, KEINE weiteren M anschl.
Die Fäden abschneiden.

Die Arbeit wenden, zur Rd schließen und von der Außenseite str:
87(100)100(102)102 M von der linken auf die rechte Nd heben, ohne sie zu str, sodass der neue Rd-Beginn in der Rückenmitte liegt.
Hier einen MM für den Rd-Beginn platzieren.

Mit A str:
Runde 1: 32(35)35(37)37 re – 3aus1M – 28(32)32(32)32 re – 3aus1M – 25(31)31(31)31 re –14(8)8(12)12 neue M anschl – 25(31)31(31)31 re – 3aus1M – 28(32)32(32)32 re – 3aus1M – 32(35)35(37)37 re = 196(216)216(224)224 M.
Runde 2: Alle M re str.

Mit B str:
Runde 3: 3aus1M aus den markierten M, alle anderen M re str = 204(224)224(232)232 M.
Runde 4: Alle M re str.

Weiter mit Streifen und Zun wie bisher str, bis weitere 22(22)22(24)24 Zunahme-R gestr sind = 380(400)400(424)424 M. B abschneiden.

Gr. L(XL)XXL:
Weiter mit Streifen in A und C und Zun wie bisher str, bis weitere 2(2)4 Zunahme-R gestr sind = 416(440)456 M.

Alle Gr.:
1 Rd re mit A ohne Zun str.
Die Arbeit misst in der Rückenmitte 19(20)21(22)23 cm.

VERTEILUNG

Die Fäden abschneiden.
56(58)61(65)68 M von der linken auf die rechte Nd heben, ohne sie zu str – die nächsten 78(84)86(90)92 Ärmel-M stilllegen, ohne sie zu str.

Nun mit A str: 8(14)18(20)24 neue M anschl – 112(116)122(130)136 Vorderteil-M re str – 78(84)86(90)92 Ärmel-M stilllegen, ohne sie zu str - 8(14)18(20)24 neue M anschl – 112(116)122(130)136 Rücken-M str.

Zur Runde schließen und die ersten 4(7)9(10)12 der neu angeschl M str (= Mitte unter dem Ärmel).
Den MM für den neuen Rd-Beginn hierher versetzen.

RUMPF

Über die 240(260)280(300)320 Rumpf-M weiterhin Streifen mit A und C str, bis nach der Verteilung 4(4)5(5)5 C-Streifen gestr sind.
1 Rd re mit A str.

1. Taillenabnahme: 4(7)9(10)12 re – einen MM platzieren – 2 re zus –108(112)118(126)132 re – 2 re verschr zus – einen MM platzieren – 4(7)9(10)12 re*.
Von * bis * wdh = 236(256)276(296)316 M.

11 Rd mit Streifen wie bisher str.
2. Taillenabnahme: *Re bis zum MM str – 2 re zus – re bis 2 M vor den nächste MM str – 2 re verschr zus*.
Von * bis * wdh. Re bis zum Rd-Beginn str = 232(252)272(292)312 M.

Die Abn in jeder 12. Rd wdh, bis insg 5(5)4(4)4 Abnahme-Rd gestr sind = 220(240)264(284)304 M.

Noch 3(2)3(2)1 Streifen mit C str = insg sind 19(18)18(17)17 C-Streifen gestr.

1 Rd re mit A str.
1. Zunahme: *Re bis zum MM str – nach dem MM 1 neue re (s. Abk.) – re bis zum MM – 1 neue re vor dem MM*.
Von * bis * wdh. Re bis zum Rd-Beginn str = 224(244)268(288)308 M.

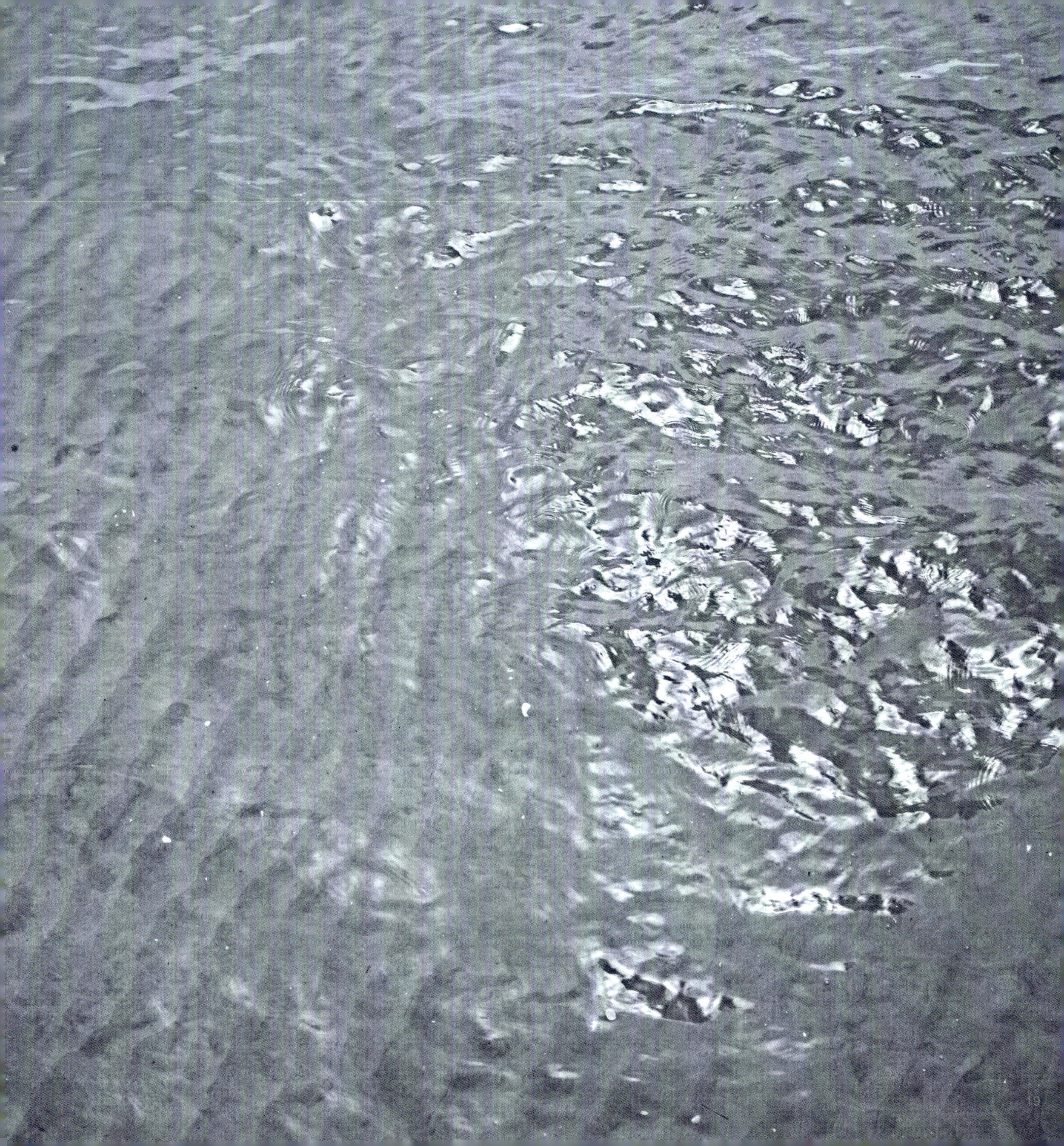

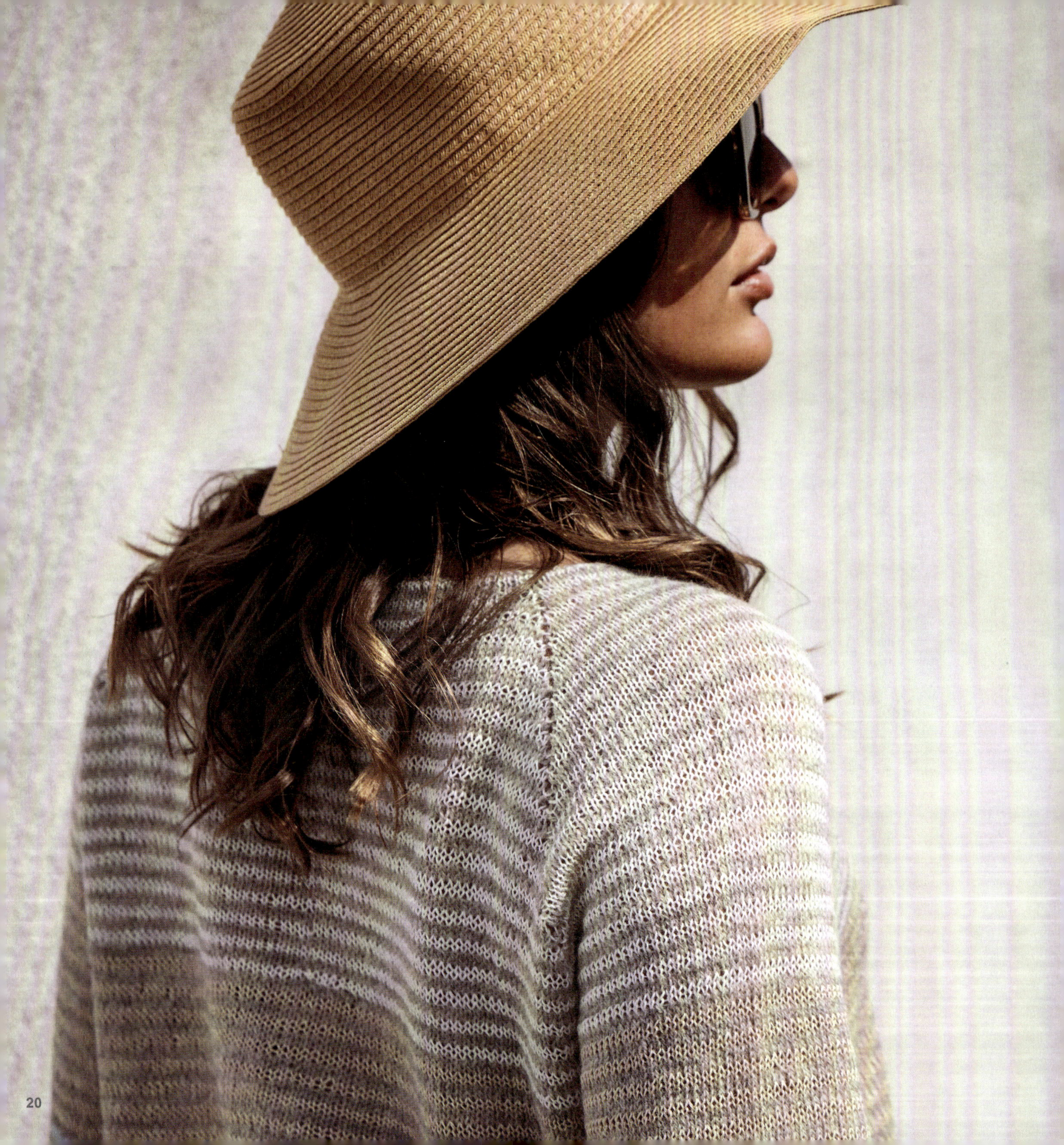

C mit D auswechseln, sobald insg 21(20)20(19)18 C-Streifen gestr sind. GLEICHZEITIG die Zun in jeder 8. Rd wdh, bis insg 3 Zunahme-Rd gestr sind = 232(252)276(296)316 M.

Noch 2-mal Zun in jeder 12. Rd str = 240(260)284(304)324 M.

Weiter str, bis 13(13)12(12)12 D-Streifen gestr sind.
D abschneiden.

Zu Nd Nr. 2½ wechseln und mit A str:
1 Rd re – 1 Rd li – 11 Rd re.
Alle M sehr locker abk.

ÄRMEL

Die Ärmel-M auf Strumpf-Nd Nr. 3 heben.

Mit A str: 8(14)18(20)24 M aus den angeschl Rumpf-M str – 1 neue M aus dem Übergang zu den Ärmel-M str – die 78(84)86(90)92 Ärmel-M re str – 1 neue M aus dem Übergang zu den angeschl Rumpf-M str = 88(100)106(112)118 M.

4(7)9(10)12 re str (= Mitte unter dem Ärmel). Hier einen MM für den Rd-Beginn platzieren.

Zur Runde schließen.
2 Rd re mit C str.
2 Rd re mit A str.
2 Rd re mit C str.
1 Rd re mit A str.

Abnahmen str: 1 re – 2 re zus – re bis 3 M vor den MM str – 2 re verschr zus – 1 re = 86(98)104(110)116 M.

Insg 8(7)7(7)6-mal in jeder 8. Rd Abn und GLEICHZEITG Streifen mit A und C str, bis am Ärmel insg 12(11)11(10)9 C-Streifen gestr sind. Insg sind 12(11)12(11)11 C-Streifen gestr.

Zu D wechseln und weitere Abn wie bisher str, bis 5 D-Streifen gestr sind.
Es sind insg 72(86)92(98)106 M auf der Nd.
D abschneiden.

Zu Nd Nr. 2½ wechseln und mit A str:
1 Rd re – 1 Rd li – 9 Rd re.
Alle M sehr locker abk.

Den 2. Ärmel genauso str.

HALSRAND

M mit Nd Nr. 2½ und Farbe B heraus str.
Am Halsausschnitt 72(74)74(78)78 M aus der Anschlag-R str – 19(23)23(24)24 M aus dem linken Vorderteil bis zu den mittleren Vorderteil-M str – 14(8)8(12)12 M aus der Vorderteil-mitte str – 19(23)23(24)24 M aus dem rechten Vorderteil str = 124(128)128(138)138 M.

1 Rd re str.

B abschneiden und zu Farbe A wechseln.
1 Rd re – 1 Rd li – 4 Rd re str.
Alle M sehr locker abk.

FERTIGSTELLUNG

Den unteren Rand an der Linksreihe auf die Innenseite des Pullovers umschlagen und an die Innenseite nähen.
Ebenso die Ränder an den Ärmeln und dem Halsausschnitt auf der Innenseite annähen.
Alle losen Fäden vernähen.

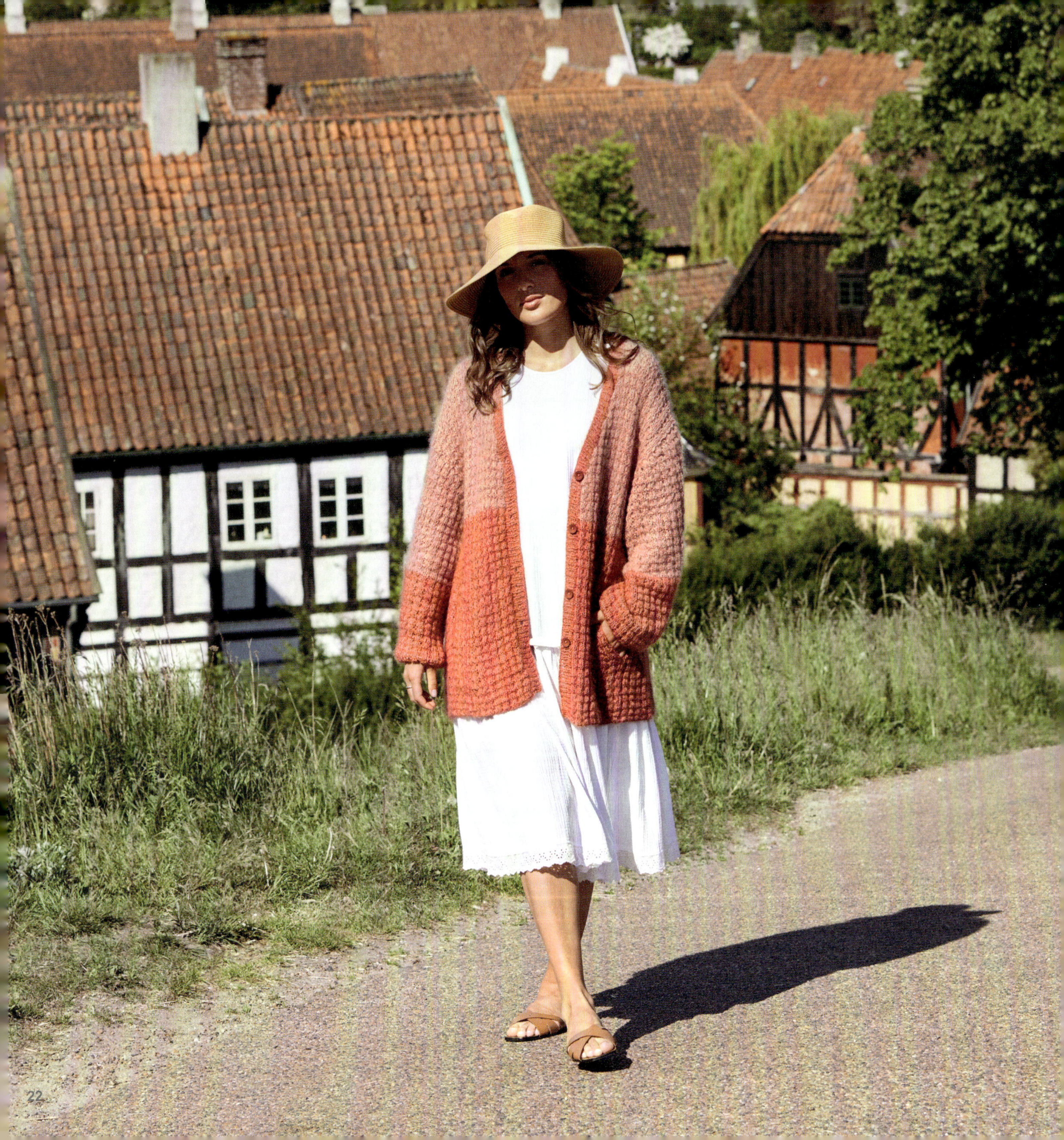

Den Gamle By

Ist man alt, wenn das Zuhause der Kindheit zum Museum geworden ist?

„Den Gamle By“ von Aarhus ist ein lebendiges Museum, in dem die Geschichte ab dem 17. Jahrhundert bis heute erlebbar wird. Man kann auf den Bäcker, den Schullehrer und viele andere Akteure aus früheren Zeiten treffen. Sie alle zusammen erwecken „Den Gamle By“ zu neuem Leben.
Besonders eindrucksvoll ist der Besuch einer 3-Zimmer-Wohnung mit Geräuschen, Gerüchen, Geschmäckern und Ereignissen aus den 50er-Jahren für Menschen mit Demenz und ihre Angehörigen.

Als ich Anfang der 90er-Jahre als junge Mutter in Aarhus lebte, lag „Den Gamle By“ im Botanischen Garten und war einer unserer „Spielplätze“. Die riesigen zuschnappenden Gänse, die frei um den Dorfteich herumliefen, waren ein schreckliches Erlebnis.

Gr: S(M)L(XL)XXL

Halbe Oberweite: 51(56)60(64)68 cm
Gesamtlänge: 68(68)69(69)70 cm
Ärmellänge ab Armausschnitt: 41(39)37(35)34 cm

Material
A: 350(400)400(400)450 g Isager Bomulin Farbe 1
B: 100 g Isager Silk Mohair Farbe 62
C: 100(100)100(125)125 g Isager Silk Mohair Farbe 28

Mit je 1 Faden beider Qualitäten str

4 Knöpfe

Rundnadeln Nr. 3½ und 4

Maschenprobe glatt rechts mit A+B und Nd Nr. 4: 10 cm = 17 M und 23 R
Maschenprobe im Muster mit A+B und Nd Nr. 4: 10 cm = 16 M und 38 R

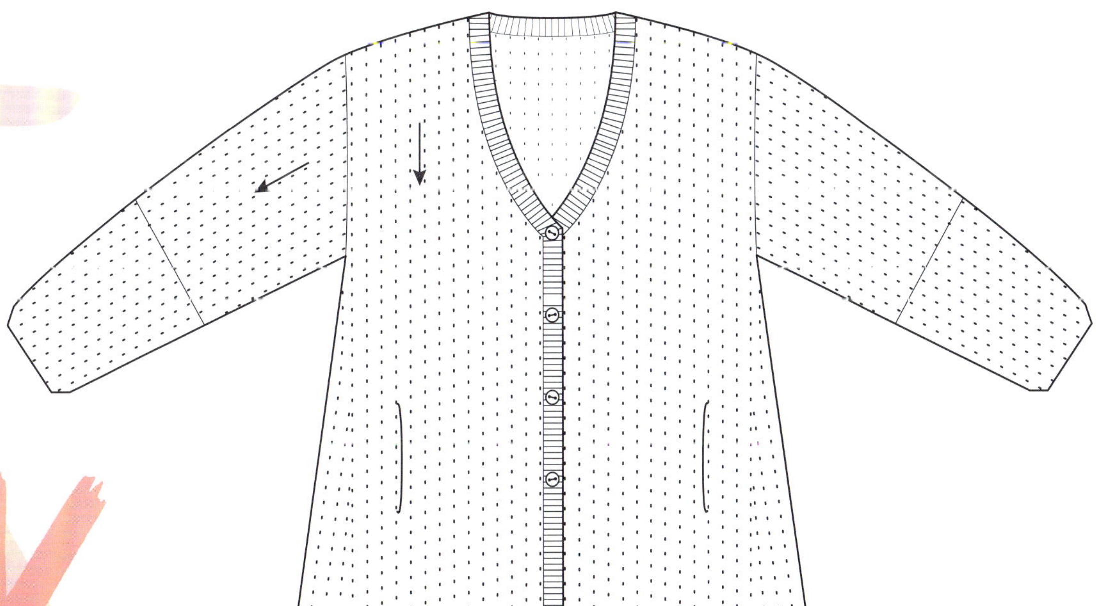

Laufmasche (Lauf-M): Die nächste M der linken Nd 4 R nach unten „fallen“ lassen, sodass 4 lose Fäden oberhalb der 5 R tiefer liegenden M hängen. Die Nadel unter den 4 Fäden durch die 5 Reihen tiefer liegende M stechen und diese re str.

4 M aus Lauf-M: Die nächste M der li Nd 4 R „fallen“ lassen. Die Nadel unter den 4 Fäden durch die 5 Reihen tiefer liegende M stechen und diese re str, 2 Umschläge um die Nd legen und wieder 1 re in die 5 R tiefere M str.

Die Jacke wird von oben nach unten gestrickt.

RÜCKEN

30(36)36(36)36 M mit Nd Nr. 4 und A+B anschl.
An jeder Seite die 3 äußersten M markieren – die mittleren 24(30)30(30)30 M bilden den Nacken.
Die MM an dieser Stelle belassen und während der Arbeit nicht mit nach oben führen.

Reihe 1 (Rück-R): 2 re – *2 li – 1 re*.
Von * bis * wdh. Enden mit 1 re.
Reihe 2: 1 re – *1 li – 2 re*.
Von * bis * wdh. Enden mit 1 li – 1 re.
Reihe 3-4: Wie Reihe 1-2 str.

Reihe 5 mit Lauf-M: 1 re – *Lauf-M – 2 li*.
Von * bis * wdh. Enden mit Lauf-M – 1 re – 6 neue M anschl = 36(42)42(42)42 M.
Jedes Mal, wenn eine Reihe mit Lauf-M gestrickt wird, entsteht auf der Außenseite eine Reihe „Ziegelsteine“.

Reihe 6: Wie Reihe 2 str und am R-Ende 6 neue M anschl = 42(48)48(48)48 M.

Reihe 7-10: 2-mal Reihe 1–2 str.

Reihe 11 mit Lauf-M: Wie Reihe 5 str, aber bei den ersten 2 Lauf-M die M nur 3 R nach unten „fallen“ lassen, bevor sie re gestr wird – 6 neue M anschl = 48(54)54(54)54 M.
Es sind insg 2 Reihen „Ziegelsteine“ gestr.

Reihe 12: Wie Reihe 2 str und am R-Ende 6 neue M anschl = 54(60)60(60)60 M.

Die Reihen 7-12 weitere 2(2)2(3)3-mal str = 78(84)84(96)96 M.
Es sind insg 4(4)4(5)5 Reihen „Ziegelsteine“ gestr.

Gr. L, XXL:
Die Reihen 7-12 noch 1-mal str, jedoch am Ende der Reihen 11 und 12 nur 3 neue M anschl = 90, 102 M.
Es sind insg 5, 6 Reihen „Ziegelsteine“ gestr.

Alle Gr.:
Das Muster wie in den Reihen 7-12 str, aber keine weiteren M anschl.
Sobald wie möglich sollen die Lauf-M am Beginn einer 11. R wieder 4 R nach unten „fallen“ gelassen werden.

Im Muster str, bis insg 15(16)17(18)19 Reihen „Ziegelsteine“ ab dem Nacken gestr sind.
Nach der letzten R mit Lauf-M noch 5 R str.

Die Arbeit misst ab dem Nacken 26(27)29(31)32 cm.

Die Fäden abschneiden und die M stilllegen.

LINKES VORDERTEIL

Von der Außenseite M aus der linken Rückenhälfte mit Nd Nr. 4 und A+B heraus str.
An dem MM der 3 äußeren Nacken-M beg.

3 M ab MM in Richtung der neu angeschl M heraus str – 24(24)27(30)33 M aus den angeschl M str = 27(27)30(33)36 M.

Reihe 1 (Rück-R): 2 re – *2 li – 1 re*.
Von * bis * wdh. Enden mit 1 re.
Reihe 2: 1 re – *1 li – 2 re*.
Von * bis * wdh. Enden mit 1 li – 1 re.
Reihe 3-4: Wie Reihe 1-2 str.

Reihe 5 mit Lauf-M: 1 re – *Lauf-M – 2 li*.
Von * bis * wdh. Enden mit Lauf-M – 1 re.
Reihe 6: Wie Reihe 2 str.

16 R im Muster str.

1. Zunahme, mit Lauf-M: 1 re – *Lauf-M – 2 li*.
Von * bis * wdh. Enden mit Lauf-M – 1 re – 3 neue M anschl = 30(30)33(36)39 M.
Nächste Reihe: Wie Reihe 2 str.

22(16)16(22)22 R im Muster str.

2. Zunahme, mit Lauf-M:
Wie 1. Zun str = 33(33)36(39)42 M.
Nächste Reihe: Wie Reihe 2 str.

22(16)16(16)22 R im Muster str.

3. Zunahme, mit Lauf-M:
Wie 1. Zun str = 36(36)39(42)45 M.
Nächste Reihe: Wie Reihe 2 str.

22(16)16(16)16 R im Muster str.

4. Zunahme, mit Lauf-M:
Wie 1. Zun str = 39(39)42(45)48 M.
Nächste Reihe: Wie Reihe 2 str.

Gr. (M)L(XL)XXL:
16 R im Muster str.
5. Zunahme, mit Lauf-M:
Wie 1. Zun str = (42)45(48)51 M.
Nächste Reihe: Wie Reihe 2 str.

Alle Gr.:
Das Muster mit den Lauf-M nun ohne Zun fortsetzen, bis insg 16(17)17(18)19 Reihen „Ziegelsteine“ gestr sind.
Nach der letzten R mit Lauf-M noch 5 R str.

Die Arbeit misst 27(28)28(30)31 cm ab den heraus gestr M.

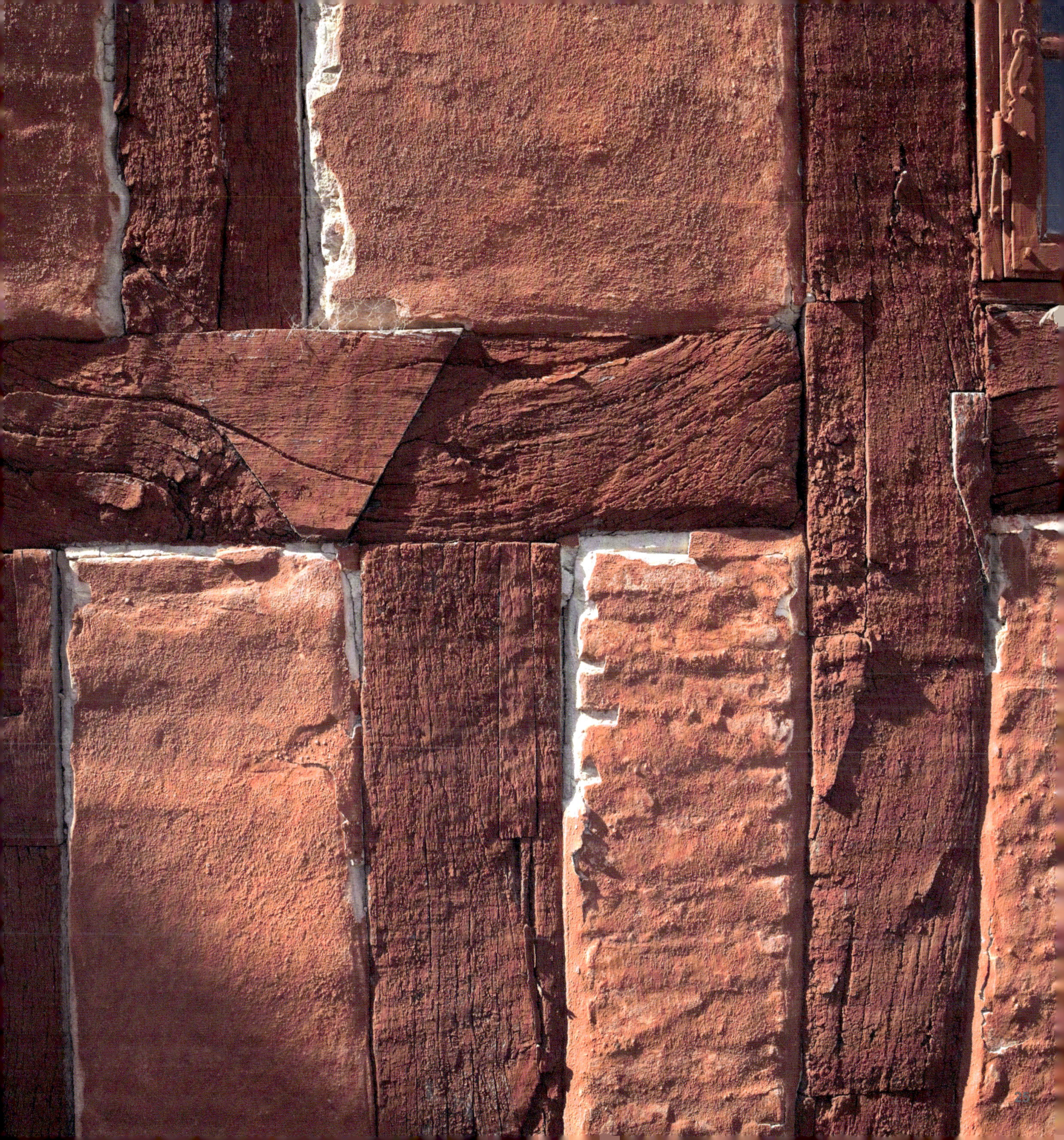

Die Fäden abschneiden und die M stilllegen.

RECHTES VORDERTEIL

Von der Außenseite M aus der rechten Rück-enseite mit Nd Nr. 4 und A+B heraus str.

24(24)27(30)33 M aus den angeschl M str – 3 M bis zu dem MM der äußersten 3 Nacken-M str = 27(27)30(33)36 M.

Reihe 1 (Rück-R): 2 re – *2 li – 1 re*.
Von * bis * wdh. Enden mit 1 re.
Reihe 2: 1 re – *1 li – 2 re*.
Von * bis * wdh. Enden mit 1 li – 1 re.
Reihe 3-4: Wie Reihe 1-2 str.

Reihe 5 mit Lauf-M: 1 re – *Lauf-M – 2 li*.
Von * bis * wdh. Enden mit Lauf-M – 1 re.
Reihe 6: Wie Reihe 2 str.

17 R im Muster str.

1. Zunahme: Wie Reihe 2 str, aber am R-Ende 3 neue M anschl = 30(30)33(36)39 M.

23(17)17(23)23 R im Muster str.
Nach einer Zun kann bei der nächsten R mit Lauf-M die erste Lauf-M nur 3 R nach unten „fallen" gelassen werden.
Das gleiche gilt bei den nachfolgenden Zun.

2. Zunahme: Wie Reihe 2 str, aber am R-Ende 3 M anschl = 33(33)36(39)42 M.

23(17)17(17)23 R im Muster str.

3. Zunahme: Wie Reihe 2 str, aber am R-Ende 3 M anschl = 36(36)39(42)45 M.

23(17)17(17)17 R im Muster str.

4. Zunahme: Wie Reihe 2 str, aber am R-Ende 3 M anschl= 39(39)42(45)48 M.
Gr. (M)L(XL)XXL:
17 R im Muster str.

5. Zunahme: Wie Reihe 2 str, aber am R-Ende 3 M anschl = (42)45(48)51 M.

Alle Gr.:
Im Muster mit Lauf-M ohne Zun weiter str, bis insg 16(17)17(18)19 R „Ziegelsteine" gestr sind.
Nach der letzten R mit Lauf-M noch 5 R str.

Die Arbeit misst 27(28)28(30)31 cm ab den heraus gestr M.
Die Fäden nicht abschneiden.

RUMPF

Den Rücken und das linke Vorderteil wieder auf die Nd heben.

Das Muster mit Lauf-M über alle Teile fort-setzen (Rück-R):
Die 39(42)45(48)51 M des rechten Vorder-teils str – 3(6)6(6)6 neue M anschl – die 78(84)90(96)102 Rücken-M str – 3(6)6(6)6 neue M anschl – die 39(42)45(48)51 M des linken Vorderteils str = 162(180)192(204)216 M.

18(18)18(12)12 R im Muster wie bisher str.
Nach einer R mit Lauf-M enden.
Nach dem Zusammenfügen sind nun 3(3)3(2)2 R „Ziegelsteine" gestr.

B abschneiden und mit A+C weiter str.
11(11)11(5)5 R im Muster str.

1. Zunahme mit Lauf-M:
34(37)40(43)46 M im Muster str – 4 M aus Lauf-M – 11(14)14(14)14 M im Muster – 4 M aus Lauf-M – 68(74)80(86)92 M im Muster – 4 M aus Lauf-M – 11(14)14(14)14 M im Muster – 4 M aus Lauf-M – 34(37)40(43)46 M im Muster str = 174(192)204(216)228 M.

Nächste Reihe: 35(38)41(44)47 M im Muster str – 1 re – 1 re verschr – 13(16)16(16)16 M im Muster – 1 re – 1 re verschr – 70(76)82(88)94 M im Muster – 1 re – 1 re verschr – 13(16)16(16)16 M im Muster – 1 re – 1 re verschr – 35(38)41(44)47 M im Muster.

Im Muster fortsetzen, bis insg 5(5)4(4)3 R „Ziegelsteine" mit A+C gestr sind.
Noch 1 R nach einer R mit Lauf-M str.

RECHTE TASCHE

32(35)38(41)44 M im Muster str – 1 re.
Die Arbeit wenden.
Für die Taschenöffnung über diese 33(36)39(42)45 M hin und her str.
Die restlichen M stilllegen.

Weitere 46 R str.
Die erste und letzte M in allen R re str.
Die letzte R ist eine R mit Lauf-M.
Die Tasche besteht aus 8 Reihen „Ziegel-steine".
Die Fäden abschneiden und die M stilllegen.

RÜCKEN UND TASCHENBEUTEL

Die mittleren 108(120)126(132)138 Rumpf-M wieder auf die Nd heben.
Die letzten 33(36)39(42)45 M weiterhin still-legen.

21 neue M anschl – im Muster eine RückR über die 108(120)126(132)138 M des Mittelteils str – 21 neue M anschl = 150(162)168(174)180 M.

Nächste Reihe (Hin-R): 1 re – 19 li – MM platzieren – 110(122)128(134)140 M im Muster – MM platzieren – 19 li – 1 re.

Die äußersten 20 M an beiden Seiten werden für die Taschenbeutel glatt links gestr.
Da die Maschenproben für Glattstrick und das Muster verschieden sind, wird mit verkürzten Reihen gearbeitet.

Reihe 1 mit verkürzter Reihe (Rück-R):

Re bis zum MM str – im Muster bis zum nächsten MM str. Die Arbeit wenden.
Reihe 2 mit verkürzter Reihe: Im Muster bis zum MM str. Die Arbeit wenden.

Reihe 3: Das Muster mit Lauf-M bis zum MM str – die R re zu Ende str.
Reihe 4: 1 re – li bis zum MM str - im Muster bis zum nächsten MM str – li bis zur letzten M str – 1 re.
Reihe 5: Re bis zum MM str – im Muster bis zum nächsten MM str – die R re zu Ende str.
Reihe 6: Wie Reihe 4 str.

Gr. L, XXL:
Wieder Reihe 1-6 str.

Alle Gr.:
Reihe 1-2 str.

2. Zunahme mit Lauf-M: 5 M im Muster str – 4 M aus Lauf-M – 11(14)14(14)14 M im Muster – 4 M aus Lauf-M – 74(80)86(92)98 M im Muster – 4 M aus Lauf-M – 11(14)14(14)14 M im Muster str – 4 M aus Lauf-M – 5 M im Muster – die R re zu Ende str = 162(174)180(186)192 M.

Nächte Reihe: 1 re – li bis zum MM str – 6 M im Muster – 1 re – 1 re verschr – 13(16)16(16)16 M im Muster – 1 re – 1 re verschr – 76(82)88(94)100 M im Muster – 1 re – 1 re verschr – 13(16)16(16)16 M im Muster – 1 re – 1 re verschr – 6 M im Muster – li bis zur letzten M – 1 re.

Reihe 5-6 str

Das Muster mit verkürzten Reihen fortsetzen bis der Rücken 8 R „Ziegelsteine" misst.
Die mittleren 120(132)138(144)150 M stilllegen.

27 R glatt links über die ersten 21 M str und dabei die erste und letzte M in allen R re str.
Die M abk und die Fäden abschneiden.

Ebenfalls 27 R glatt links über die letzten 21 M str und dabei die erste und letzte M immer re str.
Die M abk und die Fäden abschneiden.

LINKE TASCHE

Die letzten 33(36)39(42)45 M wieder auf die Nd heben.

Mit einer Rück-R beg.
Wie die rechte Tasche str.

RUMPF UNTERHALB DER TASCHEN

Wieder alle M auf die Nd heben.

Das Muster mit Lauf-M fortsetzen.
Über alle Teile eine Hin-R str:
Das linke Vorderteil str – weiter über die Rücken-M str – das rechte Vorderteil str = 186(204)216(228)240 M.

4(4)10(4)10 R im Muster str.

3. Zunahme mit Lauf-M:
40(43)46(49)52 M im Muster – 4 M aus Lauf-M – 11(14)14(14)14 M im Muster – 4 M aus Lauf-M – 80(86)92(98)104 M im Muster – 4 M aus Lauf-M – 11(14)14(14)14 M im Muster – 4 M aus Lauf-M - 40(43)46(49)52 M im Muster str = 198(216)228(240)252 M.

Nächste Reihe: 41(44)47(50)53 M im Muster – 1 re – 1 re verschr – 13(16)16(16)16 M im Muster – 1 re – 1 re verschr – 82(88)94(100)106 M im Muster – 1 re – 1 re verschr – 13(16)16(16)16 M im Muster – 1 re – 1 re verschr – 41(44)47(50)53 M im Muster str.
Im Muster fortsetzen, bis nach dem Zusammenfügen aller Teile 27(26)26(25)25 R „Ziegelsteine" gestr sind.
In einer Hin-R alle M im Muster abk.

ÄRMEL

15(21)21(15)21 M mit A+B auf Nd Nr. 4 anschl.

Reihe 1 (Rück-R): 2 re – *2 li – 1 re*.
Von * bis * wdh. Enden mit 1 re.
Reihe 2: 1 re – *1 li – 2 re*.
Von * bis * wdh. Enden mit 1 li – 1 re.
Reihe 3-4: Wie Reihe 1-2 str.

Reihe 5 mit 1. Lauf-M: 1 re – *Lauf-M – 2 li*.
Von * bis * wdh. Enden mit Lauf-M – 1 re – 6 M anschl = 21(27)27(21)27 M.

Reihe 6: Wie Reihe 2 str, aber am R-Ende 6 M anschl = 27(33)33(27)33 M.

4 R im Muster str.
2. Lauf-M str: Wie Reihe 5 str, aber die ersten 2 Lauf-M der R können nur 3 R „fallen" gelassen werden – 6 M anschl = 33(39)39(33)39 M.

1. Abnahme: Wie Reihe 2 bis zu den 2 M vor der Mittel-M str – 2 re zus – 3 re zus – im Muster weiter str und am R-Ende 6 M anschl = 36(42)42(36)42 M.

4 R im Muster str.
3. Lauf-M wie 2. Lauf-M str = 42(48)48(42)48 M.
Nächste Reihe: Wie Reihe 2 str aber am R-Ende 6 M anschl = 48(54)54(48)54 M.

4 R im Muster str.
4. Lauf-M wie 2. Lauf-M str = 54(60)60(54)60 M.

2. Abnahme: Wie Reihe 2 bis zu den 4 mittleren M str – 2 li zus – 2 li zus – die ersten 2 li zus gestr M über die zuletzt 2 li zus gestr M heben – im Muster weiter str und am R-Ende 6 M anschl = 57(63)63(57)63 M.

4 R im Muster str.
5. Lauf-M wie 2. Lauf-M str = 63(69)69(63)69 M.
Nächste Reihe: Wie Reihe 6 str =

69(75)75(69)75 M.

4 R im Muster str.
6. Lauf-M wie 2. Lauf-M str =
75(81)81(75)81 M.

3. Abnahme: Wie 1. Abnahme str =
78(84)84(78)84 M.

Gr. (XL)XXL:
4 R im Muster str.
7. Lauf-M wie 2. Lauf-M str = (84)90 M.
Nächste Reihe: Wie Reihe 6 str = (90)96 M.

Alle Gr.:
Es sind insg 6(6)6(7)7 R „Ziegelsteine“ gestr. Hier endet die Armkugel, es werden keine weiteren M am R-Ende angeschl.

Im Muster fortsetzen und weitere 5(5)4(4)4-mal Abn in jeder 12. R wie bisher str = 63(69)72(78)84 M.

Weiter str, bis 18(17)16(16)15 R „Ziegelsteine“ gestr sind.
Nach einer R mit Lauf-M. enden.
B abschneiden und im Muster mit A+C weiter str.

Weitere 6(6)7(7)6-mal Abn wie bisher str = 45(51)51(57)66 M.

Weiter str, bis 13 R „Ziegelsteine“ mit A+C gestr sind.
Nach einer R mit Lauf-M enden.
Der Ärmel misst ca. 40(38)36(34)33 cm ab der Armkugel.

Reihe 1 mit Abnahme (Hin-R): 1 re – *1 li – 2 re zus*.
Von * bis * wdh. Enden mit 1 li – 1 re = 31(35)35(39)45 M.
Reihe 2: 2 re – *1 li – 1 re*.
Von * bis * wdh. Enden mit 1 re.

In der Hin-R im Rippenmuster abk.

Den zweiten Ärmel genauso str.

BLENDEN

Neue M mit A+C und Nd Nr. 3½ heraus str.
Unten am rechten Vorderteil beg: 132 M aus dem rechten Vorderteil str, dabei aus jedem „Ziegelstein“ 3 M str – 25(31)31(31)31 M aus den Nacken-M str – 132 M aus dem linken Vorderteil str, wieder 3 M pro „Ziegelstein“ = 289(295)295(295)295 M.

Reihe 1 (Rück-R): 1abhFv (s. Abk.) – *1 re – 1 li*.
Von * bis * wdh. Enden mit 2 re.
Reihe 2: 1abhFv – *1 li – 1 re*. Von * bis * wdh.
Reihe 3: Wie Reihe 1 str.

Reihe 4 mit Knopflöchern: 1abhFv – 26(26)26(22)20 M in Rippen wie zuvor – *2 li zus – U – 2 re zus – 14 M Rippen*.
Von * bis * insg 4-mal str – in Rippen die R zu Ende str.

Reihe 5: 1abhFv – *Rippen bis zum U str – 2aus1M (s. Abk.) aus dem U str*.
Von * bis * wdh, bis keine weiteren U vorhanden sind – in Rippen die R zu Ende str.

2 R Rippen wie zuvor str.
Alle M locker im Rippenmuster abk.

FERTIGSTELLUNG

Die Ärmelnähte schließen. Die Ärmel in die Armausschnitte nähen.
Die Taschenbeutel auf der Innenseite der Jacke annähen.
Alle losen Fäden vernähen und die Knöpfe annähen.

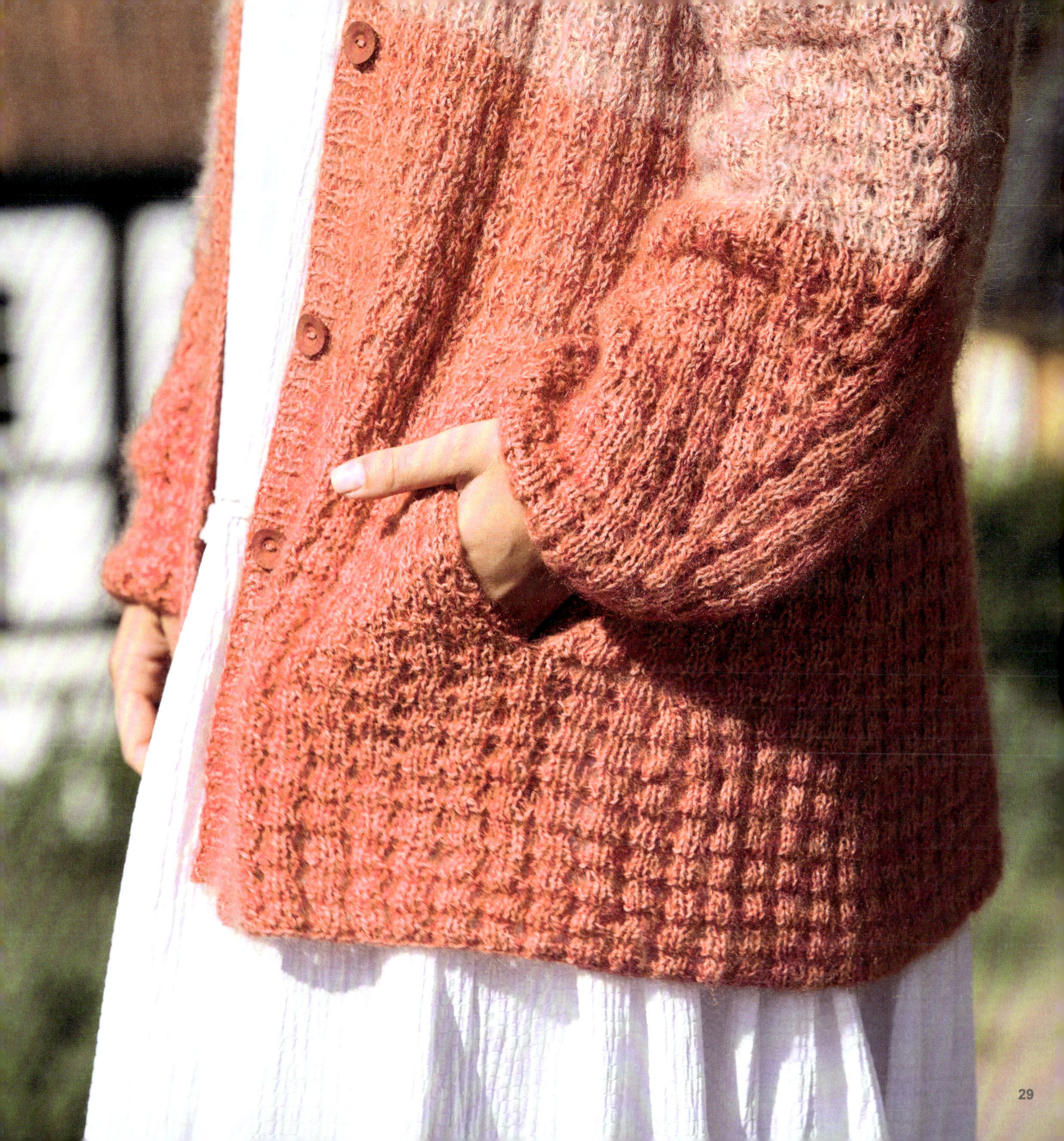

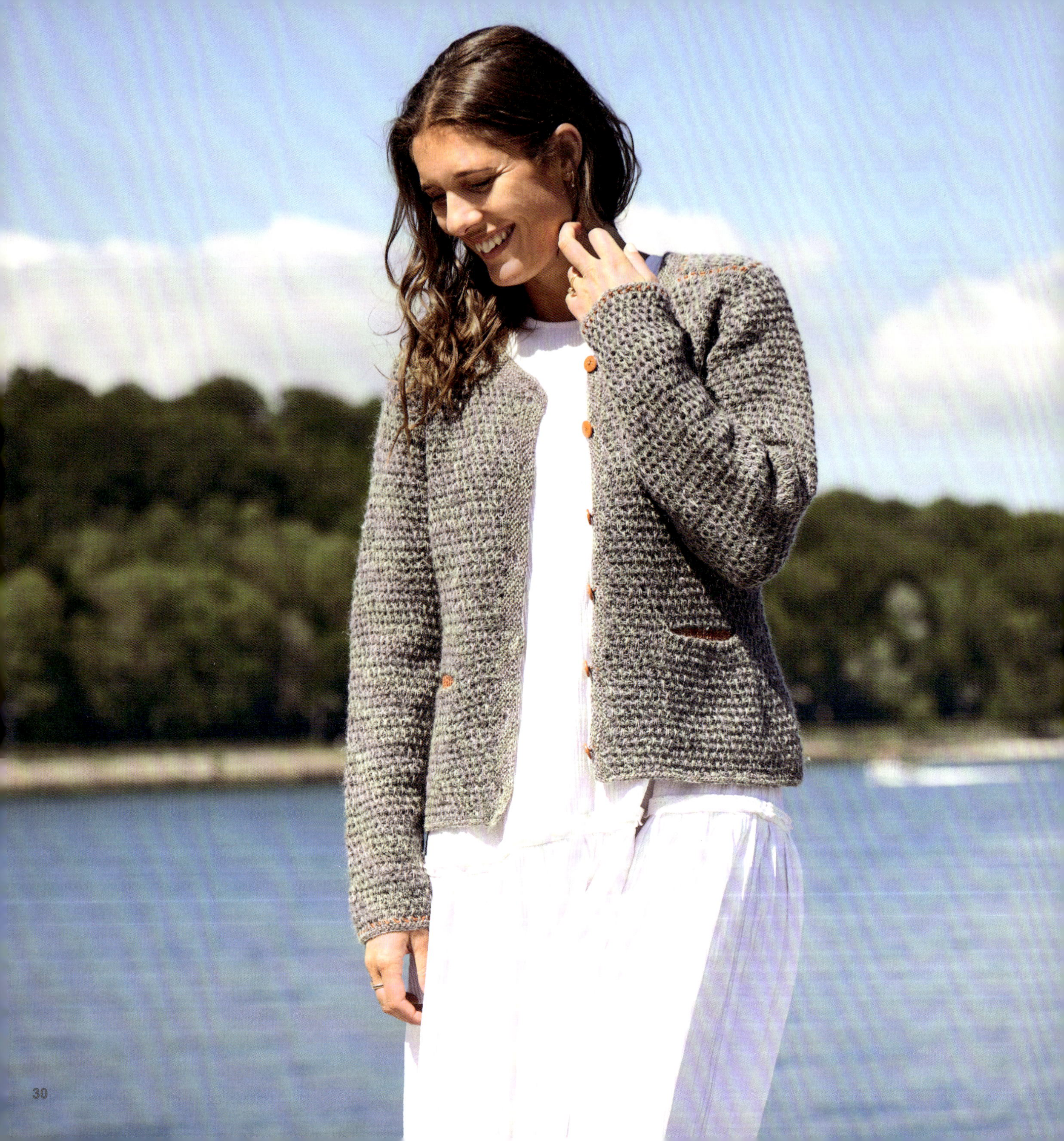

Den Permanente

Ich war noch nicht lange in Aarhus, als ich die Badeanstalt „Den Permanente“ in Riis Skov entdeckte.

Es war immer ein beliebtes Ausflugsziel mit Kindergartenkindern. Der alte Zug nach Grenå hatte hier einen kleinen Bahnsteig, auf dem man mit 20 Kindern leicht und bequem sitzen konnte. Ein perfekter Ort, um Lunchpakete zu essen und die Füße ins Wasser baumeln zu lassen.

Erst viel später hatte ich meine Feuertaufe als Winterschwimmerin – im alten Winterbadeclub Jomsborg. Alle sagten, es sei fantastisch, im Winter baden zu gehen, also musste ich es auch ausprobieren. An einem Novemberabend war es soweit. Es hat mir die Augen geöffnet – auf vielen Ebenen ...

Vor allem ist das Winterschwimmen eine mentale Übung. Wenn man einmal beschlossen hat, ins Wasser zu gehen, und hingefahren ist, dann gibt es keine Zweifel mehr, ob man sich ausziehen soll oder nicht: Die Entscheidung ist gefallen, also ausziehen und rein. Dieses Learning habe ich seither in vielen Situationen angewendet.

Gr: S(M)L(XL)XXL

Halbe Oberweite: 48(52)56(60)64 cm
Länge: 56 cm
Ärmellänge ab Armausschnitt: 44(43)42(42)41 cm

Material
A1: 150(150)200(250)250 g Isager Spinni Farbe 3s
A2: 150(150)150(200)200 g Isager Alpaca 1 Farbe E4s
B: 50 g Isager Hør Organic Farbe Nougat
C: 150(200)250(250)250 g Isager Tweed Farbe Granite

6 Knöpfe

Rundnadeln Nr. 3 und 4

Maschenprobe glatt rechts mit A1+A2 auf Nd Nr. 4:
10 cm = 21 M und 28 R
Maschenprobe im Muster auf Nd Nr. 4: 10 cm = 21 M und 38 R

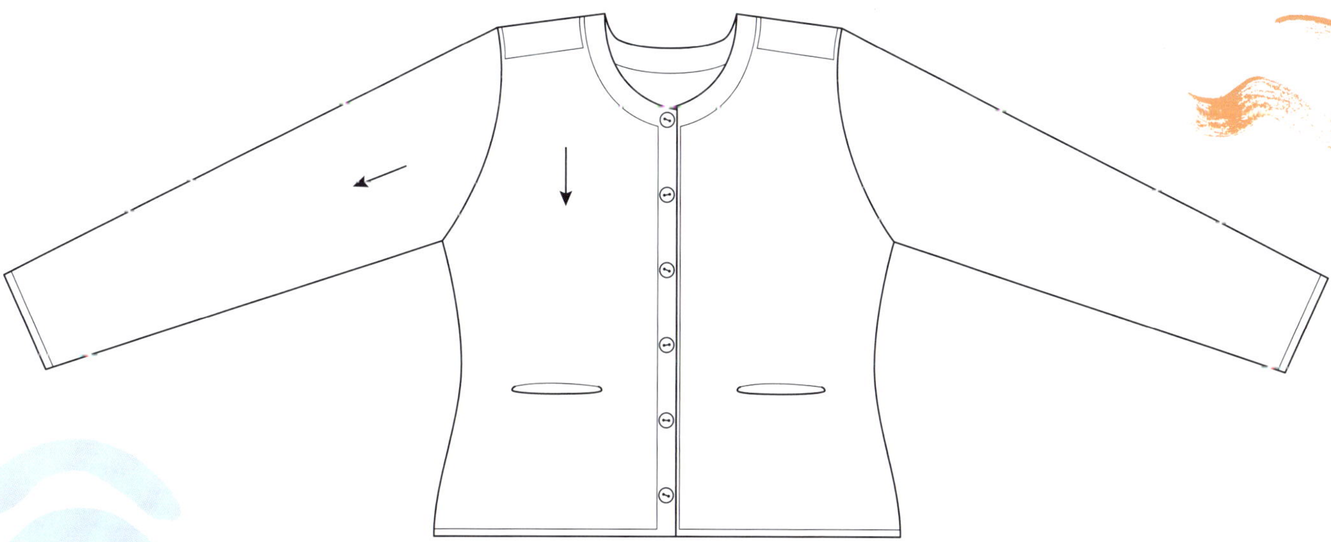

1 Knospenreihe = 2 Reihen im Hebemaschenmuster

Die Jacke wird von oben nach unten gestrickt.

SCHULTER

19 M mit A1+A2 auf Nd Nr. 4 anschl.
In Reihen hin und her str.
1 R (Rück-R): 1 re – 17 li – 1 re str.

Die 1. Reihe „Knospen" mit 2 Fäden B str:
Reihe 1: *1 re – 1abhFh (s. Abk.)*.
Von * bis * wdh. Enden mit 1 re.
Reihe 2: *1 re – 1abhFv (s. Abk.)*.
Von * bis * wdh. Enden mit 1 re.
B abschneiden.

Mit A1+A2 str:
Reihe 3: Alle M re str.
Reihe 4: 1 re – li bis zur letzten M str – 1 re.

Die 1. Knospen-R mit 2 Fäden C str:
Reihe 5: 1 re – *1 re – 1 abhFh*.
Von * bis * wdh. Enden mit 2 re.
Reihe 6: 1 re – *1 re – 1abhFv*.
Von * bis * wdh. Enden mit 2 re.

Mit A1+A2 str:
Reihe 7-8: Wie Reihe 3-4 str.

2. Knospen-R mit 2 Fäden C str:
Reihe 9: *1 re – 1abhFh*. Von * bis * wdh.
Enden mit 1 re.
Reihe 10: *1 re – 1abhFv*. Von * bis * wdh.
Enden mit 1 re.

Reihe 3-10 wdh, bis insg 6(7)8(8)9 Knospen-R mit 2 Fäden C gestr sind.

Das Muster mit den versetzten Knospen noch einmal mit 2 Fäden B str.
B abschneiden.

Es sind insg 8(9)10(10)11 Knospen-R gestr und die Schulter misst 8(9)10(10)11 cm.

An jeder Seite einen MM platzieren.

Die Schulter ist nun fertig. Die Fäden nicht abschneiden.

ARMKUGEL

Mit A1+A2 str.
Reihe 1: 19 re – 4 neue M anschl = 23 M.
Reihe 2: 1 re – 22 li – 4 neue M anschl = 27 M.

Das Muster mit den versetzen Knospen mit 2 Fäden C weiter str und GLEICHZEITIG am Ende jeder Reihe mit A1+A2 neue M anschl.

Am Ende jeder R mit A1+A2 beidseitig 2(2)3(3)3-mal 3 M anschl = 39(39)45(45)45 M.

Am Ende jeder R mit A1+A2 beidseitig 5(6)5(6)7-mal 2 M anschl = 59(63)65(69)73 M.

In den R mit A1+A2 beidseitig 3(3)2(1)0-mal aus der letzten M 2aus1M (s. Abk.) str = 65(69)69(71)73 M.

Am Ende jeder R mit A1+A2 beidseitig 2(2)2(2)3-mal 2 M anschl = 73(77)77(79)85 M.

Am Ende jeder R mit A1+A2 beidseitig 2(2)3(4)4-mal 3 M anschl = 85(89)95(103)109 M.
An jeder Seite einen MM platzieren.
Die Armkugel ist fertig und misst 15(16)16(17)18 cm.

Die Fäden nicht abschneiden.

ÄRMEL

Im Muster mit den versetzten Knospen weiter str.
14(14)10(6)6 R str.
Nach einer Knospen-R enden.

Abnahmen str: 2 re zus – re bis zu den letzten 2 M str – 2 re zus = 83(87)93(101)107 M.

Die Abn insg 18(18)14(11)8-mal in jeder 8. R str = 49(53)67(81)93 M.

Gr. L(XL)XXL:
Die Abn noch 7(12)18-mal in jeder 4. R str = 53(57)57 M.

Alle Gr.:
Im Muster weiter str, bis am Ärmel insg 40(39)38(37)36 Knospen-R gestrickt sind und der Ärmel 42(41)40(39)38 cm misst.
C abschneiden.

2 R mit A1+A2 wie zuvor str.
Eine Knospen-R mit 2 Fäden B str.

Zu Nd Nr. 3 wechseln.
2 R re mit A1+A2 str.
Alle M locker abk.

Die zweite Schulter, Armkugel und den zweiten Ärmel genauso str.

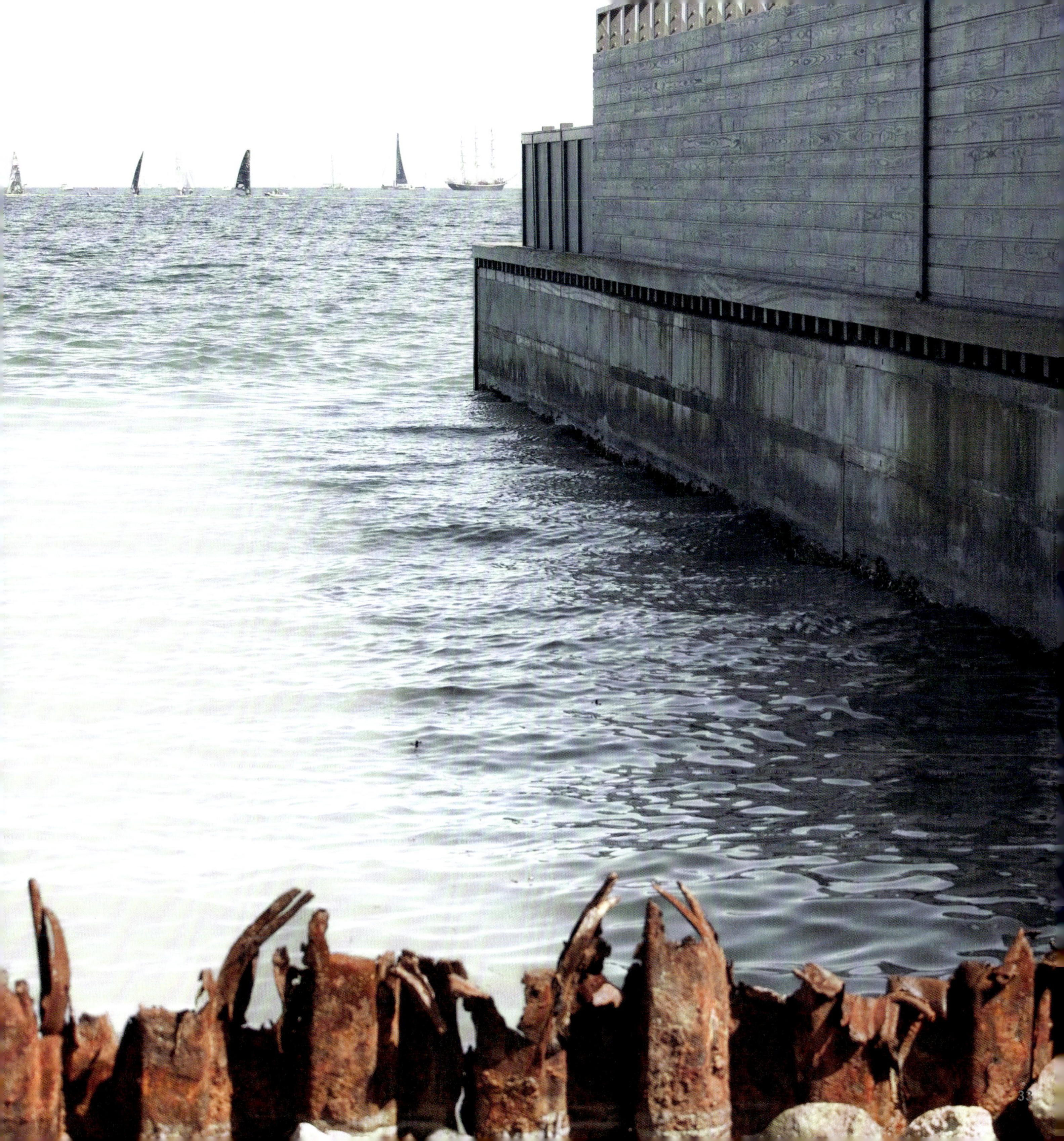

RÜCKEN

Die beide Schulterteile so anordnen, dass die Anschlags-R zueinander liegen.
Mit A1+A2 und Nd Nr. 4 str.

Von der Außenseite 19(21)23(23)25 M aus einer Schulter ab dem ersten MM bis zur Anschlag-R heraus str – 27 neue M anschl – 19(21)23(23)25 M aus der zweiten Schulter ab Anschlag-R bis zum MM heraus str = 65(69)73(73)77 M.

1 R (Rück-R) str: 1 re – li bis zur letzten M str – 1 re.

1 Knospen-R mit 2 Fäden B str:
Reihe 1: *1 re – 1abhFh*. Von * bis * wdh. Enden mit 1 re.
Reihe 2: *1 re – 1abhFv*. Von * bis * wdh. Enden mit 1 re.
B abschneiden.

Das Muster wie an der Schulter weiter str.
3 Knospen-R mit 2 Fäden C str.
Wieder 1 Knospen-R mit 2 Fäden B str.
B abschneiden.

1 Knospen-R mit 2 Fäden C str.
Es sind am Rücken insg 6 Knospen-R gestr.

Das Muster mit den versetzen Knospen mit 2 Fäden C weiter str.
GLEICHZEITIG Zun für den Armausschnitt str: In allen R mit A1+A2 beidseitig 7-mal aus der letzten Masche 2aus1M (s. Abk.) str = 79(83)87(87)91 M.

Am Ende jeder R mit A1+A2 beidseitig 2(3)3(5)5-mal 2 neue M anschl = 87(95)99(107)111 M.

Am Ende jeder R mit A1+A2 beidseitig 2(2)3(3)4-mal 3 neue M anschl = 99(107)117(125)135 M.

Eine Knospen-R str = 17(18)19(21)22 Knospen-R am Rücken.
Der Rücken misst ab dem Nacken 18(19)20(22)23 cm.
Die Fäden abschneiden und die M stilllegen.

RECHTES VORDERTEIL

Mit A1+A2 und Nd Nr. 4 str.

Von der Außenseite 19(21)23(23)25 M aus der rechten Schulter vom ersten MM bis zu der Anschlag-R heraus str.

1 R (Rück-R) str:
1 re – li bis zur letzten M str – 1 M re.

1 Knospen-R mit 2 Fäden B str.
Reihe 1: *1 re – 1abhFh*. Von * bis * wdh. Enden mit 1 re.
Reihe 2: *1 re – 1abhFv*. Von * bis * wdh. Enden mit 1 re.
B abschneiden.

Das Muster mit den versetzen Knospen mit 2 Fädcn C weiter str.
GLEICHZEITIG Zun für den Halsausschnitt str: 3-mal in allen Hin-R mit A1+A2 aus der letzten M 2aus1M str = 22(24)26(26)28 M.

Am Ende jeder Hin-R mit A1+A2 neue M anschl:
2-mal 2 M anschl = 26(28)30(30)32 M.
1-mal 3 M anschl = 29(31)33(33)35 M.
1-mal 4 M anschl = 33(35)37(37)39 M.
Keine weiteren Zun für den Halsausschnitt str.

1 Knospen-R mit 2 Fäden C str.
Es sind insg 8 Knospen-R gestr.

Das Muster mit den versetzen Knospen mit 2 Fäden C weiter str.
GLEICHZEITIG Zun für den Armausschnitt str: 4-mal in jeder Rück-R mit A1+A2 aus der letzten M 2aus1M str = 37(39)41(41)43 M.

Nun am Ende jeder Rück-R mit A1+A2 neue M anschl:
2(3)3(5)5-mal 2 M anschl = 41(45)47(51)53 M.
3(3)4(4)5-mal 3 M anschl = 50(54)59(63)68 M.

Eine Knospen-R str = 17(18)19(21)22 Knospen-R.
Die Fäden abschneiden und die M stilllegen.

LINKES VORDERTEIL

Mit A1+A2 und Nd Nr. 4 str.

Von der Außenseite 19(21)23(23)25 M aus der linken Schulter von der Anschlag-R bis zum MM heraus str.

1 R (Rück-R) str:
1 re – li bis zur letzten M str – 1 re.

1 Knospen-R mit 2 Fäden B wie am rechten Vorderteil str.
B abschneiden.

Das Muster mit den versetzen Knospen mit 2 Fäden C welter str.
GLEICHZEITIG Zun für den Halsausschnitt str: 3-mal in jeder Rück-R mit A1+A2 aus der letzten M 2aus1M str = 22(24)26(26)28 M.

Am Ende jeder Rück-R mit A1+A2 neue M anschl:
2-mal 2 M anschl = 26(28)30(30)32 M.
1-mal 3 M anschl = 29(31)33(33)35 M.
1-mal 4 M anschl = 33(35)37(37)39 M.
Keine weiteren Zun für den Halsausschnitt str.

1 Knospen-R mit 2 Fäden C str.
Es sind insg 8 Knospen-R gestr.

Das Muster mit den versetzen Knospen mit 2 Fäden C weiter str.
GLEICHZEITIG Zun für den Armausschnitt str: 4-mal in jeder Hin-R mit A1+A2 aus der letzten M 2aus1M str = 37(39)41(41)43 M.

Am Ende jeder Hin-R mit A1+A2 neue M

anschl:
2(3)3(5)5-mal 2 M anschl = 41(45)47(51)53 M.
3(3)4(4)5-mal 3 M anschl = 50(54)59(63)68 M.

Eine Knospen-R str =
17(18)19(21)22 Knospen-R.
Die Fäden nicht abschneiden.

RUMPF

Den Rücken und das rechte Vorderteil wieder auf die Nd heben.

Mit einer Hin-R mit A1+A2 beg.
50(54)59(63)68 re über das rechte Vorderteil str – 1 neue M anschl – 99(107)117(125)135 Rücken-M re str– 1 neue M anschl – 50(54)59(63)68 re über das linke Vorderteil str = 201(217)237(253)273 M.

Im Muster über alle M str, bis am Rumpf 5(4)4(4)3 Knospen-R gestr sind.

1 R re mit A1+A2 str.
1. Abnahme (Rück-R): 1 re – 38(42)45(52)57 li – 3 li zus – 34(34)40(40)42 li – 3 li zus – 43(51)53(55)61 M – 3 li zus – 34(34)40(40)42 li – 3 li zus – 38(42)45(52)57 li – 1 re = 193(209)229(245)265 M.

Im Muster wie bisher str, bis weitere 4(4)4(3)3 Knospen-R gestr sind.

1 R re mit A1+A2 str.
2. Abnahme (Rück-R): 1 re – 36(40)43(50)55 li – 3 li zus – 34(34)40(40)42 li – 3 li zus – 39(47)49(51)57 M – 3 li zus – 34(34)40(40)42 li – 3 li zus – 36(40)43(50)55 li – 1 re =185(201)221(237)257 M.

Im Muster wie bisher str, bis weitere 4(4)4(3)3 Knospen-R gestr sind.

1 R re mit A1+A2 str.
3. Abnahme (Rück-R): 1 re – 34(38)41(48)53 li – 3 li zus – 34(34)40(40)42 li – 3 li zus – 35(43)45(47)53 M – 3 li zus – 34(34)40(40)42 li – 3 li zus – 34(38)41(48)53 li – 1 re = 177(193)213(229)249 M.

Im Muster wie bisher str, bis weitere 3(3)2(2)2 Knospen-R gestr sind.

1. Zunahme und GLEICHZEITIG mit Tasche (Hin-R):
14(14)16(18)18 re – die nächsten 21(21)23(23)25 M für die Tasche stilllegen – 21(21)23(23)25 neue M anschl – weiter über die M auf der Nd str: 1(5)4(9)12 re – U – 1 re und diese M markieren – U – 33(33)39(39)41 re – U – 1 re und markieren – U – 35(43)45(47)53 M – U – 1 re und markieren – U – 33(33)39(39)41 re – U – 1 re und markieren – U – 1(5)4(9)12 re – die nächsten 21(21)23(23)25 M für die Tasche stilllegen – 21(21)23(23)25 neue M anschl – weiter über die M auf der Nd str: 14(14)16(18)18 re = 185(201)221(237)257 M.

Nächste R (Rück-R):
1 re – 13(13)15(17)17 li – 21(21)23(23)25 re – 1(5)4(9)12 li – den U li verschr str – 1 li – 1 li verschr – li bis 1 M vor die markierte M str – 1 li verschr – 1 li – 1 li verschr – li bis 1 M vor die markierte M str – 1 li verschr – 1 li – 1 li verschr – li bis 1 M vor die markierte M str – 1 li verschr – 1 li – 1 li verschr – 1(5)4(9)12 li – 21(21)23(23)25 re – 13(13)15(17)17 li – 1 re.

Im Muster wie bisher str, bis weitere 3(3)2(2)2 Knospen-R gestr sind.

2. Zunahme str: *Re bis zur markierten M str – U – 1 re – U*.
Von * bis * insg 4-mal str. Die R re zu Ende str = 193(209)229(245)265 M.

Nächste Reihe (Rück-R):
Li bis 1 M vor die markierte M str – 1 li verschr – 1 li – 1 li verschr.
Von * bis * insg 4-mal str.
Li bis zur letzten M str – 1 re.

Die Zun in jeder 3.(3.)2.(2.)2. Knospen-R wdh, bis insg 5(5)3(3)3 Zunahme-R gestr sind = 217(233)237(253)273 M.

Gr. L(XL)XXL:
Noch weitere 2 Zunahme-R in jeder 3. Knospen-R str = 253(269)289 M.

Alle Gr.:
Im Muster wie bisher str, bis 49 Knospen-R am Rücken gestr sind.
Die Arbeit misst ab dem Nacken ca. 53 cm.

Zu Nd Nr. 3 wechseln.
2 R re mit A1+A2 str.
Alle M locker abketten.

TASCHENBEUTEL

Die 21(21)23(23)25 M der ersten Tasche auf eine Nd Nr 3 heben.
Mit 2 Fäden B str.
3 M anschl – eine Hin-R re über die 21(21)23(23)25 Taschen-M str – 3 neue M anschl= 27(27)29(29)31 M.

Reihe 1 (Rück-R): 1 re – li bis zur letzten M str – 1 re.
Reihe 2: Alle M re str.
Reihe 1-2 wdh, bis der Taschenbeutel ca. 11 cm misst.
Alle M locker abk.

Den zweiten Taschenbeutel genauso str.

BLENDEN

Die Blenden-M von der Außenseite mit A1+A2 und Nd Nr. 3 aus den Rändern der Vorderteile und des Nackens heraus str.

84 M aus dem rechten Vorderteil str – einen MM platzieren – 23(23)24(24)25 M aus dem rechten Halsausschnitt bis zur Schulter str – 17 M aus der Anschlag-R der rechten Schulter str – 1 M aus dem Übergang zum

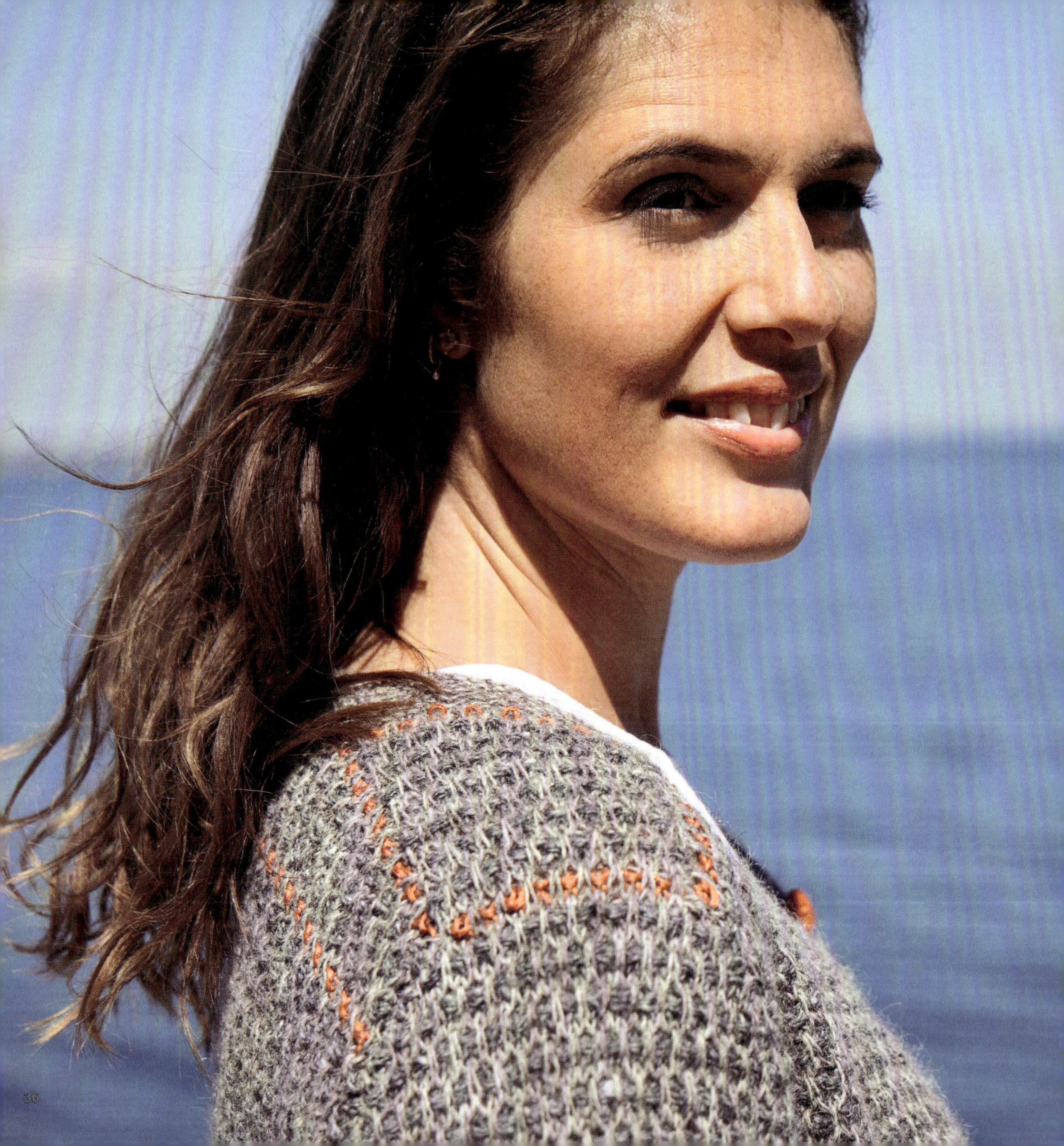

Rücken str – 27 M aus dem Nacken str – 1 M aus dem Übergang zur linken Schulter str – 17 M aus der Anschlag-R der linken Schulter str – 23(23)24(24)25 M aus dem linken Halsausschnitt str – einen MM platzieren – 84 M aus dem linken Vorderteil str = 277(277)279(279)281 M.

Reihe 1 (Rück-R): 1abhFv – re zu Ende str.
Reihe 2: 1abhFv – re bis zum MM str – U – 1 re – U – re bis 1 M vor den MM str – U – 1 re – U – re zu Ende str = 281(281)283(283)285 M.

Reihe 3: 1abhFv – re str und alle U re verschr str.
Reihe 4 mit Knopflöchern: 1abhFv – 5 re – *2 re zus – 2 neue M anschl – 2 re verschr zus – 11 re*.
Von * bis * insg 5-mal str – 2 re zus – 2 neue M anschl – 2 re verschr zus – U – 1 re – U – re bis 1 M vor den MM str – U – 1 re – U – re zu Ende str = 285(285)287(287)289 M.

Reihe 5: Wie Reihe 3 str.
Reihe 6: 1abhFv – re bis zum MM str – U – 1 re – U – re bis 1 M vor den MM str – U – 1 re – U – re zu Ende str = 289(289)291(291)293 M.

Reihe 7: Wie Reihe 3 str.
Reihe 8-9: Wie Reihe 1 str.
Alle M locker abk.

FERTIGSTELLUNG
Die Ärmelnähte zusammennähen.
Die Ärmel vor dem Einnähen mit Nadeln in die Armausschnitte heften. Von der Außenseite nähen.
Die Taschenbeutel auf der Innenseite der Vorderteile festnähen.
Die Fäden vernähen und die Knöpfe annähen.

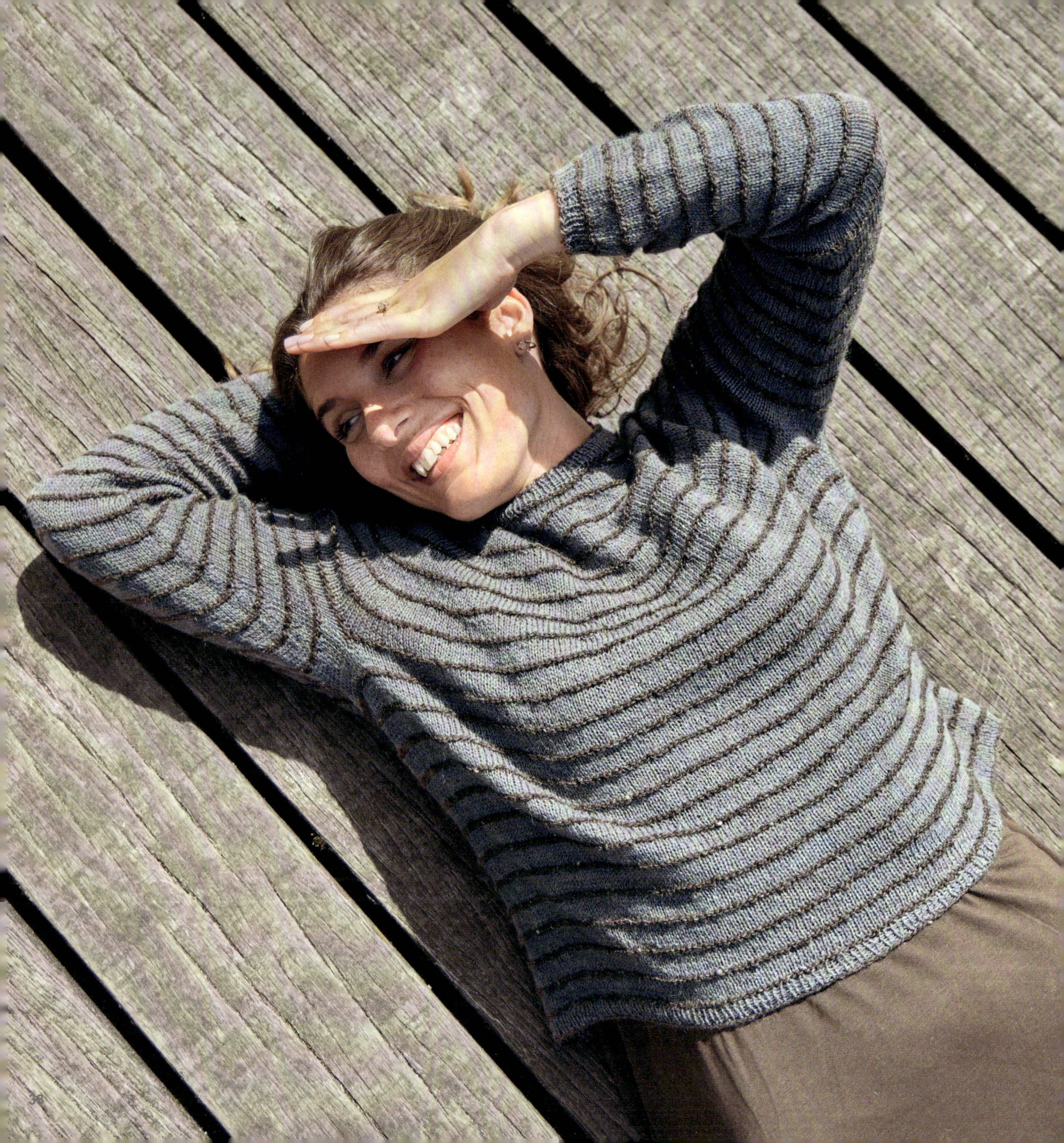

Die Unendliche Brücke

Aarhus hatte bereits viermal das Vergnügen, Gastgeber für die Ausstellung „Skulptur am Meer“ zu sein. Ursprünglich war es eine Ausstellung am Bondy Beach in Sydney, aber das Kronprinzenpaar konnte den Kontakt nach Aarhus vermitteln. Vielen Dank – es war uns jedes Mal eine Freude.

An der Küste von Tangkrogen und 3 Kilometer südlich in Richtung Ballehage wurde die Küste mit über 60 Großskulpturen ausgestattet, sehr zur Freude der Tausenden von Besuchern, die in den vier Wochen, in denen die Ausstellung zu sehen war, die Route entlang gegangen sind.

Die Skulpturen luden zum Staunen und Begeistern ein, und viele von ihnen auch zum Spielen. Einige der Skulpturen sind in Aarhus geblieben und an verschiedenen Stellen im Stadtbild zu finden. Die 188 Meter lange Unendliche Brücke wurde von Architekten aus Aarhus entworfen – und blieb dauerhaft. Sie wird im Frühjahr aufgestellt, den ganzen Sommer über genossen und im Herbst wieder abgebaut.

Auf der Unendlichen Brücke werden Hochzeiten vollzogen – sehr symbolträchtig.

Gr: S(M)L(XL)XXL

Halbe Oberweite: 47(52)56(60)64 cm
Länge: 56 cm
Ärmellänge ab Armausschnitt: 45(43)43(43)41 cm

Material
A: 150(150)150(200)200 g Isager Highland Farbe Sky
B: 100(100)100(100)150 g Isager Tweed Farbe Walnut

Rund- und Strumpfnadeln: Nr. 3 und 3½

Maschenprobe glatt rechts mit A auf Nd Nr. 3½: 10 cm = 25 M und 30 R
Maschenprobe im Muster auf Nd Nr. 3 ½: 10 cm = 25 M und 35 R

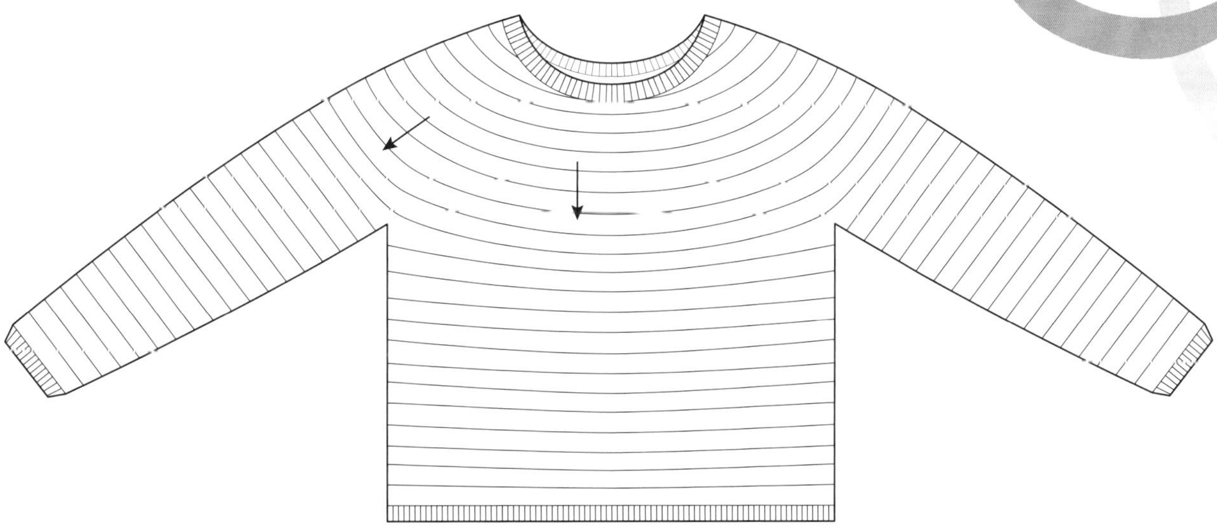

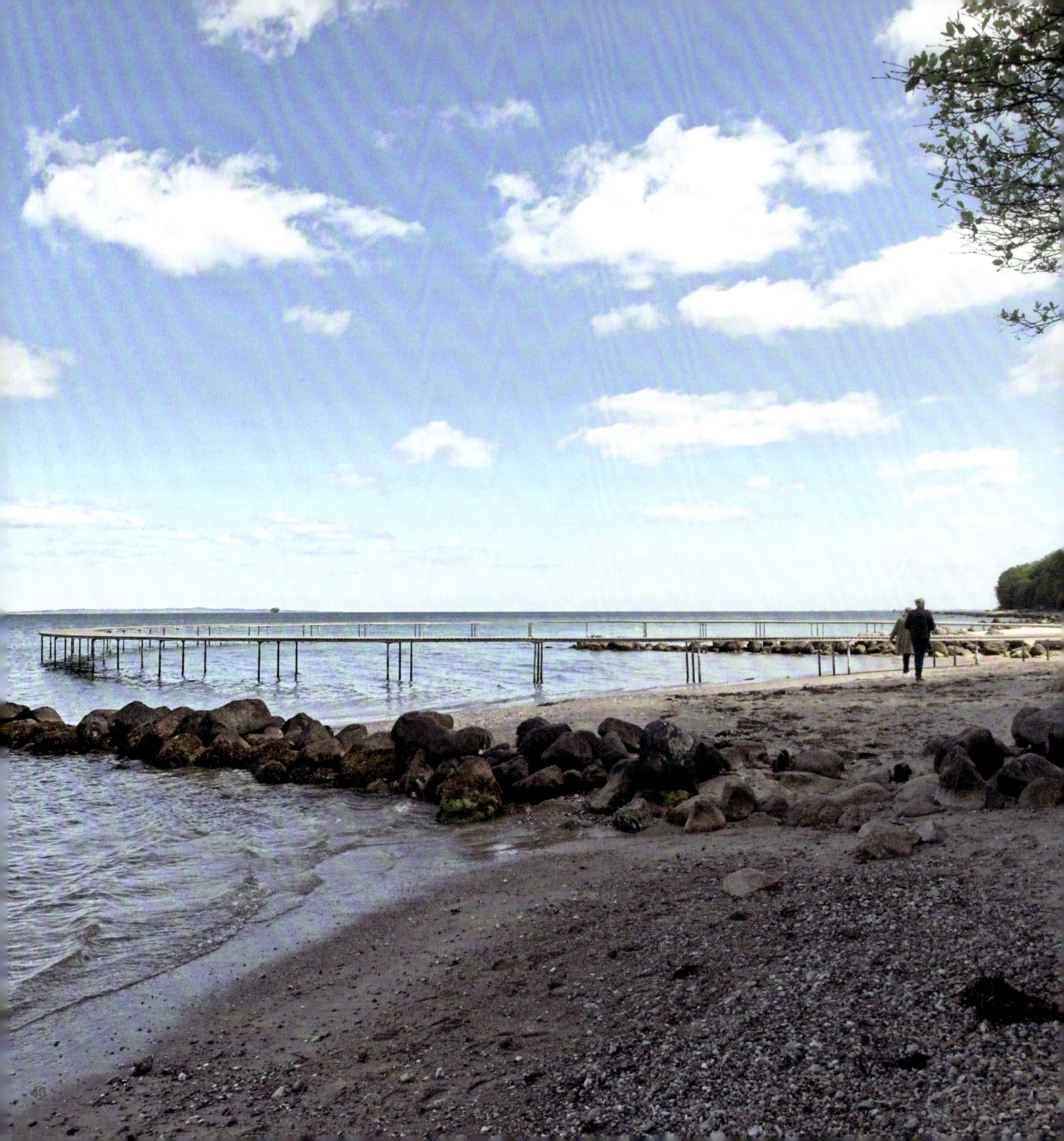

Der Pullover wird von oben nach unten gestrickt.

PASSE

66 M mit A auf einer Rund-Nd Nr. 3½ anschl.
Die Fadenlänge so bemessen, dass das Fadenende nach dem Anschlag ca. 50 cm misst.
Für das spätere Herausstricken von M aus dem Halsausschnitt einen MM in die Mitte der angeschl M platzieren.

In Reihen hin und her str.
Reihe 1 (Rück-R): 1 re – 65 li – 4 neue M anschl = 70 M.
Reihe 2: 70 re – 4 neue M anschl (das Fadenende vom Anschlag für den Kreuzanschlag zus mit A verwenden) = 74 M.
Reihe 3: 1 re – 73 li – 4 neue M anschl = 78 M.

1. Rippe mit B:
Reihe 4: 78 re – 4 neue M anschl (das Fadenende vom Anschlag für den Kreuzanschlag zus mit B verwenden) = 82 M.
Reihe 5: 82 re – 4 neue M anschl (A für den Kreuzanschlag zus mit B verwenden) = 86 M.

Weiterhin das Fadenende oder die andere Farbe verwenden, um am Ende jeder R neue M anzuschl.

Mit A str:
Reihe 6 mit 1. Zunahme: 5 re – *U – 4 re*.
Von * bis * wdh. Enden mit U – 5 re – 4 neue M anschl = 110 M.
Reihe 7: 1 re – 8 li – *den U li verschr str – 4 li*.
Von * bis * wdh. Enden mit: U li verschr str – 5 li – 4 neue M anschl = 114 M.

4 R glatt rechts str und am Ende jeder R 4 neue M anschl = 130 M.

2. Rippe mit B:
2 R re str und am Ende jeder R 4 neue M anschl = 138 M.

Mit A str:
2. Zunahme: 6 re – *U – 5 re*.
Von * bis * wdh. Enden mit U – 7 re – 4 neue M anschl = 168 M.
Nächste R (Rück-R): 1 re – 10 li – *U li verschr str – 5 li*.
Von * bis * wdh. Enden mit: U li verschr str – 6 li – 4 neue M anschl = 172 M.

1 R re str und am Ende 4 neue M anschl = 176 M.
Die Fäden abschneiden.

88 M von der linken auf die rechte Nd verschieben, ohne sie zu str.
Einen MM für den Rd-Beginn platzieren.

Mit A str:
Zur Runde schließen (Hin-R): 88 re – 4(4)4(16)16 M anschl – 88 re = 180(180)180(192)192 M.
2 Rd re str.

3. Rippe mit B: 1 Rd re – 1 Rd li str.

3. Zunahme mit A: *6 re – U*.
Von * bis * wdh = 210(210)210(224)224 M.
1 Rd re str und dabei alle U verschr str.
4 Rd re str.

4. Rippe mit B: 1 Rd re – 1 Rd li str.

4. Zunahme mit A: *U – 7 re*.
Von * bis * wdh = 240(240)240(256)256 M.
1 Rd re str und dabei alle U verschr str.
4 Rd re str.

5. Rippe mit B: 1 Rd re – 1 Rd li str.

5. Zunahme mit A: *8 re – U*.
Von * bis * wdh = 270(270)270(288)288 M.
1 Rd re str und dabei alle U verschr str.
4 Rd re str.

6. Rippe mit B: 1 Rd re – 1 Rd li str.

6. Zunahme mit A: *U – 9 re*.
Von * bis * wdh = 300(300)300(320)320 M.
1 Rd re str und dabei alle U verschr str.
4 Rd re str.

7. Rippe mit B: 1 Rd re – 1 Rd li str.

7. Zunahme mit A: *10 re – U*.
Von * bis * wdh = 330(330)330(352)352 M.
1 Rd re str und dabei alle U verschr str.
4 Rd re str.

8. Rippe mit B: 1 Rd re – 1 Rd li str.

8. Zunahme mit A: *U – 11 re*.
Von * bis * wdh = 360(360)360(384)384 M.
1 Rd re str und dabei alle U verschr str.
4 Rd re str.

9. Rippe mit B: 1 Rd re – 1 Rd li str.

Gr. S:
Bei VERTEILUNG weiterlesen.

Gr. (M)L(XL)XXL:
9. Zunahme mit A: *12 re – U*.
Von * bis * wdh = (390)390(416)416 M.
1 Rd re str und dabei alle U verschr str.
4 Rd re str.
10. Rippe mit B: 1 Rd re – 1 Rd li str.

Gr. (M)L(XL):
Bei VERTEILUNG weiterlesen.

Gr. XXL:
10. Zunahme mit A: *U – 13 re*.
Von * bis * wdh = 448 M.
1 Rd re str und dabei alle U verschr str.
4 Rd re str.
11. Rippe mit B: 1 Rd re – 1 Rd li str.

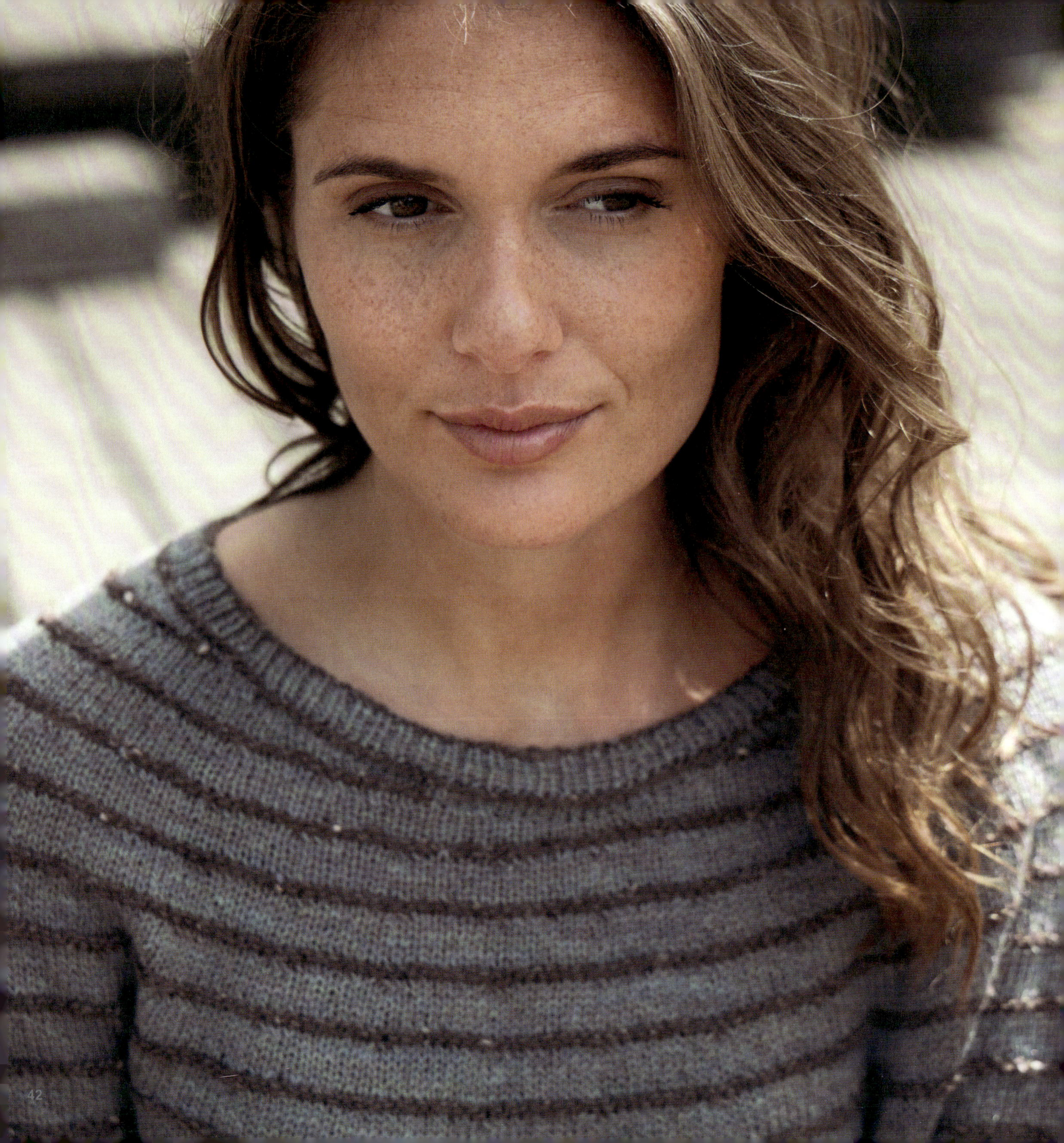

VERTEILUNG

Die Passe misst in der Nackenmitte ca. 19(21)21(21)24 cm.

Mit A str und die M auf den Rumpf und die Ärmel verteilen:
54(59)60(64)68 re für den Rücken str – 72(77)75(80)88 Ärmel-M stilllegen – 10(12)20(22)24 neue M anschl – 108(118)120(128)136 Vorderteil-M re str – die nächsten 72(77)75(80)88 Ärmel-M stilllegen – 10(12)20(22)24 neue M anschl – 54(59)60(64)68 Rücken-M re str.

RUMPF

Mit A 4 Rd re über die 236(260)280(300)320 Rumpf-M str.

Im Muster weiter str, bis insg 23 Rippen mit B gestr sind.
1 Rd mit A str.
Die Arbeit misst in der Nackenmitte ca. 52 cm.

Zu Rund-Nd Nr. 3 wechseln.
6 Rd Rippen str: *1 re – 1 li*. Von * bis * wdh.
A abschneiden.

Mit B im Rippenmuster abk.

ÄRMEL

Die Ärmel-M auf Ärmel-Nd Nr. 3½ heben.
Mit A str.
Unten am Armausschnitt 10(12)20(22)24 neue M aus den angeschl M str – 1 M aus dem Übergang str – die 72(77)75(80)88 Ärmel-M re str – 1 M aus dem Übergang str = 84(91)97(104)114 M.
5(6)10(11)12 M re str.
Einen MM für den Rd-Beginn platzieren.

4 Rd re str.
1 Rippe mit B str.

4 Rd re str.
Abnahmen str: 1 re – 2 re zus – re str bis noch 3 M auf der Nd sind – 2 re verschr zus – 1 re = 82(89)95(102)112 M.

Im Muster weiter str.
Die Abn in jeder 8. Rd wdh, bis insg 13(12)14(10)5 Abnahme-Rd gestr sind = 58(67)69(84)104 M.

Die Abn noch 2(2)3(11)19-mal in jeder 16.(16.)4.(4.)4. Rd wdh = 54(63)63(62)66 M.

Im Muster weiter str, bis ab der Verteilung 19(18)18(18)17 B-Rippen gestr sind.
Der Ärmel misst ab der Verteilung ca. 43(41)41(41)39 cm.

Abnahmen str: 1(1)6(3)4 re – *2 re zus 5(3)3(4)3 re*.
Von * bis * insg 7(12)10(9)11-mal str.
Enden mit 2 re zus – 2(0)5(3)5 re = 46(50)52(52)54 M.

Zu Strumpf-Nd Nr. 3 wechseln.
6 Rd in Rippen str: *1 re – 1 li*.
Von * bis * wdh.
A abschneiden.

Mit B im Rippenmuster abk.

Den zweiten Ärmel genauso str.

HALSBÜNDCHEN

Von der Außenseite M mit Nd Nr. 3 und A heraus str.

In der Nackenmitte am MM beg und 33 M bis zu den angeschl M am linken Halsausschnitt heraus str – 38 M bis zu den mittleren 4(4)4(16)16 Vorderteil-M heraus str – 4(4)4(16)16 M aus den mittleren Vorderteil-M str – 38 M aus dem rechten Halsausschnitt bis zur Anschlags-R str – 33 M aus der Anschlag-R bis zum MM str = 146(146)146(158)158 M.

1 Rd re str.

1 Rippe mit B: 1 Rd re – 1 Rd li str.

Mit A str:
1 Rd re.
6 Rd Rippen str: *1 re – 1 li*. Von * bis * wdh.
A abschneiden.

Mit B im Rippenmuster abk.

FERTIGSTELLUNG

Alle losen Fäden vernähen.

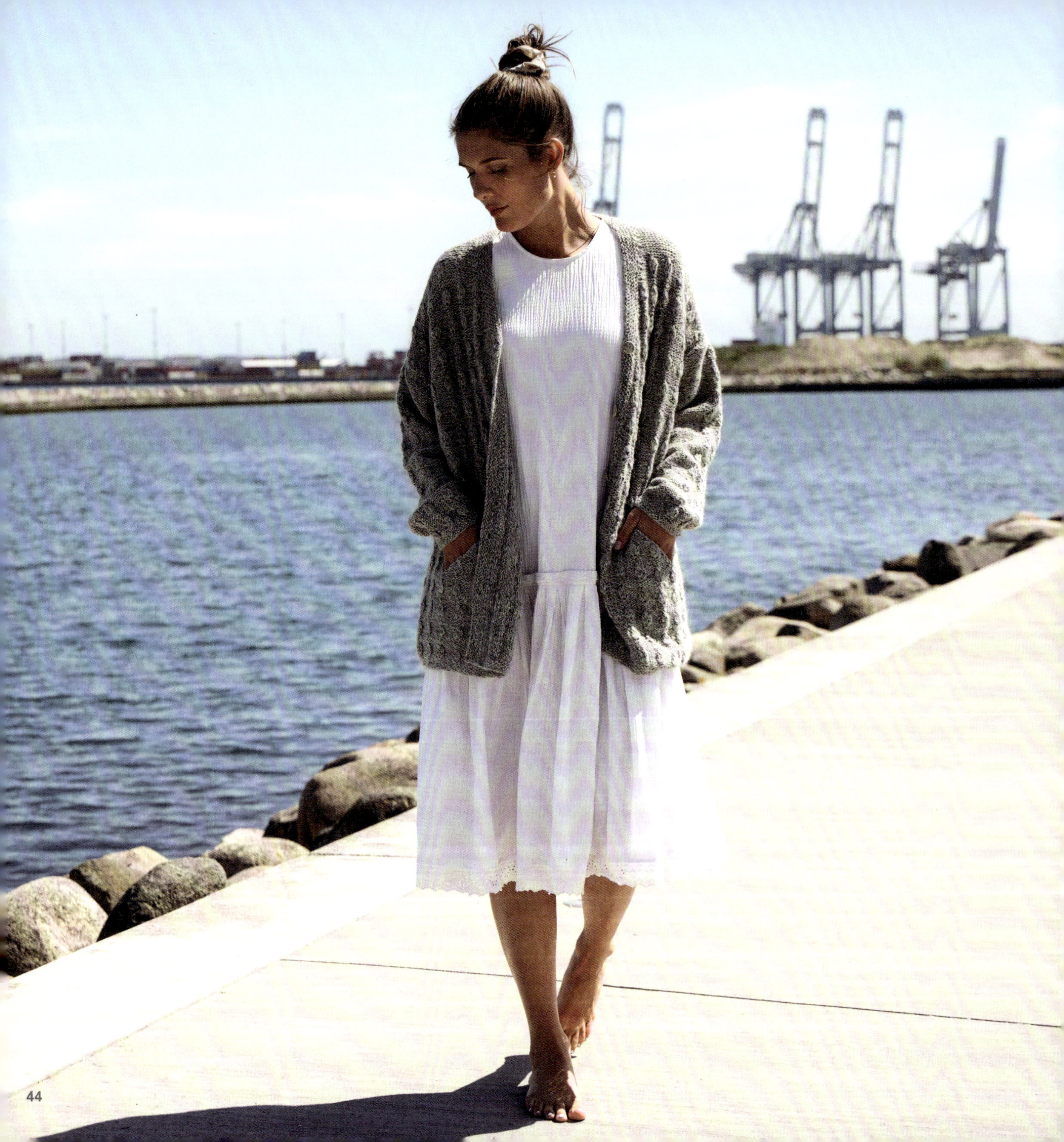

Dokk1

Der Hafen hat für Aarhus schon immer eine große Bedeutung gehabt. Er ist der größte Containerhafen Dänemarks und befindet sich im Zentrum von Aarhus. Wir konnten den Hafen immer riechen, hören und sehen, aber in den letzten Jahren hat sich viel getan.

Die großen Fähren und die Containerschiffe wurden aus der Stadt verbannt. Stattdessen haben wir jetzt etwas ganz anderes. Zwischen dem neuen Stadtteil Aarhus Ø und unserer neuen Bibliothek DOKK1 ist eine neue lange Hafenpromenade entstanden. Hier sind Bildungseinrichtungen, große Bürogebäude, ein Hafenbad und vieles mehr gebaut worden. Man kann die ganze Strecke zu Fuß zurücklegen – es ist ein zusammenhängendes Ganzes mit schönen Pflasterungen und skurrilen kleinen Erlebnissen für das Auge. Im Zuge der Bauarbeiten wurde Platz für Beachvolleyball, Inselgärten mit Palmen, Pilzzucht aus Kaffeesatz und vieles mehr geschaffen. Es bleibt spannend, die Entwicklung in den nächsten Jahren zu verfolgen.

Gr: S(M)L(XL/XXL)

Halbe Oberweite: 50(57)63(70) cm
Länge: 67(68)68)69 cm.
Ärmellänge ab Armausschnitt: 42(40)38(36) cm

Material
350(350)400(400)g Isager Tweed Farbe Winter Grey
200(200)200(200)g Isager Alpaca 1 Farbe E2s
Mit je 1 Faden beider Qualitäten stricken

6 Knöpfe

Rund- und Strumpfnadeln Nr. 4 und 4½

Maschenprobe in glatt rechts auf Nd Nr. 4½: 10 cm = 18 M und 26 R
Maschenprobe im Muster auf Nd Nr. 4½: 10 cm = 17 M und 28 R

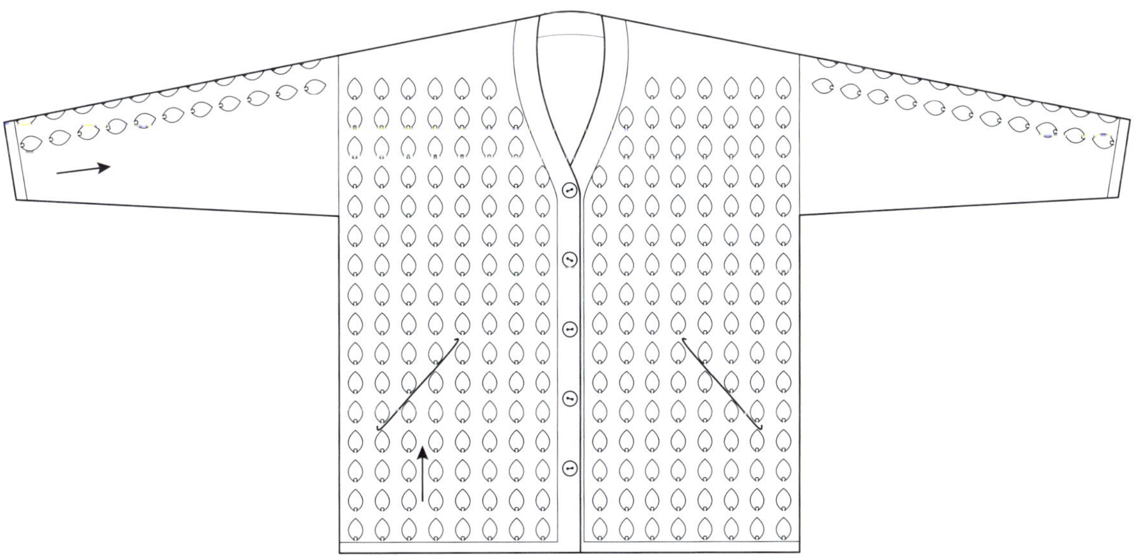

5in1M: *Bei der nächsten M 2 Reihen tiefer in die Rechts-M einstechen und diese re str, aber nicht von der Nd heben, U*.
Wieder von * bis * str, zum Schluss aus derselben M noch 1 re str und nun die M von der linken Nd heben = 5 M.

2 re verschr zus: Die erste M abh, 1 re str und die abgehobene M über die gestr M heben = 1 M.

Zentrierte Doppel-Abnahme (= ZDA): Die ersten 2 M zusammen wie zum Rechtsstricken abh, 1 re str, die beiden ersten M über die gestr M heben = 1 M.

RUMPF

181(205)229(253) M mit beiden Qualitäten und Nd Nr. 4 anschl.
In Reihen hin und her str.

7 R re str. Die erste R ist eine Rück-R.

Zu Nd Nr. 4½ wechseln.
Im Muster wie folgt str:
Reihe 1 (Hin-R): 1 re – 2 li – *1 re – 5 li*.
Von * bis * wdh. Enden mit 1 re – 2 li – 1 re.
Reihe 2: Alle M re str.

Reihe 3: 1 re – 2 li – *5in1M – 5 li*.
Von * bis * wdh. Enden mit 5in1M – 2 li – 1 re = 301(341)381(421) M.
Reihe 4: 3 re – *5 li – 5 re*.
Von * bis * wdh. Enden mit 5 li – 3 re.

Reihe 5: 1 re – 2 li – *2 re zus – 1 re – 2 re verschr zus – 5 li*.
Von * bis * wdh. Enden mit 2 re zus – 1 re – 2 re verschr zus – 2 li – 1 re = 241(273)305(337) M.
Reihe 6: 3 re – *3 li – 5 re*.
Von * bis * wdh. Enden mit 3 li – 3 re.

Reihe 7: 1 re – 2 li – *ZDA – 5 li*.
Von * bis * wdh. Enden mit ZDA – 2 li – 1 re = 181(205)229(253) M.
Reihe 8: Alle M re str.

Reihe 9: 1 re – li bis zur letzten M str – 1 re.
Reihe 10: Alle M re str.

Reihe 1-10 insg 4-mal str.
Die Arbeit misst 17 cm.

TEILUNG FÜR DIE TASCHEN

Die ersten 39 M auf der Nd lassen.
Die letzten 39 M stilllegen – auch die mittleren 103(127)151(175) M separat stilllegen.

RECHTES VORDERTEIL

Die 39 M von der Nd im Muster und mit Abn an den Tascheneingriffen str.

Reihe 1 (Hin-R): 1 re – 2 li – *1 re – 5 li*.
Von * bis * bis zum Ende str.
Die Arbeit wenden.
Reihe 2: 2 re zus – die R re zu Ende str = 38 M.

Reihe 3: 1 re – 2 li – *5in1M – 5 li*.
Von * bis * wdh. Enden mit 5in1M – 4 li = 62 M.
Reihe 4: 2 re zus – 2 re – *5 li – 5 re*.
Von * bis * wdh. Enden mit 5 li – 3 re = 61 M.

Reihe 5: 1 re – 2 li – *2 re zus – 1 re – 2 re verschr zus – 5 li*.
Von * bis * wdh. Enden mit 2 re zus – 1 re – 2 re verschr zus – 3 li = 49 M.
Reihe 6: 2 re zus – 1 re – *3 li – 5 re*.
Von * bis * wdh. Enden mit 3 li – 3 re = 48 M.

Reihe 7: 1 re – 2 li – *ZDA – 5 li*
Von * bis * wdh. Enden mit ZDA – 2 li = 36 M.
Reihe 8: 2 re zus – die R re zu Ende str = 35 M.

Reihe 9: 1 re – li bis den letzten 2 M str – 2 li zus = 34 M.
Reihe 10: 2 re zus – die R re zu Ende str = 33 M.

Die Reihe 1-10 noch 2-mal str = 21 M.
Mit einer Reihe 1 (HinR) enden.
Die Fäden abschneiden.

LINKER TASCHENBEUTEL

31 M mit beiden Qualitäten auf Nd Nr. 4½ anschl.
1 Rück-R re str.

Die Musterreihen 1-10 wie am Rumpf str.
Noch einmal die Reihen 1-9 str.

Reihe 10 mit Abketten (Rück-R):
28 re – die letzten 3 M abk.
Die Fäden abschneiden und die M stilllegen.

RECHTER TASCHENBEUTEL

Bis auf die letzte R wie den linken Taschenbeutel str.

Reihe 10 mit Abketten (Rück-R):
Die ersten 3 M abk – die R re zu Ende str = 28 M.
Die Fäden nicht abschneiden.

RÜCKEN MIT TASCHE

Die M des linken Taschenbeutels wieder auf die Nd heben.
Auch die Rücken-M wieder auf die Nd heben.

Über den rechten Taschenbeutel str: 1 re – 2 li – *1 re – 5 li*.
Von * bis * wdh und die letzte M mit der ersten Rücken-M re zus str.
Über die Rücken-M weiter str: *5 li – 1 re*.
Von * bis * wdh. Enden mit 5 li – die letzte M mit der ersten M des linken Taschenbeutels re zus str.
Über den linken Taschenbeutel weiter str: *5 li – 1 re*. Von * bis * wdh. Enden mit 2 li – 1 re = 157(181)205(229) M.

Im Muster weiter str.
29 R str.

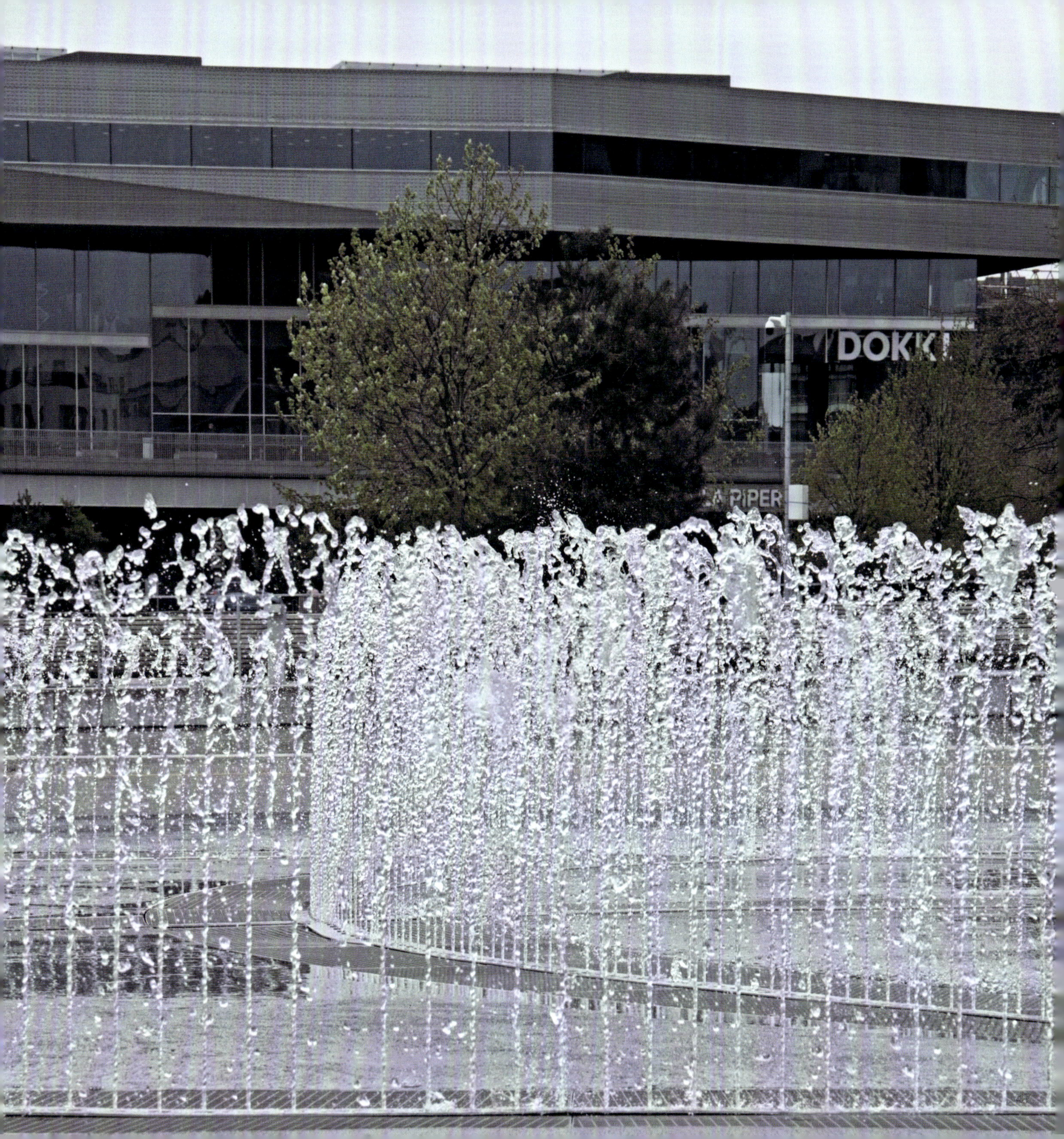
DOKK
PIPER

An den Seiten abk: 8 M abk – 1 li (die M ist bereits auf der Nd) – *1 re – 5 li*.
Von * bis * wdh. Enden mit 1 re – 1 li – die letzten 8 M abk = 141(165)189(213) M.
Die Fäden abschneiden und die M stilllegen.

LINKES VORDERTEIL

Die letzten 39 M wieder auf die Nd heben.

Reihe 1 (Hin-R): *5 li – 1 re*.
Von * bis * wdh. Enden mit 2 li – 1 re.
Reihe 2: Re bis zu den letzten 2 M str – 2 re zus = 38 M.

Reihe 3: 4 li – *5in1M – 5 li*. Von * bis * wdh. Enden mit 5in1M – 2 li – 1 re = 62 M.
Reihe 4: 3 re – *5 li – 5 re*. Von * bis * wdh. Enden mit 5 li – 2 re – 2 re zus = 61 M.

Reihe 5: 3 li – *2 re zus – 1 re – 2 re verschr zus – 5 li*.
Von * bis * wdh. Enden mit 2 re zus – 1 re – 2 re verschr zus – 2 li – 1 re = 49 M.
Reihe 6: 3 re – *3 li – 5 re*. Von * bis * wdh. Enden mit 3 li – 1 re – 2 re zus = 48 M.

Reihe 7: 2 li – *ZDA – 5 li*.
Von * bis * wdh. Enden mit ZDA – 2 li – 1 re = 36 M.

Reihe 8: Re bis zu den letzten 2 M str – 2 re zus = 35 M.

Reihe 9: 2 li zus – li bis zur letzten M str – 1 re = 34 M.
Reihe 10: Re bis zu den letzten 2 M str – 2 re zus = 33 M.

Die Reihe 1-10 noch 2-mal str = 21 M.
Mit einer Reihe 1 (Hin-R) enden.

RUMPF OBERHALB DER TASCHEN

Die M vom Rücken und vom rechten Vorderteil wieder auf die Nd heben.

Alle Teile zusammenfügen (Rück-R):
Re über das linke Vorderteil bis zur letzten M str – die letzte M mit der ersten Rücken-M re zus str – re über die Rücken-M bis zur letzten M str – die letzte M mit der ersten Vorderteil-M re zus str – über die M der rechten Tasche str = . str = 181(205)229(253) M.

45(39)35(29) R im Muster str.
Die Arbeit misst 43(41)40(38) cm.

In einer Muster-R 8(2)8(2) für die Armausschnitte abk:
43(49)55(61) re über das linke Vorderteil str – 5 M abk – 85(97)109(121) Rücken-M re str (die 1. M ist bereits auf der Nd) – 5 M abk – 43(49)55(61) re über das rechte Vorderteil str (die 1. M ist bereits auf der Nd).

Jedes Teil für sich fertig str.
Die M des linken Vorderteils und die Rücken-M stilllegen.

RECHTES VORDERTEIL

Im Muster str, jedoch die erste und letzte M in allen R re str.
2(8)2(8) R im Muster str.

Abn für den Halsausschnitt str: 2 re zus – die R im Muster zu Ende str.
Einen MM an der ersten Abn platzieren.

Die Abn in jeder 4. R wdh und im Muster weiter str, bis insg 16 Tropfenmuster gestr sind.

Hier endet das Tropfenmuster. Glatt links (= linke M auf der Außenseite und rechte M auf der Innenseite) weiter str.
GLEICHZEITIG die Abn fortsetzen, bis insg 12(12)15(15) Abn gestr sind = 31(37)40(46) M.

Nach der letzte Abn noch 4(4)0(2) R str.

Am Beginn jeder Rück-R für die Schulterschräge wie folgt abk:
5(0)2(0)-mal 5 M abk = 6(37)30(46) M.
1(5)5(3)-mal 6 M abk = 0(7)0(28) M.
0(1)0(4)-mal 7 M abk = 0 M.

RÜCKEN

Die Rücken-M wieder auf die Nd heben.

Im Muster str, jedoch die erste und letzte M in allen R re str.
41(47)49(57) R im Muster str.

Es sind insg 16 Tropfenmuster gestr.
Hier endet das Tropfenmuster. 10 R glatt links str.

Am Beginn jeder R für die Schulterschräge wie folgt abk:
Beidseitig 5(0)2(0)-mal 5 M abk = 35(97)89(121) M.
Beidseitig 1(5)5(3)-mal 6 M abk = 23(37)29(85) M.
Beidseitig 0(1)0(4)-mal 7 M abk = 23(23)29(29) M.

Die Fäden abschneiden und die M stilllegen.

LINKES VORDERTEIL

Die M des linken Vorderteils wieder auf die Nd heben.

Das Muster mit einer Hin-R beg, jedoch die erste und letzte M in allen R re str.
2(8)2(8) R im Muster str.

Für den Halsausschnitt Abn wie folgt str:

Im Muster bis zu den letzten 2 M str – 2 re zus.
Einen MM an der ersten Abn platzieren.

Die Abn in jeder 4. R wdh und im Muster weiter str, bis insg 16 Tropfenmuster gestr sind.
Hier endet das Tropfenmuster. Glatt links weiter str.
GLEICHZEITIG die Abn fortsetzen, bis insg 12(12)15(15) Abn gestr sind = 31(37)40(46) M.

Nach der letzte Abn noch 5(5)1(3) R str.

Für die Schulterschräge wie am rechten Vorderteil abk, aber nun am Beginn jeder Hin-R abk.

ÄRMEL

37(37)43(43) M mit beiden Qualitäten und Nd Nr. 4 anschl.
In Reihen hin und her str.

6 R re str. Die erste R ist eine Rück-R.

Zunahmen str: 6 re – *1 neue re (s. Abk.) – 5(5)6(6) re*.
Von * bis * wdh. Enden mit 1 neue re – 6(6)7(7) re = 43(43)49(49) M.

Zu Nd Nr. 4½ wechseln.
Reihe 1 (Hin-R): 1 re – 14 li – *1 re – 5 li*.
Von * bis * insg 2(2)3(3)-mal str – 1 re – 14 li – 1 re.
Reihe 2: Alle M re str.

Reihe 3: 1 re – 14 li – *5in1M – 5 li*.
Von * bis * insg 2(2)3(3)-mal str – 5in1M – 14 li – 1 re = 55(55)65(65) M.
Reihe 4: 15 re – *5 li – 5 re*.
Von * bis * insg 2(2)3(3)-mal str – 5 li – 15 re.

Reihe 5: 1 re – 14 li – *2 re zus – 1 re – 2 re verschr zus – 5 li*.
Von * bis * insg 2(2)3(3)-mal str – 2 re zus – 1 re – 2 re verschr zus – 14 li – 1 re = 49(49)57(57) M.

Reihe 6: 15 re – *3 li – 5 re*.
Von * bis * insg 2(2)3(3)-mal str – 3 li – 15 re.

Reihe 7: 1 re – 14 li – *ZDA – 5 li*.
Von * bis * insg 2(2)3(3)-mal str – ZDA – 14 li – 1 re = 43(43)49(49) M.

Reihe 8 mit 1. Zunahme (Rück-R): 1 re – 1 neue re – re bis zur letzten M str – 1 neue re – 1 re = 45(45)51(51) M.
Die neuen M in den Hin-R links und in den Rück-R rechts str.

Reihe 9: 1 re – li bis zur letzten M str – 1 re.
Reihe 10: Alle M re str.

Im Muster weiter str.
Insg 8(12)12(2)-mal Zun in jeder 8.(6.)6.(6.) R str = 59(67)73(53) M.
Die Maschen nicht während der Muster-R 3-7 zählen.

Danach noch weitere 6(5)5(18)-mal Zun in jeder 6.(4.)4.(4.) R str = 71(77)83(89) M.

Weiter str, bis die 10 Muster-R insg 11(10)10(9)-mal gestr sind.
Mit einer Muster-R 10 enden.
Der Ärmel misst ca. 41(38)38(34) cm.

Weiter im Muster str und gleichzeitig für die Armkugel am Beginn jeder R wie folgt abk:
Beidseitig 4-mal 4(4)4(5) M abk = 39(45)51(49) M.

Beidseitig 1-mal 6 M abk = 27(33)39(37) M.

6(8)9(8) M abk – die R li zu Ende str = 21(25)30(29) M.

6(8)9(8) M abk – die R re zu Ende str = 15(17)21(21) M.

Die letzten M in einer Hin-R rechts abk.
Den zweiten Ärmel genauso str.

FERTIGSTELLUNG

Die Schulter- und Ärmelnähte von außen zusammennähen und die Ärmel in die Armausschnitte nähen.
Die Taschenbeutel auf der Innenseite der Jacke festnähen.
Alle losen Fäden vernähen.

BLENDEN

Die Nacken-M wieder auf die Nd heben.
Mit beiden Qualitäten und Nd Nr. 4 weitere M wie folgt heraus str.

85(85)79(79) M aus dem rechten Vorderteil bis zum MM der ersten Abn heraus str – den MM auf die rechte Nd heben – 40(40)48(48) M bis zur Schulternaht heraus str – re über die 23(23)29(29) Nacken-M str – 40(40)48(48) M bis zum MM der ersten Abn am linken Vorderteil heraus str – den MM auf die rechte Nd heben – 85(85)79(79) M aus dem linken Vorderteil heraus str = 273(273)283(283) M.

Reihe 1 (Rück-R). 1. M abhFv – die R re zu Ende str.
Reihe 2 mit Zunahme: 1abhFv – re bis zum MM str – 1 neue re vor dem MM str – re bis zum nächsten MM str – 1 neue re nach dem MM str – die R re zu Ende str = 275(275)285(285) M.

Reihe 3: Wie Reihe 1 str.
Reihe 4 mit Zunahme: Wie Reihe 2 str = 277(277)287(287) M.
Reihe 5: Wie Reihe 1 str.

Reihe 6 mit Knopflöchern und Zunahme: 1abhFv – 2(2)1(1) re – *2 re zus – 2 neue M anschl – 2 re verschr zus – 12(12)11(11) re*. Von * bis * insg 5-mal str. 2 re zus – 2 neue M anschl – 2 re verschr zus – 1 neue re vor dem MM str – bis zum nächsten MM re str – 1 neue re nach dem MM str – die R re zu Ende str = 279(279)289(289) M.

Reihe 7: Wie Reihe 1 str.
Reihe 8: Wie Reihe 4 str = 281(281)291(291) M.
Reihe 9: Wie Reihe 1 str.

Alle M abketten.

FERTIGSTELLUNG

Die Fäden vernähen und die Knöpfe annähen.

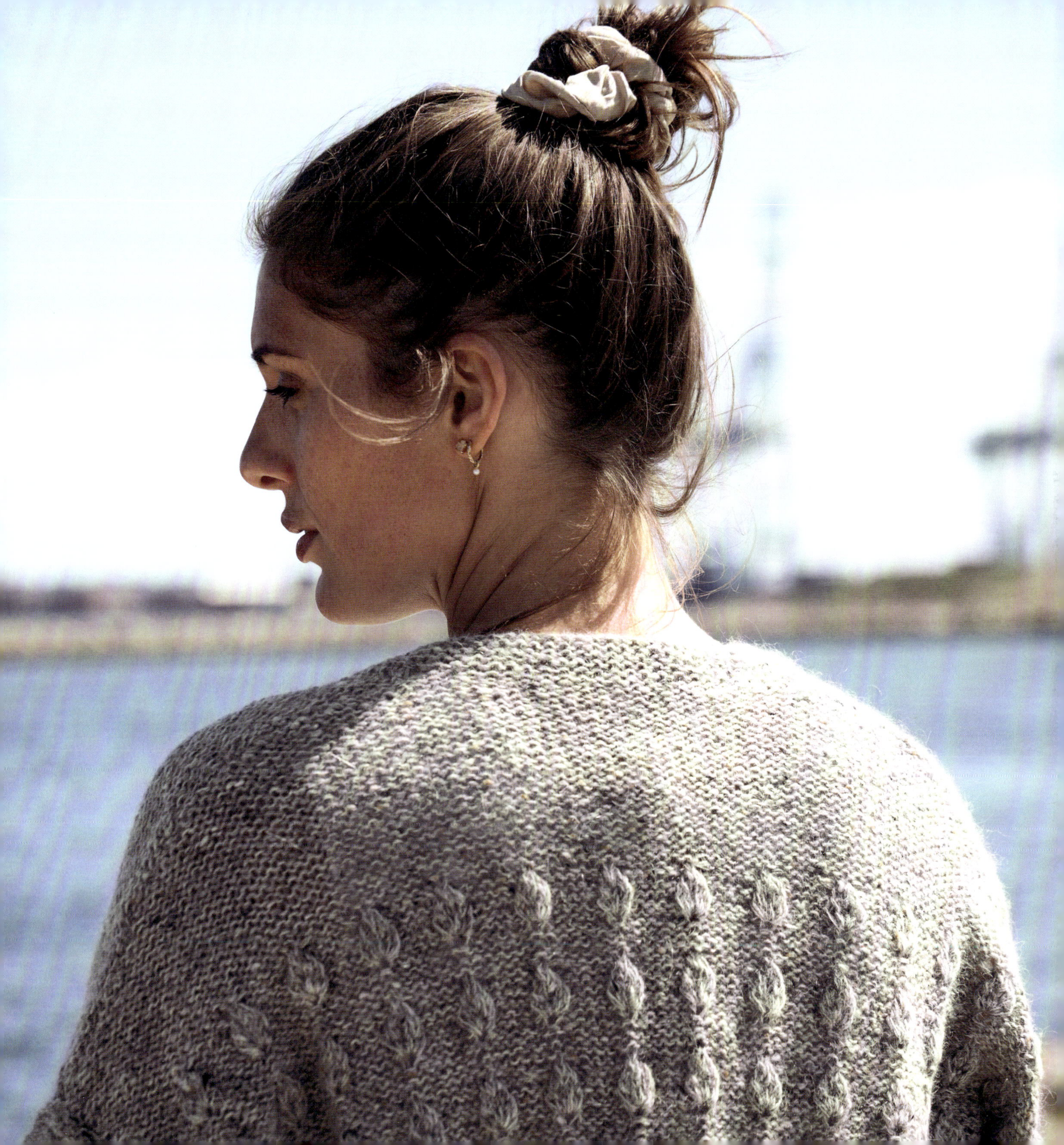

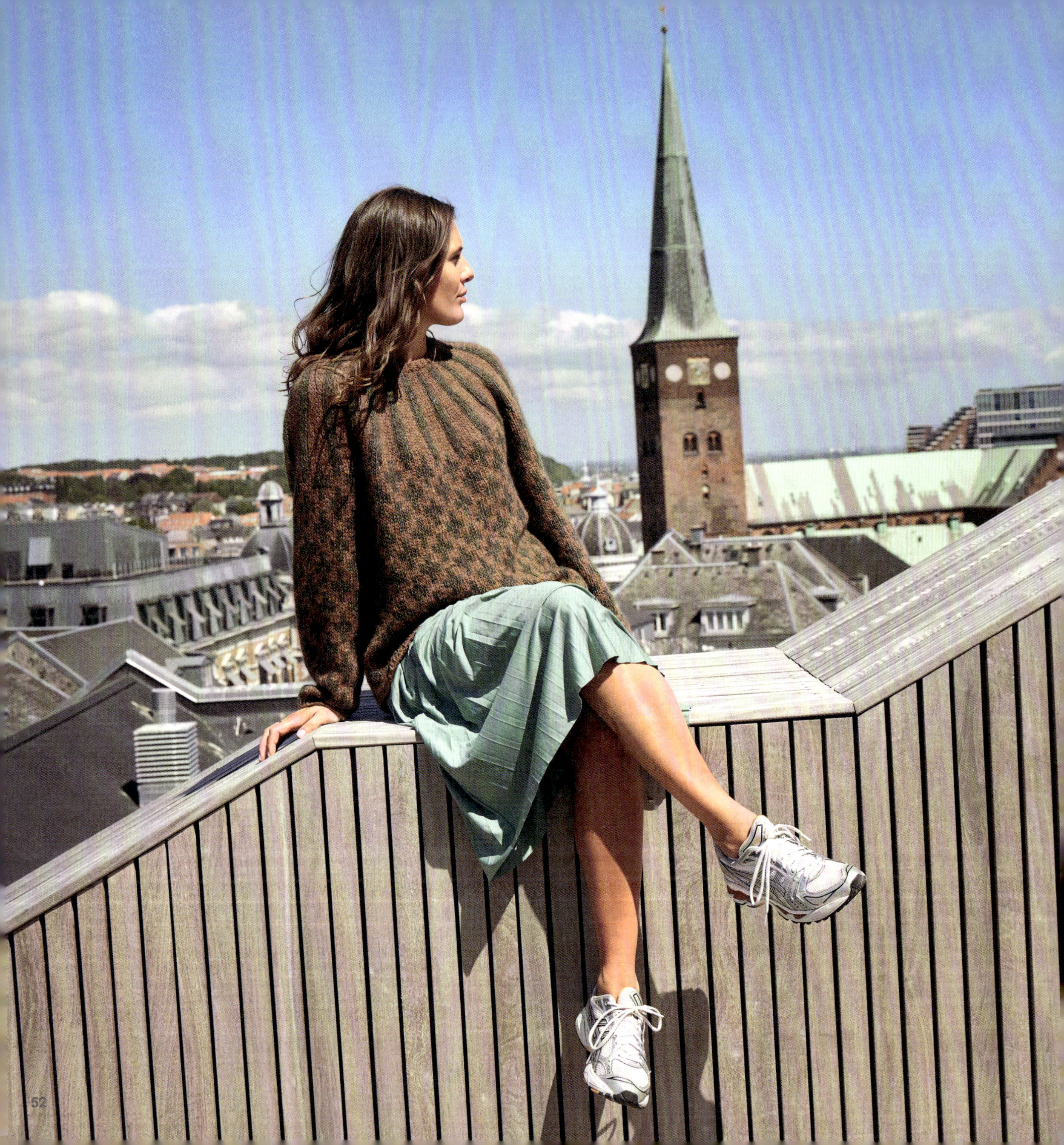

Die Domkirche

Der Dom von Aarhus liegt am Ende der Achse Lille Torv – Store Torv. An dieser Stelle befand sich die Wikingerstadt Aros.

Ende des 12. Jahrhunderts wurde mit dem Bau des Doms begonnen, der dem heiligen Clemens, dem Heiligen der Seefahrer, gewidmet ist. Der Dom von Aarhus ist die längste Kirche des Landes und bietet Platz für 1000 Menschen.

Der im Zentrum der Stadt gelegene Dom hat in den 1000 Jahren seines Bestehens viel gesehen und erlebt – Höhen und Tiefen. Im Inneren nimmt die Königin oft an den Gottesdiensten teil. Draußen war die Mauer im Süden der Treffpunkt für Drogensüchtige, bis die öffentlichen unterirdischen Toiletten vor ein paar Jahren geschlossen wurden. Die Domkirche umfasst alles.

Gr: S(M/L)XL(XXL)

Halbe Oberweite: 50(56)62(69) cm
Länge: 57 cm
Ärmellänge: 44(42)41(39) cm

Material
A: 250(300)300(300)g Isager Alpaca 3 Farbe 8s
B1: 150(150)150(200)g Isager Tweed Farbe Moss
B2: 75(75)75(100)g Isager Silk Mohair Farbe 68

Rund- und Strumpfnadeln Nr. 4½ und 6

Maschenprobe glatt rechts und im Muster auf Nd Nr. 6:
10 cm = 16 M und 19 R

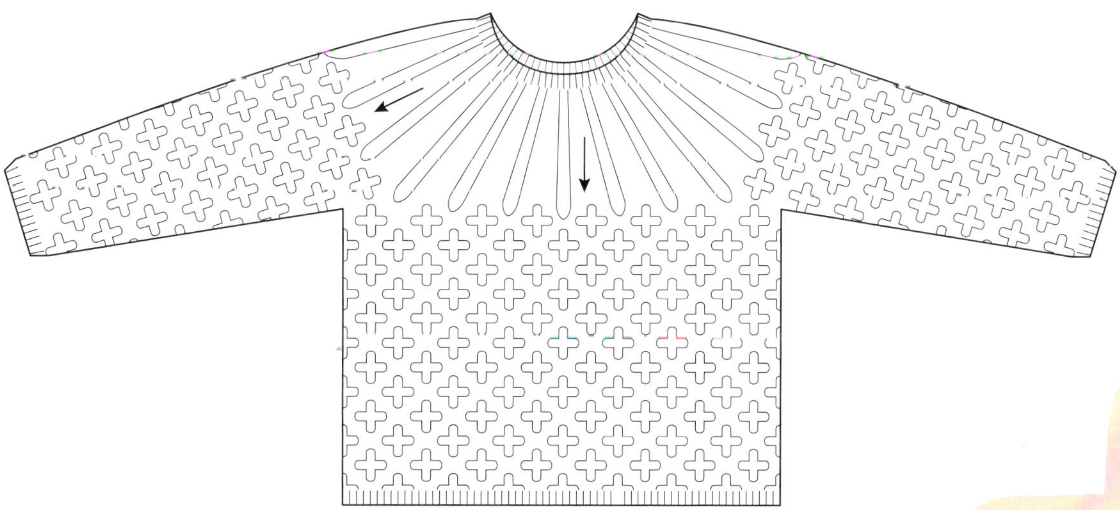

Der Pullover wird von oben nach unten gestrickt.

PASSE

84(84)98(98) M mit A und Nd Nr. 6 anschl.

In Runden laut Diagramm 1 str.
Den Spannfaden auf der Rückseite der Arbeit nicht über mehr als 4 M mitführen, bevor er mit dem Arbeitsfaden verkreuzt wird.
Jedoch nie an der gleichen Stelle wie in der vorherigen Reihe verkreuzen.

Die 29 Diagramm-Rd str = 240(240)280(280) M.

Verkürzte Reihen (nach der japanischen Methode) für einen erhöhten Nacken str und dabei mit Längsstreifen wie in der 29. Diagramm-R weiter str.

Reihe 1 (Hin-R): 100(100)120(120) re str.
Die Arbeit wenden. Einen verschließbaren MM auf dem Arbeitsfaden platzieren und dicht an die zuletzt gestrickte M schieben.
Reihe 2 (Rück-R): 200(200)240(240) li str.
Wenden. Einen MM auf dem Arbeitsfaden platzieren.

Reihe 3 (Hin-R): 180(180)220(220) re str.
Wenden. Einen MM platzieren.
Reihe 4 (Rück-R): 160(160)200(200) li str.
Wenden. Einen MM platzieren.

Reihe 5 (Hin-R): 140(140)180(180) re str.
Wenden. Einen MM platzieren.
Reihe 6 (Rück-R): 120(120)160(160) li str.
Wenden. Einen MM platzieren.

Reihe 7 (Hin-R): 100(100)140(140) re str.
Wenden. Einen MM platzieren.
Reihe 8 (Rück-R): 80(80)120(120) li str.
Wenden. Einen MM platzieren.

Reihe 9 (Hin-R): 80(80)120(120) re – *den MM in die Hand nehmen, leicht ziehen und die Schlinge auf der der MM sitzt auf die linke Nd heben. Mit der Farbe der nächsten M die Schlinge und diese nächste M re zus str – 19 re str*.

Von * bis * insg 4-mal str.
38 re bis 1 M vor den nächsten MM str – *die nächste M von der linken auf die rechte Nd heben, ohne sie zu str, den MM in die Hand nehmen, leicht ziehen und die Schlinge auf der der MM sitzt auf die linke Nd heben, die Schlinge mit der ins Muster passenden Farbe re str, die abgeh M auf der rechten Nd über die gestr Schlinge heben – 19 re str*.
Von * bis * insg 4-mal str.
Bis zum Rd-Beginn in der Rückenmitte re str.

4(4)10(10) Rd laut Diagramm 2 str.
Die Arbeit misst in der Rückenmitte ca. 22(22)25(25) cm.

VERTEILUNG

Das Muster laut Diagramm 2 weiter str.

35(35)40(40) Rücken-M str – die nächsten 50(50)60(60) Ärmel-M stilllegen, ohne sie zu str – 10(20)20(30) neue M mit beiden Farben anschl, sodass die neuen M ins Muster passen – 70(70)80(80) Vorderteil-M str – die nächsten 50(50)60(60) Ärmel-M stilllegen, ohne sie zu str – 10(20)20(30) neue M mit beiden Farben anschl, sodass die neuen M ins Muster passen – 35(35)40(40) Rücken-M str.
Hier einen MM für den Rd-Beginn platzieren.

RUMPF

Rund über die 160(180)200(220) Rumpf-M laut Diagramm 2 str, bis das Diagramm insg 5-mal gestr ist.

1.-9. Rd von Diagramm 2 noch einmal str.
B1+B2 abschneiden.
Die Arbeit misst in der Rückenmitte ca. 53 cm.

Zu Nd Nr. 4½ wechseln und mit A str.
1 Rd re str.

3 Rd Rippen str: *1 re – 1 li*. Von * bis * wdh.
Im Rippenmuster locker abk.

ÄRMEL

Die 50(50)60(60) Ärmel-M auf eine Nd Nr. 6 heben.

Im Muster ab der 5.(5.)11.(11.) Diagramm-Rd str.

Mit A 10(20)20(30) neue M aus den angeschl Rumpf-M heraus str – B1+B2 hinzunehmen und 5 M aus dem Übergang zu den Ärmel-M im Muster laut Diagramm 2 str – im Muster über die 50(50)60(60) Ärmel-M str – im Muster 5 M aus dem Übergang zu den neuen M unter dem Ärmel heraus str = 70(80)90(100) M.
5(10)10(15) M im Muster str (= die Hälfte der neuen M).
Hier einen MM für den Rd-Beginn platzieren.

Im Muster laut Diagramm 2 weiter str.
4 Rd im Muster str.

Abnahmen str: 2 re zus – im Muster bis 2 M vor den MM str – 2 re verschr zus = 68(78)88(98) M.

Im Muster weiter str und die Abn insg 10(6)9(4)-mal in jeder 8.(6.)4.(4.) Rd str = 50(68)72(92) M.

Gr. (M/L)XL(XXL):
Im Muster weiter str und noch (9)6(16)-mal Abn in jeder (4.)6.(3.) Rd str = (50)60(60) M.

Alle Gr.:
Weiter str, bis der Ärmel nach der Verteilung ca. 42(40)39(37) cm misst.
Nach einer 3. oder 9. Diagramm-Rd enden.
B1+B2 abschneiden.

Zu Nd Nr. 4½ wechseln und mit A str.

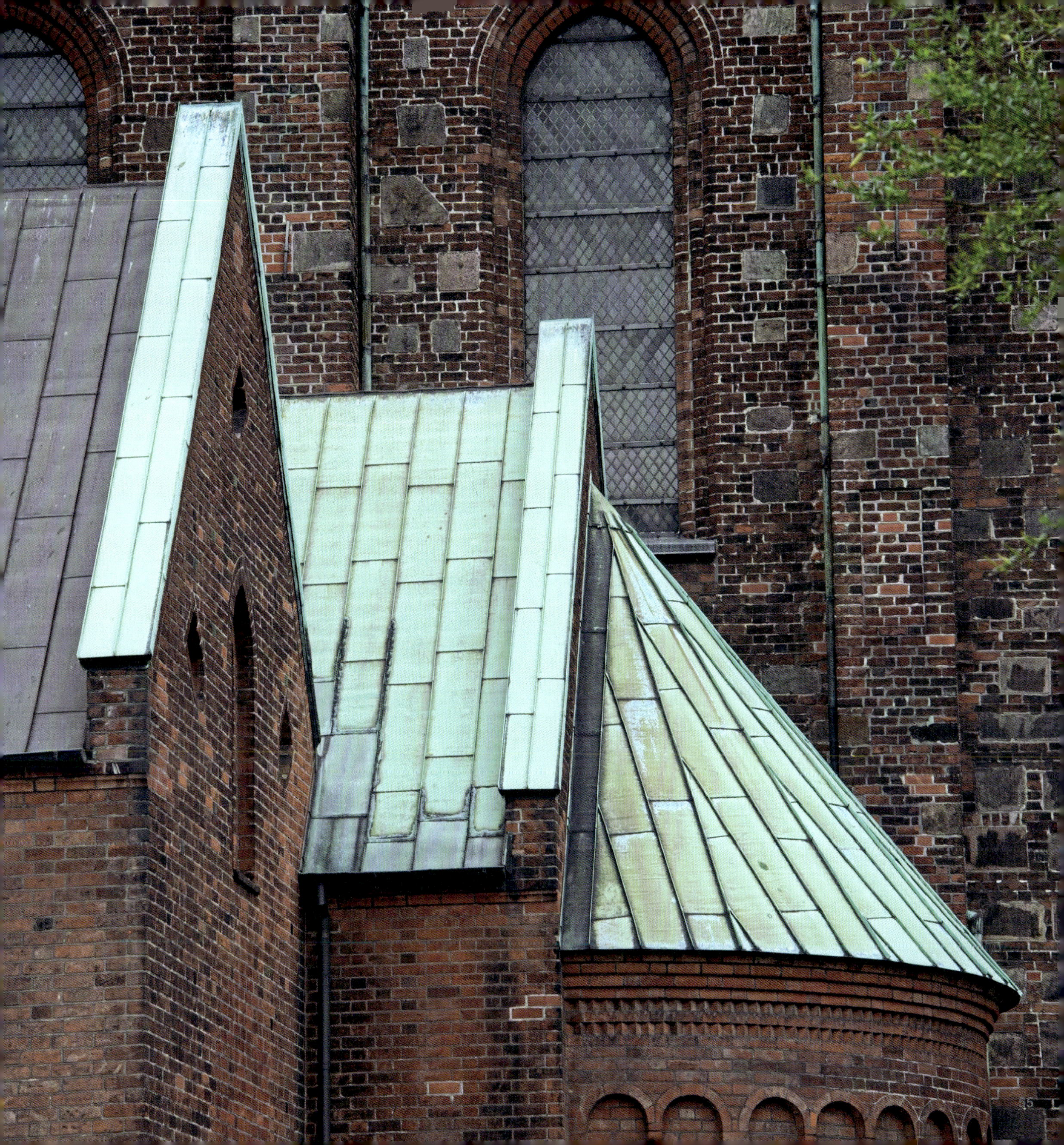

Abnahmen str: *3 re – 2 re zus*.
Von * bis * wdh = 40(40)48(48) M.
3 Rd Rippen str: *1 re – 1 li*. Von * bis * wdh.

Locker im Rippenmuster abketten.
Den zweiten Ärmel genauso str.

HALSBÜNDCHEN

84(84)98(98) M mit A und Nd Nr. 4½ aus dem Halsausschnitt heraus str.
Bei dem MM in der Nackenmitte beg.

Gr. XL(XXL)
Abnahmen str: *1 re – 2 li zus – 1 re – 1 li – 1 re – 1 li – 1 re – 1 li – 1 re – 1 li*.
Von * bis * insg 7-mal str.
Enden mit 1 re – 2 li zus – *1 re – 1 li*.
Von * bis * insg 9-mal str = 90(90) M.

Alle Gr.:
3(3)2(2) Rd Rippen str: *1 re – 1 li*.
Von * bis * wdh.

Im Rippenmuster abk: Locker abgekettet wird der Halsausschnitt größer, fester abgekettet wird er enger.

FERTIGSTELLUNG

Alle losen Fäden vernähen.

DIAGRAMM 1

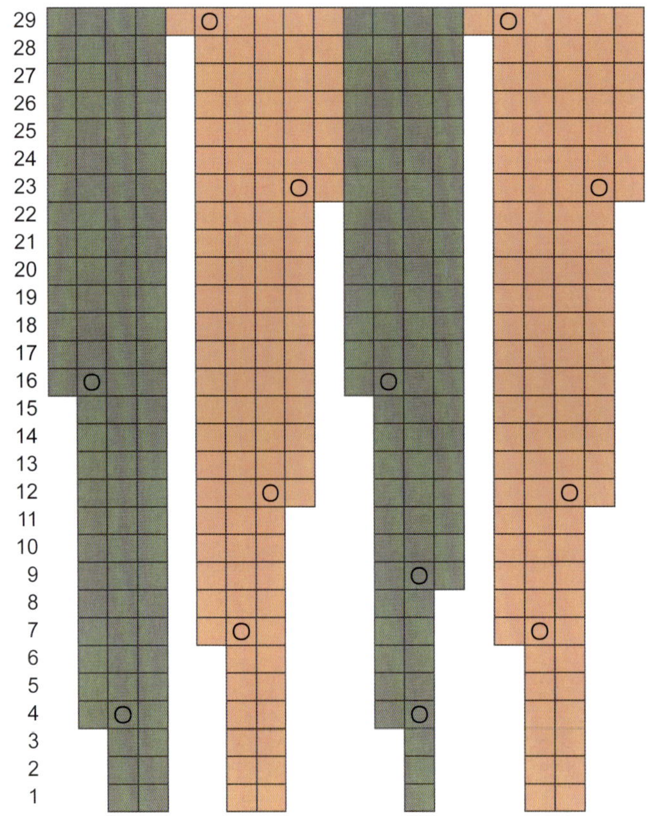

DIAGRAMM 2

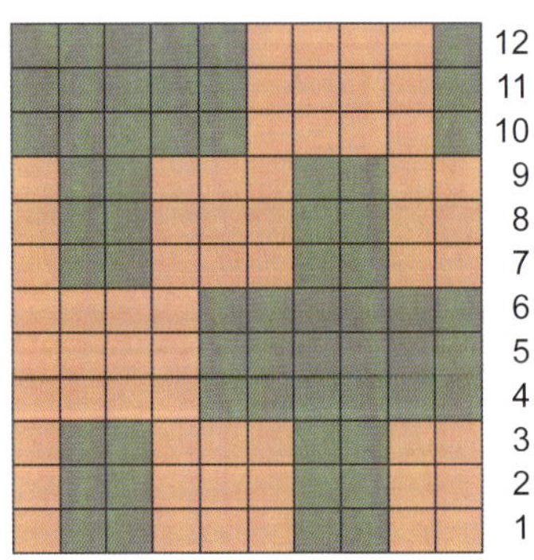

= A   = B1+B2   O = 1 neue M re verschränkt aus dem Querfaden zw zwei M heraus str

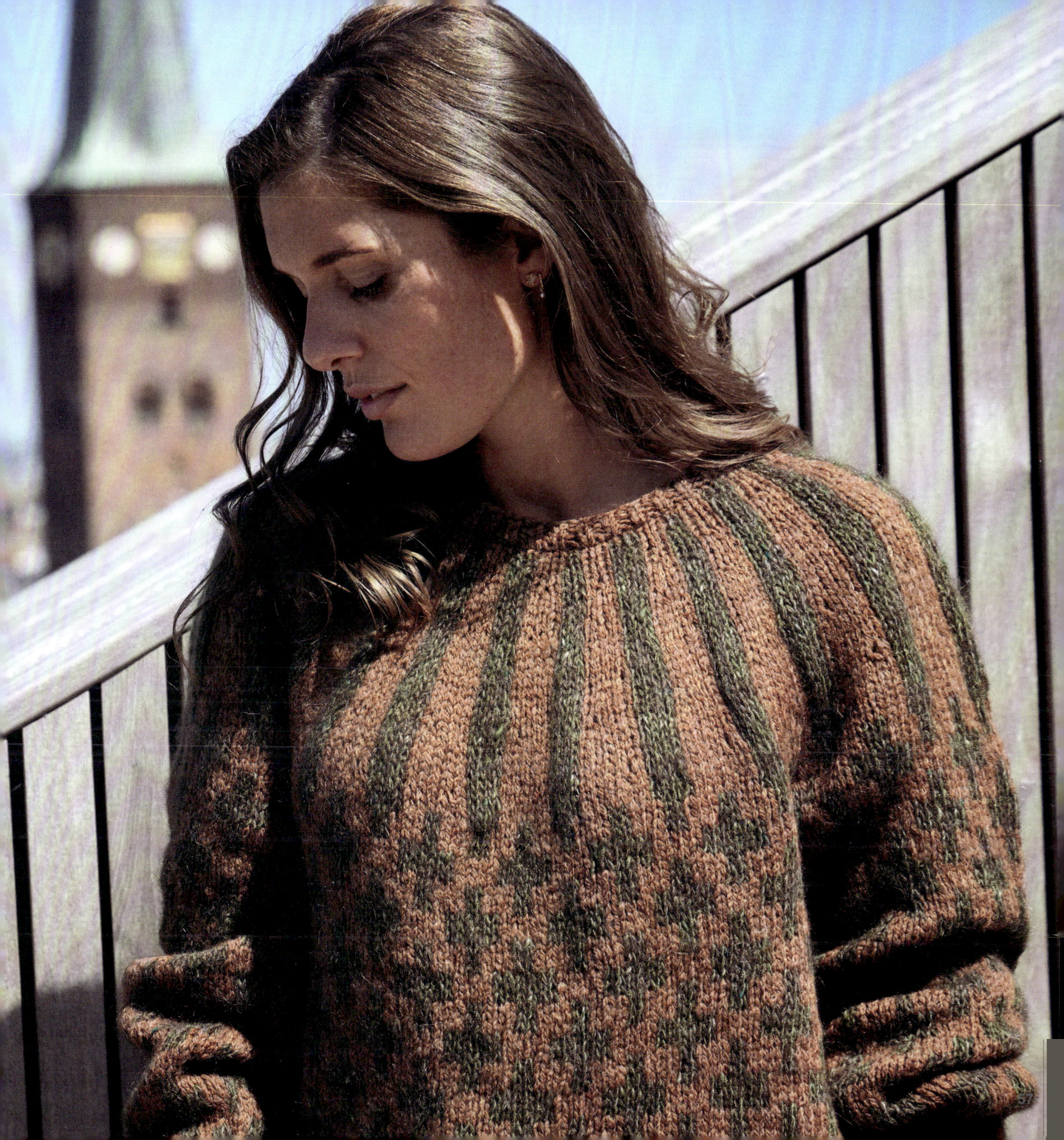

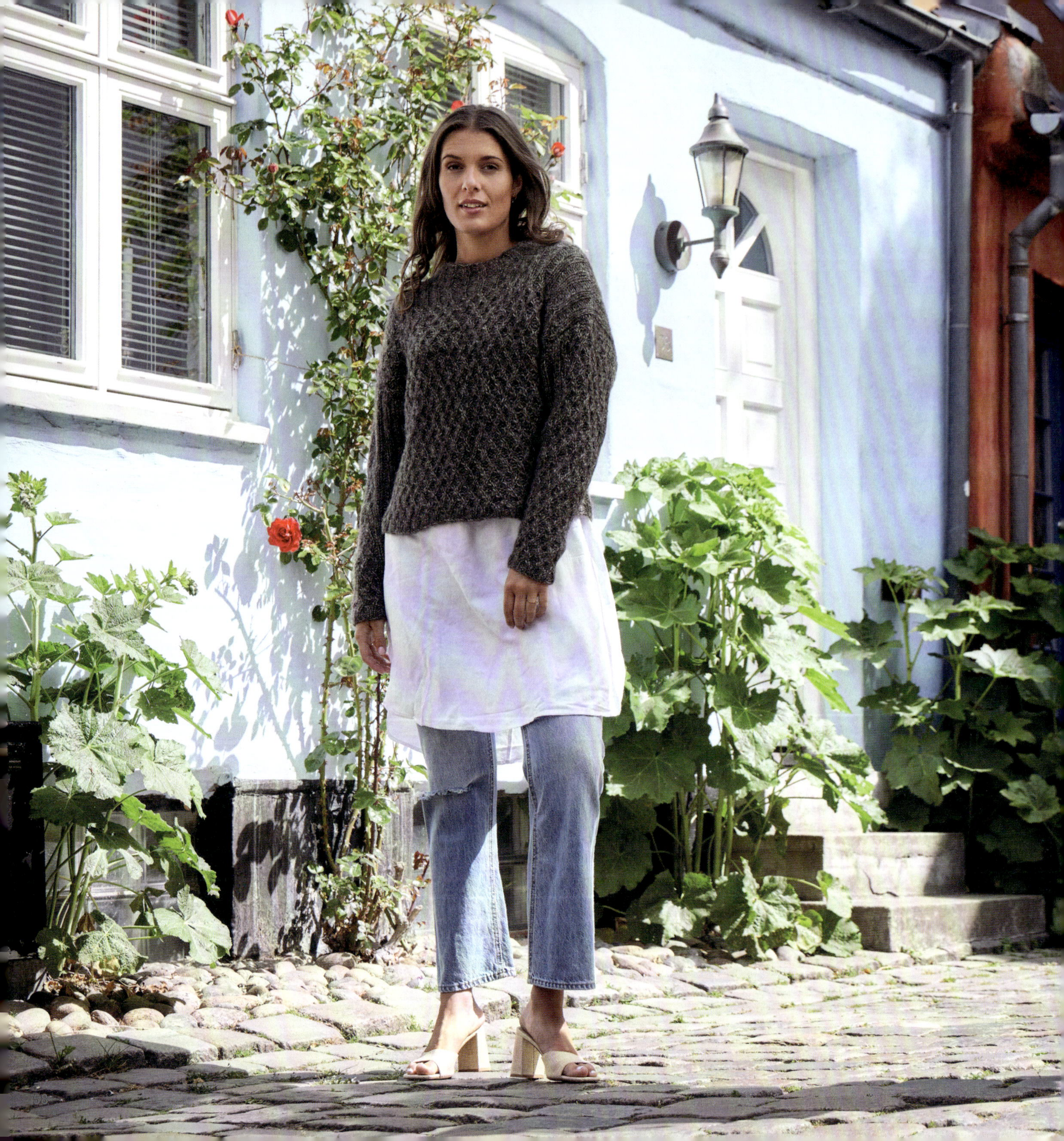

Das Latinerquartier

Kaffeelatte, Mittagessen und ein Einkaufsbummel in kleinen Geschäften – das ist das sogenannte Latinerquartier in Aarhus.

Hier stehen einige der ältesten Häuser von Aarhus, mit schönen Farben auf den gekalkten Wänden. Schaut man in die Höfe, sieht man alte Kaufmannshäuser mit krummen Wänden und Flaschenzügen aus der Zeit, als die Waren noch auf den Dachboden gehievt werden mussten. Hier gibt es Seele und sonntägliche Gemütlichkeit. Fußgänger und Radfahrende beherrschen die Straße. Wenn man ungeduldig wird und hupt, bewegen wir uns zwar – aber nur langsam.

Gr: S(M)L(XL/XXL)

Halbe Oberweite: 48(53)58(63) cm
Länge: 53(55)55(55) cm
Ärmellänge: 43(41)39(37) cm

Material

300(300)350(400) g Isager Soft Farbe E4s

Rund- und Strumpf-Nd Nr. 5½ und 6

Maschenprobe glatt rechts auf Nd Nr. 6: 10 cm = 14 M und 16 R
Maschenprobe im Muster auf Nd Nr. 6: 10 cm = 16 M und 18 R

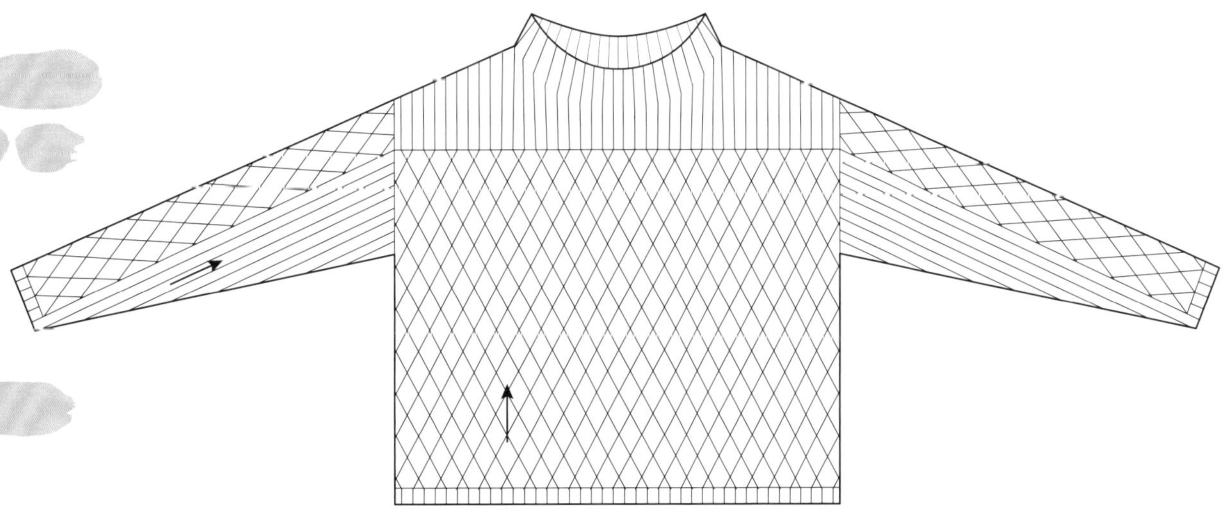

RUMPF

152(168)184(200) M mit Nd Nr. 5½ anschl. Zur Runde schließen.

3 Rd Rippen str: 1 li – *2 re – 2 li*. Von * bis * wdh. Enden mit 2 re – 1 li.

Zu Nd Nr. 6 wechseln.
Die 8 Reihen von Diagramm 1 insg 6(5)5(5)-mal str.
Weitere 0(6)2(0) Rd im Muster str.

Die Arbeit misst ca. 29(28)25(24) cm.

Im Muster weiter str und dabei für den Armausschnitt abk: 75(83)91(99) M str – 2 M abk – 74(82)90(98) M str (die 1. M ist bereits auf der Nd) – 2 M abk (die letzte M gehört bereits zur nächsten Rd).
Den Faden nicht abschneiden.

Jede Hälfte für sich fertig str.

Die letzten 74(82)90(98) M (Vorderteil) stilllegen und später weiter str.

RÜCKEN

In Reihen hin und her str.

Laut Diagramm 2 über die 74(82)90(98) Rücken-M str.
Mit der 2.(8.)4.(2.) Diagramm-R beg.

Im Muster weiter str, bis das Diagramm ab den Rippen insg 9-mal gestr ist.
2 weitere R laut Diagramm str.
Die Arbeit misst insg ca. 43 cm.

Zu Nd Nr. 5½ wechseln.
Im Rippenmuster weiter str:
Reihe 1 (Rück-R): 2 re – *2 li – 2 re*. Von * bis * wdh.
Reihe 2: 1 re – 1 li – *2 re – 2 li*.
Von * bis * wdh. Enden mit 2 re – 1 li – 1 re.

Reihe 1-2 wdh, bis insg 15(17)17(17) R gestr sind.

Nun für die Schultern abk:
24(28)30(34) M im Rippenmuster abk – 26(26)30(30) Nacken-M im Rippenmuster str (die 1. M ist bereits auf der Nd) – 24(28)30(34) M im Rippenmuster abk.
Die Nacken-M stilllegen.

VORDERTEIL

Die Vorderteil-M wieder auf eine Nd Nr. 6 heben.

Bis zum Rippenmuster wie den Rücken str.

Zu Nd Nr. 5½ wechseln und 7 R Rippen wie am Rücken str.
Den Faden nicht abschneiden.

Die mittleren 6 M stilllegen.
Über die 34(38)42(46) M an beiden Seiten einzeln weiter str.

LINKE SCHULTER

In Reihen hin und her str.

1 Hin-R str.
1-mal am Beginn der Rück-R 4 M abk = 30(34)38(42) M.
Danach 3(3)4(4)-mal am Beginn der Rück-R 2 M abk = 24(28)30(34) M.

Gr. (M):
2 R im Rippenmuster str.

Alle Gr.:
Für die Schulterschräge abk:
4(4)5(5)-mal am Beginn der Hin-R 6 M abk = 0(4)0(4) M.

Gr. (M)(XL/XXL):
Die letzten 4 M in der Hin-R abk.

RECHTE SCHULTER

Mit einer Hin-R beg und im Rippenmuster hin und her str. GLEICHZEITIG am Beginn der ersten Hin-R 4 M abk = 30(34)38(42) M.
Danach 3(3)4(4)-mal am Beginn der Hin-R 2 M abk = 24(28)30(34) M.

Gr. (M):
2 R im Rippenmuster str.

Alle Gr.:
Für die Schulterschräge abk:
4(4)5(5)-mal am Beginn der Rück-R 6 M abk = 0(4)0(4) M.

Gr. (M)(XL/XXL):
Die letzten 4 M in der Hin-R abk.

ÄRMEL

32(32)36(36) M mit Strumpf-Nd 5½ anschl.
Zur Runde schließen.

4 Rd Rippen str: 1 li – *2 re – 2 li*.
Von * bis * wdh. Enden mit 2 re – 1 li.

Zu Nd Nr. 6 wechseln.

Rd 1: 1 li – 2 re – einen MM platzieren – die 1. R des Ärmeldiagramms str, bis noch 3 M auf der Nd sind – einen MM platzieren – 2 re – 1 li.
Rd 2: 1 li – 2 re – die 2. R des Diagramms bis zum MM str – 2 re – 1 li.

Laut Ärmeldiagramm weiter str.
Rd 3-4: Rippen bis zum MM str – im Muster bis zum MM str – Rippen bis zur letzten M str.

1. Zunahme: 1 li – 1 neue li (s. Abk.) – 2 re – im Muster bis zum MM str – 2 re – 1 neue li – 1 li = 34(34)38(38) M.

5(3)3(3) Rd wie folgt str:
2 li – 2 re – im Muster bis zum MM str – 2 re – 2 li.

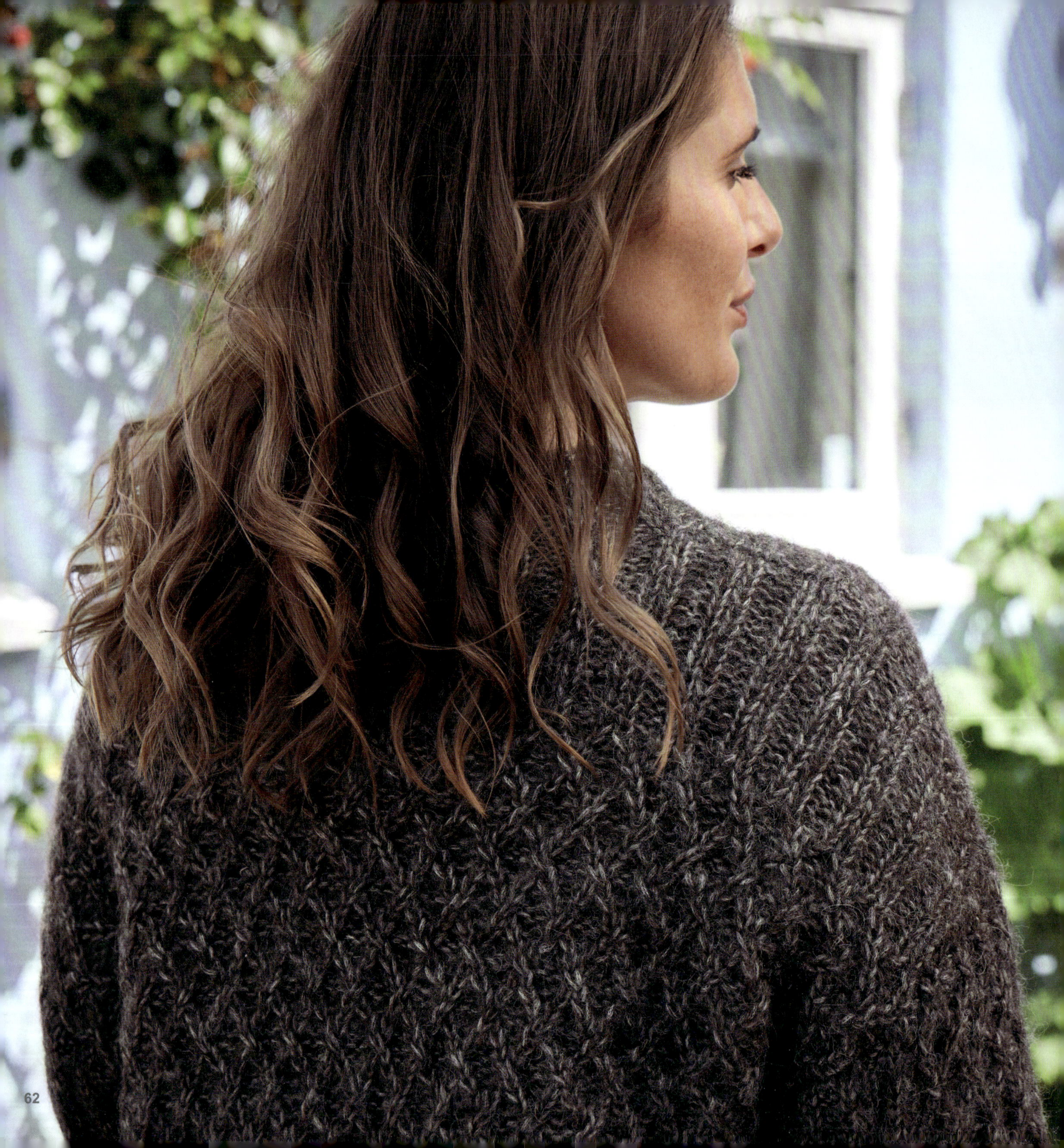

2. Zunahme: 1 re – 1 neue li – 1 li – 2 re – im Muster bis zum MM str – 2 re – 1 li – 1 neue li – 1 re = 36(36)40(40) M.

5(3)3(3) Rd wie folgt str:
1 re – 2 li – 2 re – im Muster bis zum MM str – 2 re – 2 li – 1 re.

3. Zunahme: 1 re – 1 neue re (s. Abk.) – 2 li – 2 re – im Muster bis zum MM str – 2 re – 2 li – 1 neue re – 1 re = 38(38)42(42) M.

5(3)3(3) Rd wie folgt str:
2 re – 2 li – 2 re – im Muster bis zum MM str – 2 re – 2 li – 2 re.

4. Zunahme: 1 li – 1 neue re – 1 re – 2 li – 2 re – im Muster bis zum MM str – 2 re – 2 li – 1 re – 1 neue re – 1 li = 40(40)44(44) M.

5(4)3(3) Rd wie folgt str:
1 li – 2 re – 2 li – 2 re – im Muster bis zum MM str – 2 re – 2 li – 2 re – 1 li.

Die Zun in jeder 6.(4.)4.(3.) Rd wdh, bis insg 12(16)16(18) Zunahme-Rd gestr sind = 56(64)68(72) M.

Weiter str, bis das Diagramm 9(8)8(7)-mal gestr ist. Danach weitere 2(6)2(6) Diagramm-Rd str.

Die Arbeit misst ca. 43(41)39(37) cm.

Die Arbeit wenden und das Muster in Reihen hin und her str.
Mit einer Rück-R beg und beidseitig 4(5)5(5)-mal am Beginn jeder R 4 M abk = 24(24)28(32) M.

In der Rück-R die letzten M im Muster abk.

Den zweiten Ärmel genauso str.

FERTIGSTELLUNG

Die Schultern von der Außenseite mit dem Matratzenstich zusammennähen und die Ärmel von der Außenseite einnähen.

HALSBÜNDCHEN

Mit Nd Nr. 5½ str.

Die Nacken-M und die 6 mittleren Vorderteil-M wieder auf die Nd heben.

Eine Hin-R über die 26(26)30(30) Nacken-M im Rippenmuster str – 6(10)10(10) M aus dem geraden Stück des Halsausschnitts heraus str – 10(10)12(12) M aus den abgek M str – Rippen über die 6 mittleren Vorderteil-M str – 10(10)12(12) M aus den abgek M str – 6(10)10(10) M aus dem geraden Stück str = 64(72)80(80) M.

10 Rd im Rippenmuster str.
Alle M im Rippenmuster abk. Die Fäden vernähen.

DIAGRAMM

= in den Hin-R re – in den Rück-R li str

= in den Hin-R li – in den Rück-R re str

* = die erste M am Beginn der Rd re str und am Ende der Rd mit in dem Zopf verwenden

O = in allen R re str

= 1 M auf eine Hilfs-Nd hinter die Arbeit legen – 1 re str – die M von der Hilfs-Nd li str

= 1 M auf eine Hilfs-Nd vor die Arbeit legen – 1 li str – die M von der Hilfs-Nd re str

= die 2. M zuerst und vor der 1. M re str – die 1. M re str – beide M von der linken Nd heben

= die 2. M zuerst und hinter der 1. M re verschr str – die 1. M re str – beide M von der linken Nd heben

DIAGRAMM 1

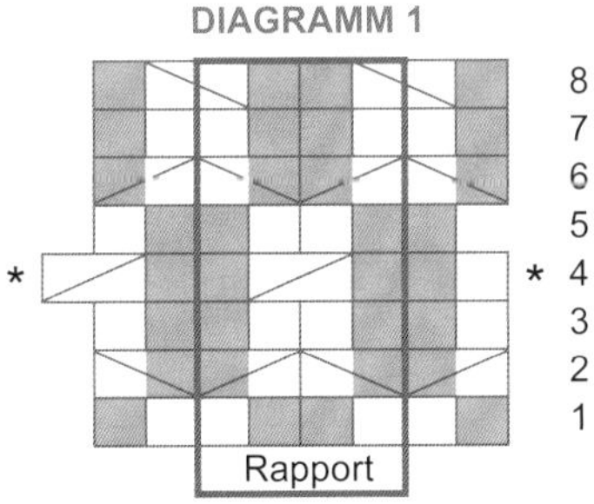

ÄRMELDIAGRAMM

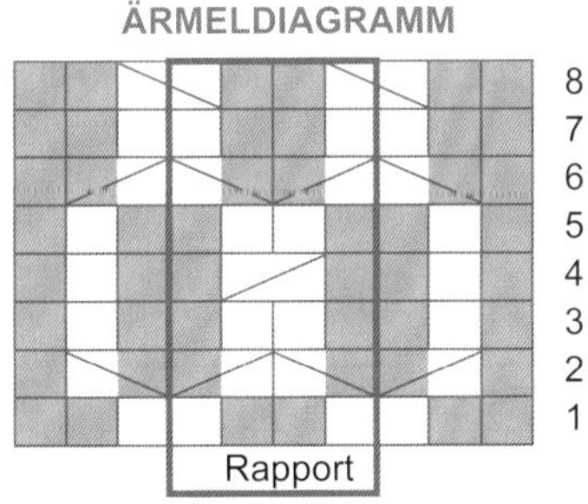

DIAGRAMM 2

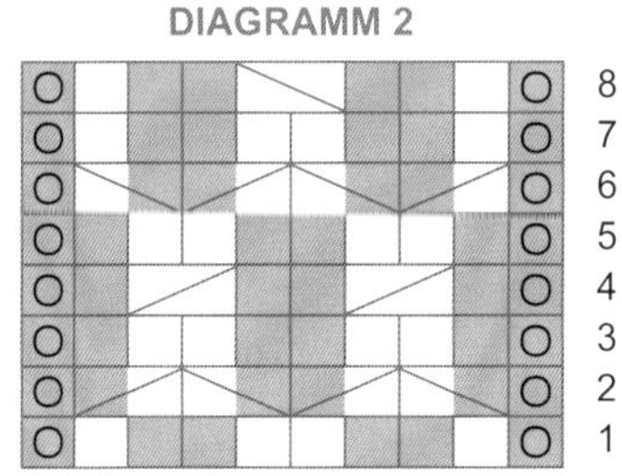

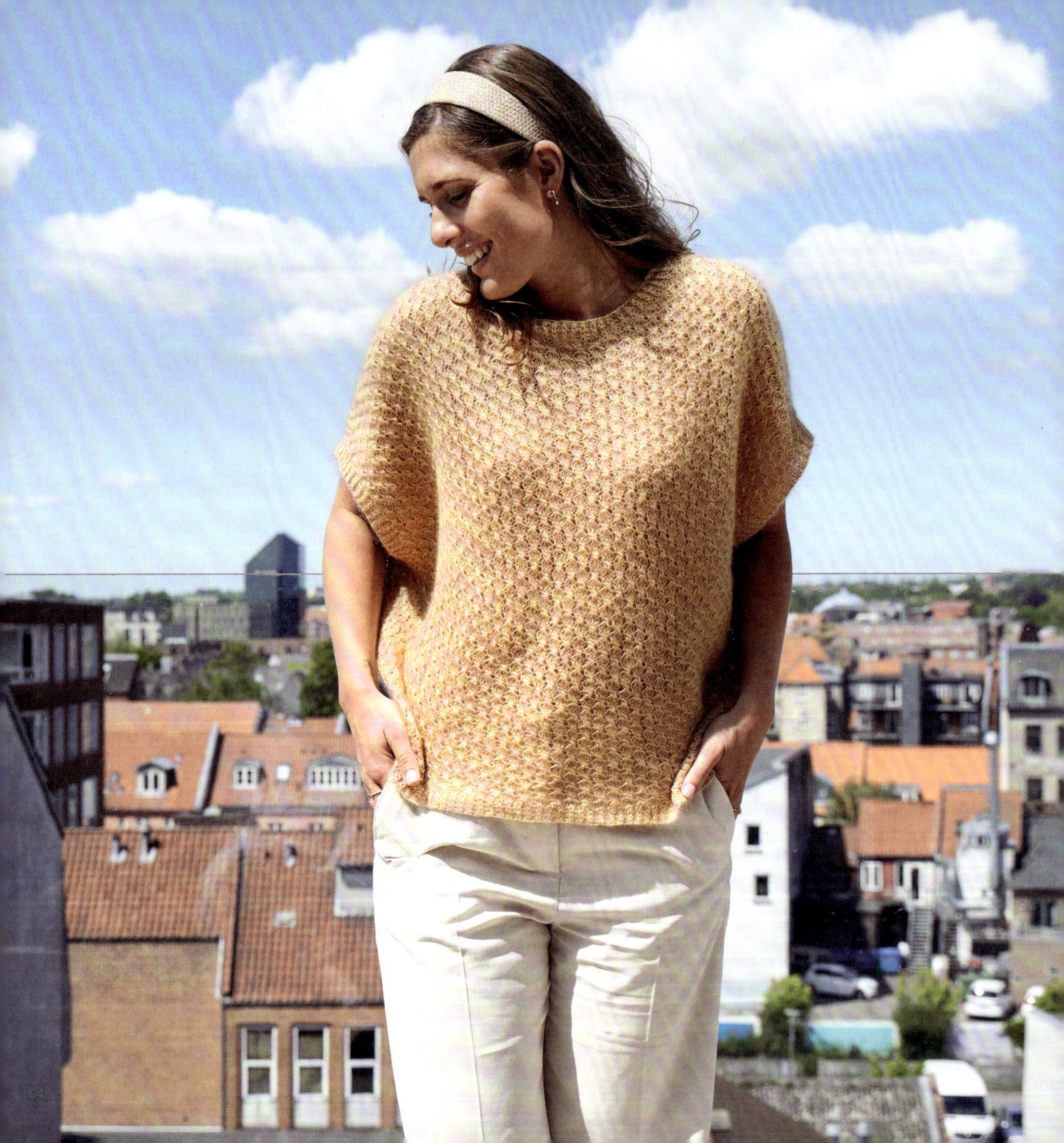

Tiefstehende Sonne über Aarhus

Ich komme aus Westjütland, aber Aarhus fließt durch meine Adern.

Tiefstehende Sonne über Århus
Kalter Wind in knochentrockenen Hecken
Wir gehen durch das goldene Labyrinth der Straßen
Um sehen zu lernen, musst du hinschauen
Gnags

(1. Strophe des Liedes „Lav sol over Århus", Gnags)

Genau wie ich kommt die in Dänemark bekannte Musikgruppe Gnags aus Westjütland und ist nach Aarhus gezogen.

Gr: S(M)L(XL)XXL

Halbe Oberweite: 63(68)70(75)78 cm
Halbe Hüftweite: 48(53)55(60)65 cm
Länge: 55(56)57(57)58 cm

Material
125(125)125(125)150 g Isager Silk Mohair Farbe 59
150(150)150(200)200 g Isager Trio 1 Farbe Powder
Mit je 1 Faden beider Qualitäten stricken

Rundnadeln Nr. 3½ und 4

Maschenprobe glatt rechts auf Nd Nr. 4: 10 cm = 23 M und 26 R
Maschenprobe im Muster auf Nd Nr. 4: 10 cm = 24 M und 26 R

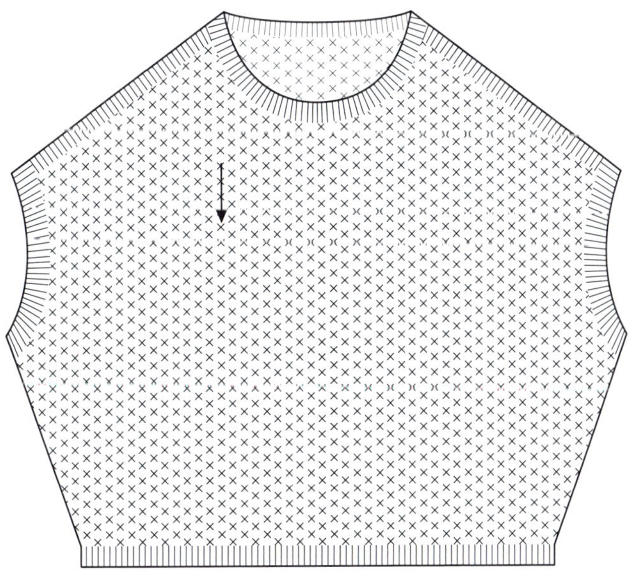

Stern: 3 M re verschr zus str und auf der linken Nd lassen, ein U, und wieder dieselben 3 M re verschr zus str. Nun die 3 M von der linken Nd heben .

Der Pulli wird von oben nach unten gestrickt.

SCHULTER AM RÜCKEN

47(47)47(53)53 Nacken-M auf Nd Nr. 4 mit beiden Qualitäten anschl.
In Reihen hin und her str.

Reihe 1 (Rück-R): 1 re – die R li zu Ende str – 3 neue M anschl = 50(50)50(56)56 M.
Reihe 2: 4 re – *Stern – 3 re*. Von * bis * wdh. Enden mit Stern – 1 re – 3 neue M anschl = 53(53)53(59)59 M.

Reihe 1-2 insg 16(17)18(18)19-mal str = 143(149)155(161)167 M.
An beiden Seiten einen MM platzieren.
Die Arbeit misst 12(13)14(14)15 cm.

RÜCKEN

Reihe 1: 1 re – li bis zur letzten M str – 1 re.
Reihe 2: 1 re – *Stern – 3 re*.
Von * bis * wdh. Enden mit Stern – 1 re.
Reihe 3: Wie Reihe 1 str.
Reihe 4: 4 re – *Stern – 3 re*.
Von * bis * wdh. Enden mit 1 re.

Reihe 1-4 insg 11(12)12(13)14-mal str.
Reihe 1 noch einmal str.
Die Fäden abschneiden und die M stilllegen.
Der Rücken misst nach der Schulter 17(18)18(20)22 cm.

VORDERTEIL LINKE SCHULTER

5 M mit beiden Qualitäten auf Nd Nr. 4 anschl.

Im Muster hin und her str und M für die Schulter anschl:
Reihe 1 (Rück-R): 1 re – li bis zur letzten M str – 1 re.
Reihe 2: 1 re – Stern – 1 re – 3 neue M anschl = 8 M.

Reihe 3: Wie Reihe 1 str.
Reihe 4: 4 re – Stern – 1 re – 3 neue M anschl = 11 M.

Reihe 5: Wie Reihe 1 str.
Reihe 6: 1 re – Stern – 3 re – Stern – 1 re – 3 neue M anschl = 14 M.

Reihe 7: Wie Reihe 1 str.
Reihe 8: 4 re – Stern – 3 re – Stern – 1 re – 3 neue M anschl = 17 M.

Neue M für den Halsausschnitt anschl:
Reihe 9: 1 re – die R li zu Ende str – 3 neue M anschl = 20 M.
Reihe 10: 4 re – *Stern – 3 re*.
Von * bis * wdh. Enden mit Stern – 1 re – 3 neue M anschl = 23 M.

Reihe 9-10 insg 5(5)5(6)6-mal str = 47(47)47(53)53 M.
Reihe 9 str = 50(50)50(56)56 M.
Die Fäden abschneiden und die M stilllegen.

VORDERTEIL RECHTE SCHULTER

5 M mit beiden Qualitäten auf Nd Nr. 4 anschl.

Im Muster hin und her str und M für die Schulter anschl:
Reihe 1 (Rück-R): 1 re – die R li zu Ende str - 3 neue M anschl = 8 M
Reihe 2: 4 re – Stern – 1 re.

Reihe 3: Wie Reihe 1 str = 11 M.
Reihe 4: 4 re – Stern – 4 re.
Reihe 5: Wie Reihe 1 str = 14 M.
Reihe 6: 4 re – Stern – 3 re – Stern – 1 re.
Reihe 7: Wie Reihe 1 str = 17 M.

Neue M für den Halsausschnitt anschl:
Reihe 8: 4 re – *Stern – 3 re*.
Von * bis * wdh. Enden mit 1 re – 3 neue M anschl = 20 M.
Reihe 9: Wie Reihe 1 str = 23 M.

Die Reihen 8-9 insg 6(6)6(7)7-mal str = 53(53)53(59)59 M. Die Fäden nicht abschneiden.

VERBINDEN DER VORDERTEILE

Die linke Schulter wieder auf die Nd heben.

Die rechte Schulter str: 4 re – *Stern – 3 re*.
Von * bis * wdh. Enden mit 1 re – 7 neue M anschl – über die linke Schulter weiter str: 4 re – *Stern – 3 re*.
Von * bis * wdh. Enden mit Stern – 1 re – 3 neue M anschl = 113(113)113(125)125 M.

Reihe 1 (Rück-R): 1 re str – die R li zu Ende str – 3 neue M anschl = 116(116)116(128)128 M.
Reihe 2: 4 re – *Stern – 3 re*. Von * bis * wdh. Enden mit Stern – 1 re – 3 neue M anschl = 119(119)119(131)131 M.

Reihe 1-2 insg 5(6)7(6)7-mal str = 143(149)155(161)167 M.
An beiden Seiten einen MM platzieren.

VORDERTEIL

Wie den Rücken str. Die Fäden aber nicht abschneiden.

Reihe 1: 1 re – li bis zur letzten M str – 1 re.
Reihe 2: 1 re – *Stern – 3 re*.
Von * bis * wdh. Enden mit Stern – 1 re.
Reihe 3: Wie Reihe 1 str.
Reihe 4: 4 re – *Stern – 3 re*.
Von * bis * wdh. Enden mit 1 re.

Reihe 1-4 insg 11(12)12(13)14-mal str.
Reihe 1 str.
Die Fäden nicht abschneiden.
Das Vorderteil misst nach den Schultern 17(18)18(20)22 cm.

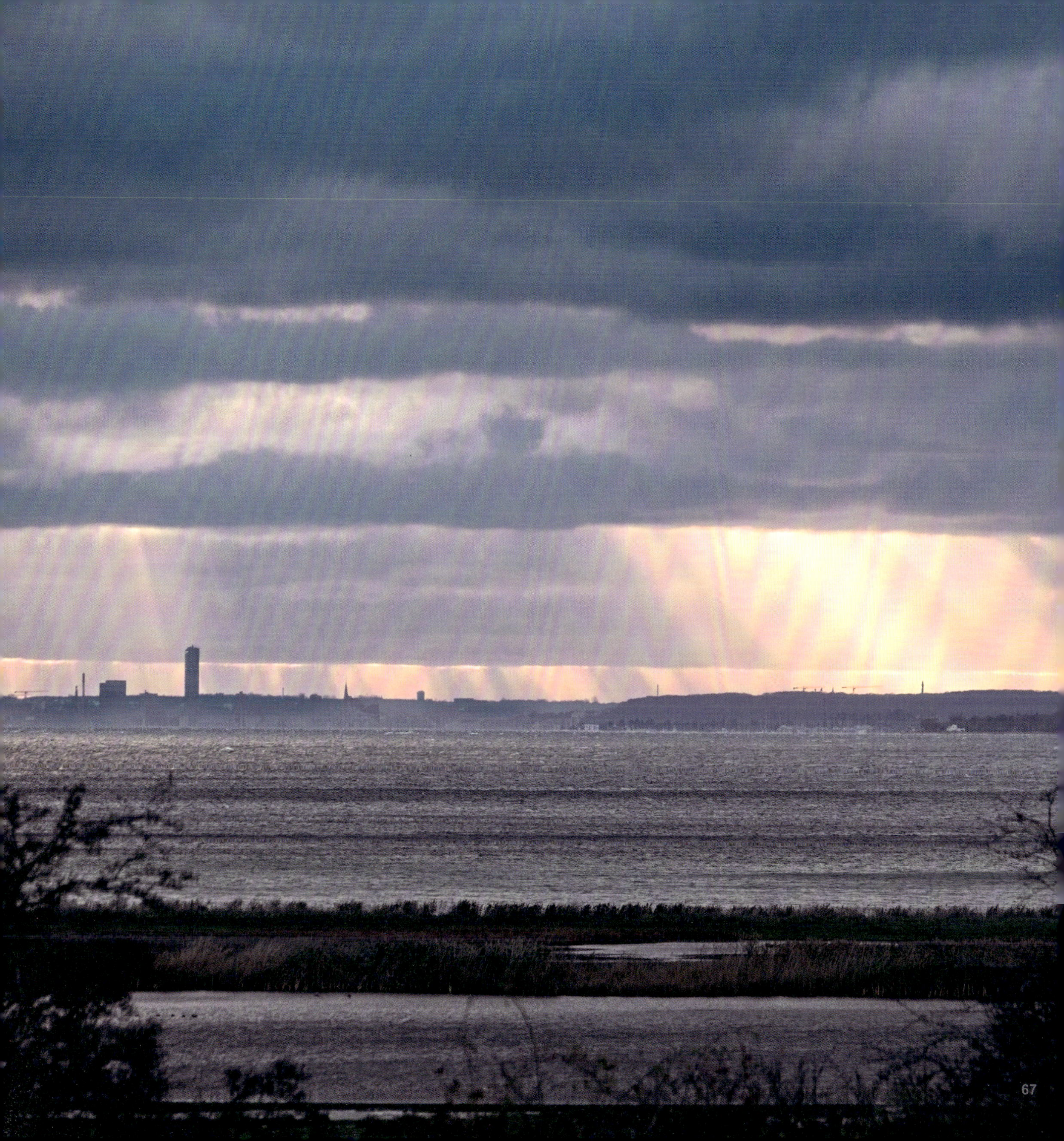

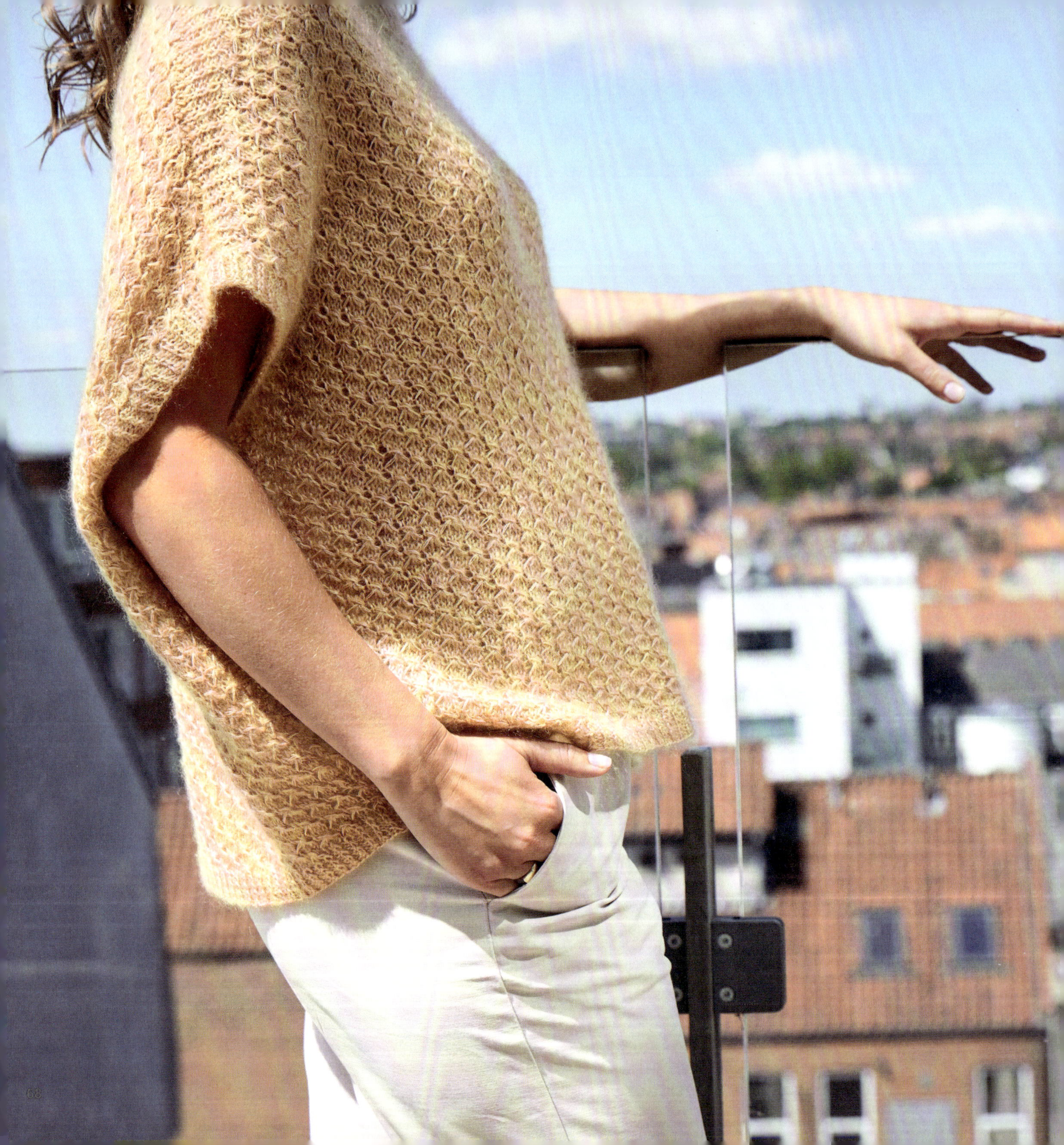

VERBINDEN DER RUMPFMASCHEN

Die Rücken-M wieder auf die Nd heben.
Im Muster über die 143(149)155(161)167 Vorderteil-M str – 7(13)13(19)19 neue M anschl – im Muster über die 143(149)155(161)167 Rücken-M str – 7(13)13(19)19 neue M anschl = 300(324)336(360)372 M.

295(316)328(349)361 re str.
Hier einen MM für den Rd-Beginn platzieren.

Rd 1: 3(0)0(3)3 re – *Stern – 3 re*.
Von * bis * wdh. Enden mit Stern – 0(3)3(0)0 re.
Rd 2: Alle M re str.
Rd 3: 0(3)3(0)0 re – *Stern – 3 re*.
Von * bis * wdh. Enden mit Stern – 3(0)0(3)3 re.
Rd 4: Alle M re str.

Noch 1(3)3(1)1 Muster-Rd str.

1. Abnahme str:
Rd 1: 3 re zus – 3 re zus –141(153)159(171)177 re – einen MM platzieren – 3 re zus – 3 re zus – 3 re zus – 141(153)159(171)177 re – den MM für den Rd-Beginn hierher versetzen.
Rd 2: 3 re zus – 2 re – Stern – die Rd im Muster zu Ende str = 288(312)324(348)360 M.

8 Muster-Rd str.

2. Abnahme str:
Rd 1. 3 re zus – 3 re zus – re str bis 3 M vor den MM – den MM hierher versetzen – 3 re zus – 3 re zus – 3 re zus – re str bis 3 M vor den MM – den MM hierher versetzen.
Rd 2: 3 re zus – 2 re – Stern – die Rd im Muster zu Ende str = 276(300)312(336)348 M.

8 Muster-Rd str.

Die 2. Abn in jeder 10. Rd wdh, bis insg 6(4)4(4)4 Abnahme-Rd gestr sind = 228(276)288(312)324 M.

Gr. (M)L(XL)XXL:
Noch (2)2(2)1-mal Abn in jeder 6. Rd str = (252)264(288)312 M.

Alle Gr.:
Nach der letzten Abn noch 5(7)7(5)7 Rd str.

Zu Nd Nr. 3½ wechseln.

Rd 1: *1 re verschr – 1 li*. Von * bis * wdh.
Rd 2: *1 re – 1 li verschr*. Von * bis * wdh.

Insg 6 Rd verschränkte Rippen wie in Rd 1-2 str.
Alle M im verschränkten Rippenmuster abk.

ZUSAMMENSTRICKEN DER SCHULTER

Von der Außenseite 51(53)55(57)59 M mit beiden Qualitäten und Nd Nr. 3½ aus der linken Vorderteil-Schulter heraus str.

Reihe 1 (Rück-R): 1 re – *1 re verschr – 1 li*.
Von * bis * wdh. Enden mit 1 re verschr – 1 re.
Reihe 2: 1 re – *1 li – 1 re verschr*.
Von * bis * wdh. Enden mit 1 li – 1 re.

Insg 6 Rd verschränkte Rippen wie in Rd 1-2 str.
Die Fäden abschneiden.

Genauso 51(53)55(57)59 M aus der linken Rücken-Schulter heraus str. Die erste M aus der letzten Nacken-M heraus str.

Die beiden Schultern mit den Außenseiten aneinander legen und mit einer dritten Nd die beiden Maschensätze zus str und gleichzeitig dabei abk.

Die zweite Schulter genauso str.

ÄRMELBÜNDCHEN

Die Ärmel-M auf eine Nd Nr. 3½ heben.
7(13)13(19)19 M unten am Armausschnitt aus den angeschl Rumpf-M str – 34(37)37(40)43 M aus dem Armausschnitt bis zum Rippenmuster str – 7 M entlang der Rippen heraus str - 34(37)37(40)43 M aus dem Armausschnitt str = 82(94)94(106)112 M.

Rd 1: *1 re verschr – 1 li*. Von * bis * wdh.
Rd 2: *1 re – 1 li verschr*. Von * bis * wdh.

Insg 6 Rd verschränkte Rippen wie in Rd 1-2 str.
Alle M im verschränkten Rippenmuster abk.

Das zweite Ärmelbündchen genauso str.

HALSBÜNDCHEN

Von der Außenseite neue M mit beiden Qualitäten und Nd Nr. 3½ aus dem Ausschnitt heraus str.

45(45)45(51)51 M aus der Anschlag-R im Nacken str – 7 M aus dem Rippenmuster str – 6 M bis zum schrägen Vorderteilrand heraus str – 18(18)18(21)21 M aus dem Vorderteil bis zu den mittleren Maschen str – 7 M aus der Vorderteilmitte str – 18(18)18(21)21 M aus dem schrägen Vorderteilrand heraus str – 6 M bis zum Rippenmuster str – 7 M aus dem Rippenmuster str = 114(114)114(126)126 M.

Rd 1: *1 re verschr – 1 li*. Von * bis * wdh.
Rd 2: *1 re – 1 li verschr*. Von * bis * wdh.

Die Rd 1-2 insg 3-mal str.
Alle M im verschränkten Rippenmuster abk.

FERTIGSTELLUNG

Alle losen Fäden vernähen.

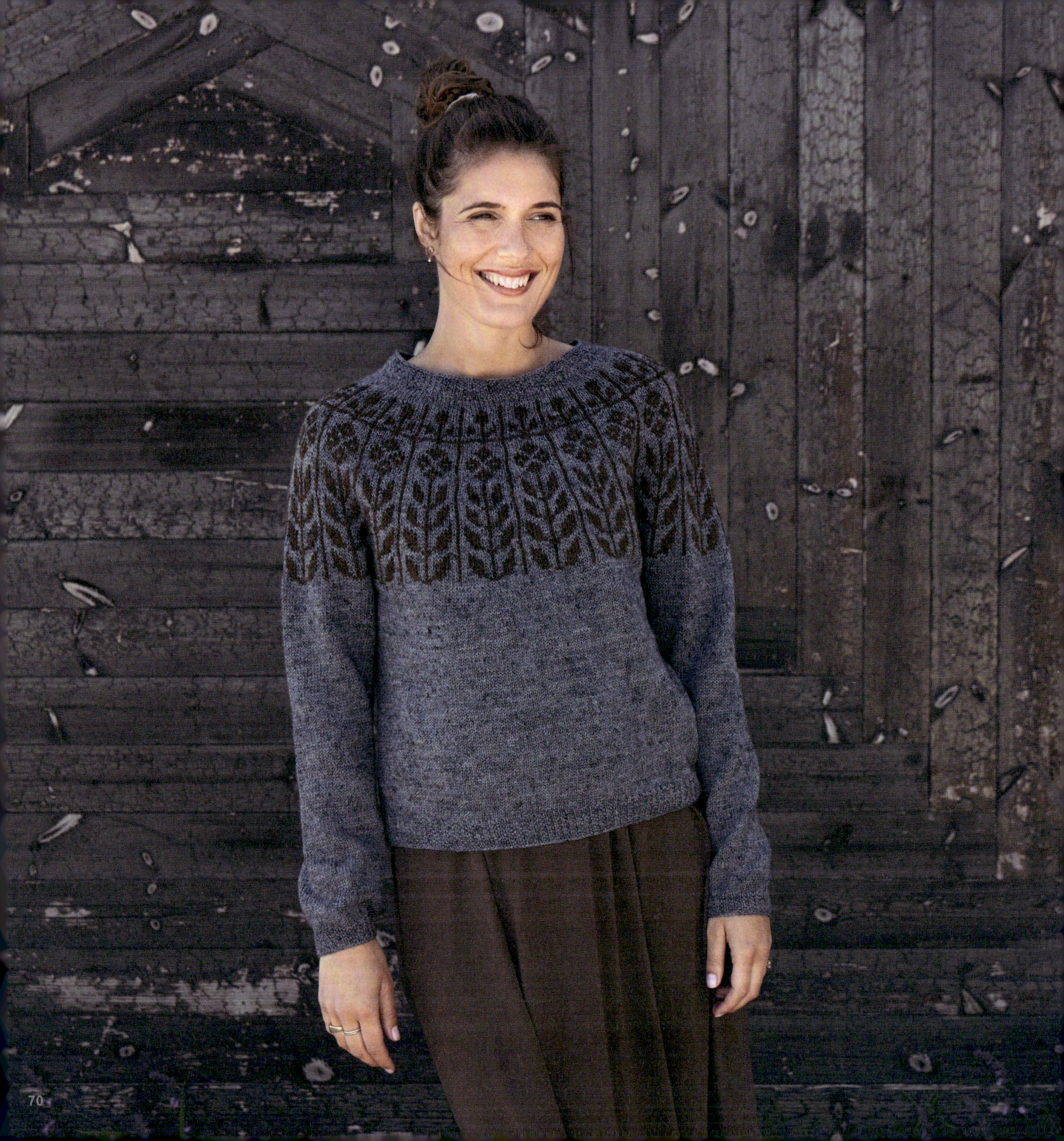

Schloss Marselisborg

Schloss Marselisborg war das Hochzeitsgeschenk des Volkes an Christian 10. und Königin Alexandrine im Jahr 1902.

Heute ist der Schlossgarten für die Öffentlichkeit zugänglich, wenn die Königsfamilie den Palast nicht nutzt. Das erste, was man sieht, ist das Rosentor. Das Tor wurde im Zusammenhang mit dem Bau des Palastes entworfen, und das Rosenmotiv findet sich an mehreren Stellen im Schloss und in den Gärten wieder.

Der Park von Schloss Marselisborg ist ein schönes Erlebnis mit vielen Skulpturen in wunderschöner Natur.

Gr: S(M)L(XL)XXL

Halbe Oberweite: 50(56)60(65)69 cm
Länge: 58 cm
Ärmellänge ab Armausschnitt: 44(43)42(41)40 cm

Material
A: 250(250)300(300)300 g Isager Merilin Farbe 10s
B: 50(50)50(100)100 g Isager Merilin Farbe 9s

Rund- und Strumpfnadeln Nr. 3 und 3½

Maschenprobe glatt rechts mit A auf Nd Nr. 3½: 10 cm = 22 M und 29 R

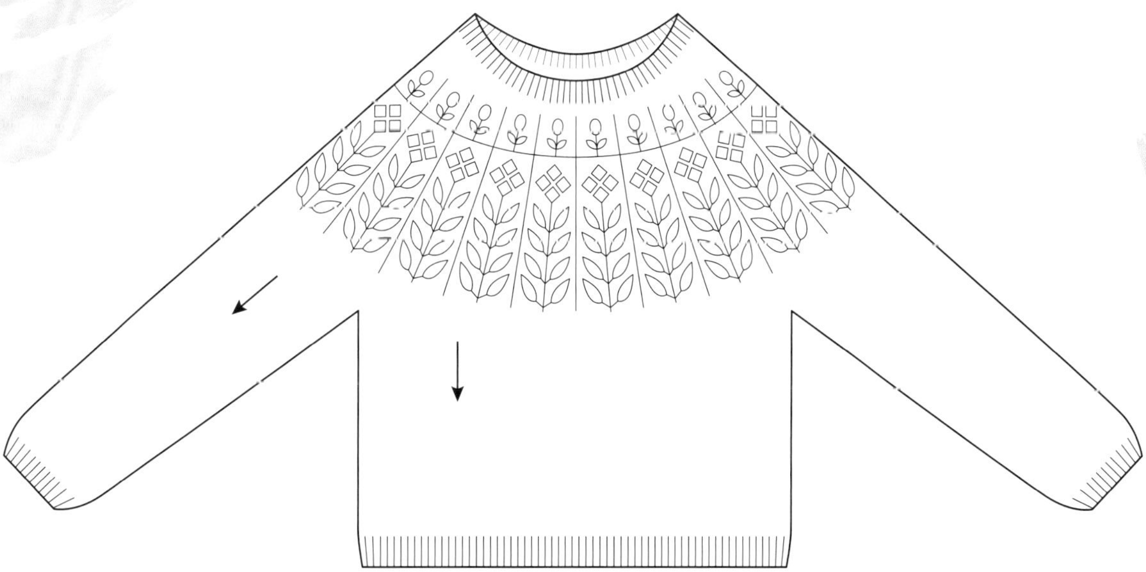

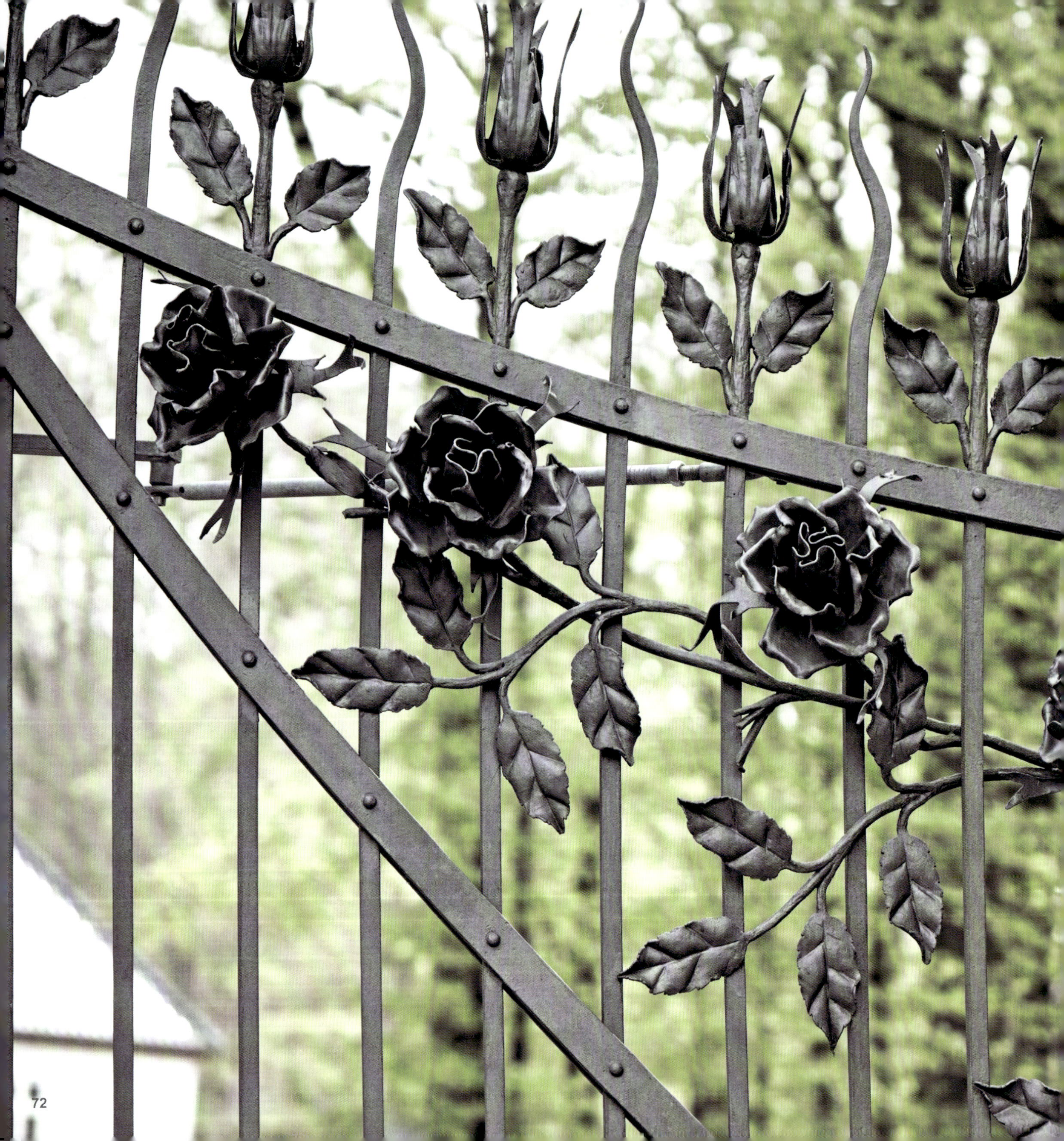

Der Pullover wird von oben nach unten gestrickt.

PASSE

61 M mit A und Rund-Nd 3½ anschl.
Die mittlere M markieren (wird später für das Halsbündchen benötigt).

Reihe 1 (Rück-R): 1 re – 59 li – 1 re.

Reihe 2: 61 re – 6 neue M anschl = 67 M.
Reihe 3: 1 re – 66 li – 6 neue M anschl = 73 M.
Reihe 4: 73 re – 6 neue M anschl = 79 M.
Reihe 5: 1 re – 78 li – 6 neue M anschl = 85 M.

Reihe 6 mit Zunahme: 7 re – *1 neue re (s. Abk.) – 6 re*.
Von * bis * bis zum R-Ende wdh.
7 M anschl = 105 M.

Reihe 7: 1 re – 104 li – 7 M anschl = 112 M.
Reihe 8: 112 re – 7 M anschl = 119 M.
Reihe 9: 1 re – 118 li – 7 M anschl = 126 M.

Gr. S:
Den Faden abschneiden.
Bei ZUR RUNDE SCHLIESSEN weiterlesen.

Gr. (M)L(XL)XXL:
Reihe 10: 126 re – 7 M anschl = 133 M.
Reihe 11: 1 re – 132 li – 7 M anschl = 140 M.
Den Faden abschneiden.

ZUR RUNDE SCHLIESSEN

In der Hin-R die 63(70)70(70)70 zuletzt gestr M von der linken auf die rechte Nd heben, ohne sie zu str.
Hier einen MM für den Rd-Beginn platzieren.
Rd 1 mit Zunahme: 7 re – *1 neue re – 7 re*.
Von * bis * bis zum Rd-Ende wdh – 1(1)1(17)17 M in der Vorderteilmitte anschl – zur Runde schließen und weiter str: *7 re – 1 neue re*.
Von * bis * bis zum Rd-Beginn wdh = 144(160)160(176)176 M.

2 Rd re str.

Glatt rechts im Muster laut Diagramm str.
Um lange Spannfäden auf der Rückseite zu vermeiden, werden nach spätestens 4 M in der selben Farbe die Fäden auf der Rückseite einmal miteinander verkreuzt.

Wenn das Diagramm fertig gestr ist, sind 324(360)360(396)396 M auf der Nd.
B abschneiden.

Mit A weiter str.

Gr. S:
Weiterlesen bei VERTEILUNG.

Gr. (M)L(XL)XXL:
Zunahme str: 1 re – *1 neue re – 18 re*.
Von * bis * wdh.
Enden mit 1 neue re – 17 re = (380)380(418)418 M.
(3)3(6)6 Rd re str.

Gr. (M)L:
Weiterlesen bei VERTEILUNG.

Gr. (XL)XXL:
Zunahme str: *19 re – 1 neue re*.
Von * bis * wdh = 440 M.
1 Rd re str.

VERTEILUNG

Die Passe misst in der Rückenmitte ca. 23(25)25(27)27 cm.

Mit A str.
Die M in Rumpf und Ärmel wie folgt verteilen: 50(57)59(66)67 Rücken-M re str – 63(77)73(89)87 Ärmel-M stilllegen – 10(10)14(12)18 neue M anschl – 99(113)117(131)133 Vorderteil-M re str – 63(77)73(89)87 Ärmel-M stilllegen – 10(10)14(12)18 neue M anschl – 49(56)58(65)66 Rücken-M re str.

RUMPF

Glatt re über die 218(246)262(286)302 Rumpf-M str, bis die Arbeit in der Nackenmitte 52 cm misst.

Zu Nd Nr. 3 wechseln.
Rd 1: *1 re – 1 li*. Von * bis * wdh.
Rd 2: Alle M re str.

Rd 1–2 wdh, bis insg 13 Rd gestr sind.
Alle M re abketten.

ÄRMEL

Die 63(77)73(89)87 Ärmel-M auf Strumpf-Nd Nr. 3½ heben.

Mit Farbe A str.
10(10)14(12)18 neue M aus den angeschl Rumpf-M str – 1 M aus dem Übergang zu den Ärmel-M str – 63(77)73(89)87 Ärmel-M re str – 1 M aus dem Übergang str = 75(89)89(103)107 M.
5(5)7(6)9 M re str und hier einen MM für den Rd-Beginn platzieren.

12(12)8(8)4 Rd re str.
Abnahmen str: 1 re – 2 re zus – bis zu den letzten 3 M der Rd str – 2 re verschr zus str – 1 re = 73(87)87(101)105 M.

Die Abn insg 10(15)15(20)21-mal in jeder 11.(7.)7.(5.)5. Rd str = 55(59)59(63)65 M.

Weiter str, bis der Ärmel 41(40)38(38)37 cm misst.
Zu Nd Nr. 3 wechseln.

Gr. S(XL):
Abnahmen str: *2 re – 2 re zus*.
Von * bis * wdh. Enden mit 3 re = 42(48) M.

Gr. (M)L:
Abnahmen str: *2 re – 2 re zus*.
Von * bis * wdh. Enden mit 1 re – 2 re zus = (44)44 M.

Gr. XXL:
Abnahmen str: *2 re – 2 re zus*.
Von * bis * wdh.
Enden mit 1 re – 2 re zus – 2 re zus = 48 M.

Alle Gr.:
Rd 1: *1 re – 1 li*. Von * bis * wdh.
Rd 2: Alle M re str.

Die Rd 1-2 wdh, bis insg 9 Rd gestr sind.
Alle M re abketten.

Den zweiten Ärmel genauso str.

HALSBÜNDCHEN

Neue M aus dem Ausschnitt mit A und einer Rund-Nd Nr. 3 str.
In der Nackenmitte nach dem MM beg:
30 M heraus str – 28(36)36(36)36 M bis zu den mittleren Vorderteil-M heraus str – 1(1)1(17)17 M aus der Vorderteilmitte str – 28(36)36(36)36 M bis zu den angeschl Nacken-M heraus str – 31 M aus der Anschlag-R str = 118(134)134(150)150 M.

Zur Runde schließen.
Rd 1: *1 re – 1 li*. Von * bis * wdh.
Rd 2: Alle M re str.

Die Rd 1-2 insg 4-mal str.
Noch einmal Rd 1 str.
Alle M re abketten.

FERTIGSTELLUNG

Alle losen Fäden vernähen.

DIAGRAMM

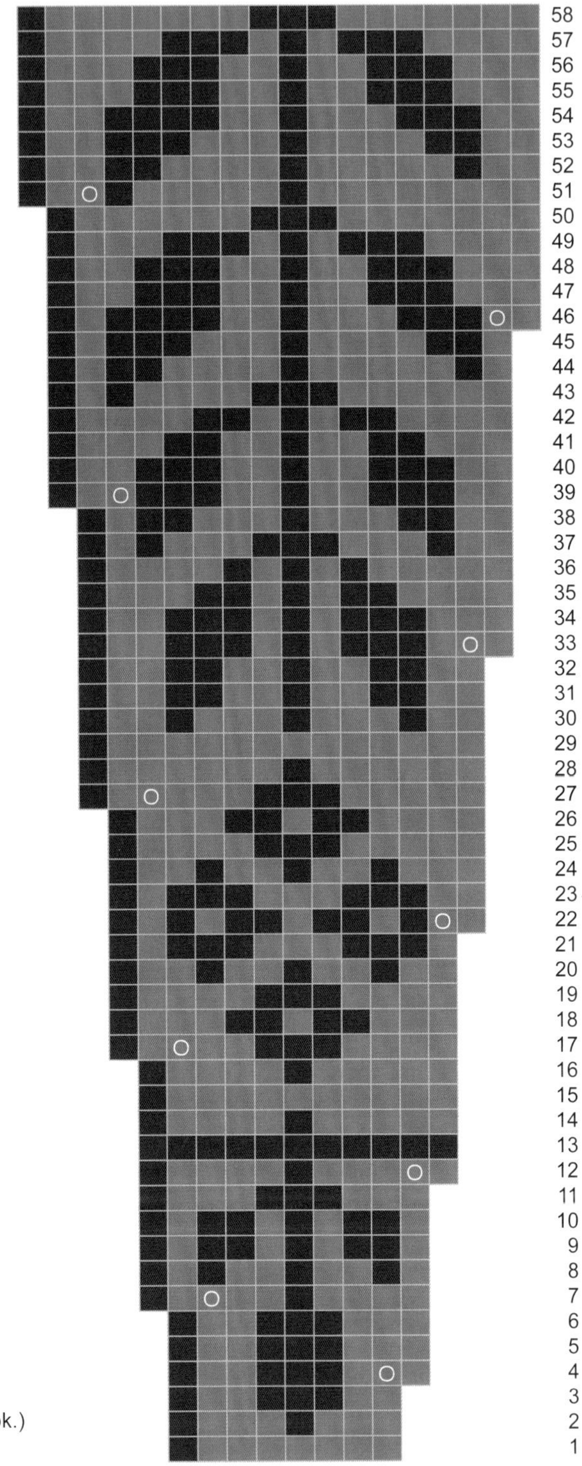

= re mit A

= r mit B

= 1 neue M (s. Abk.)

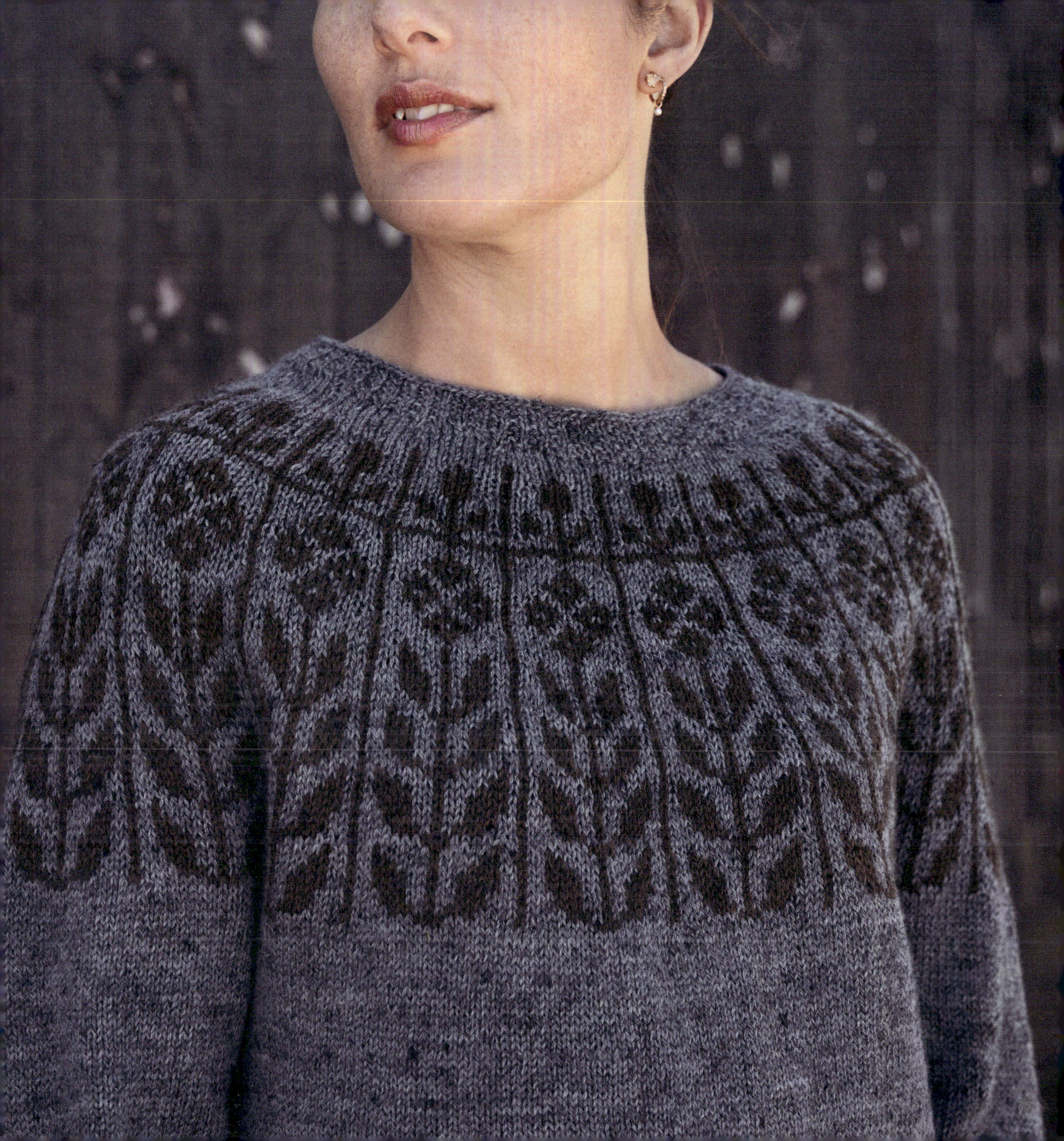

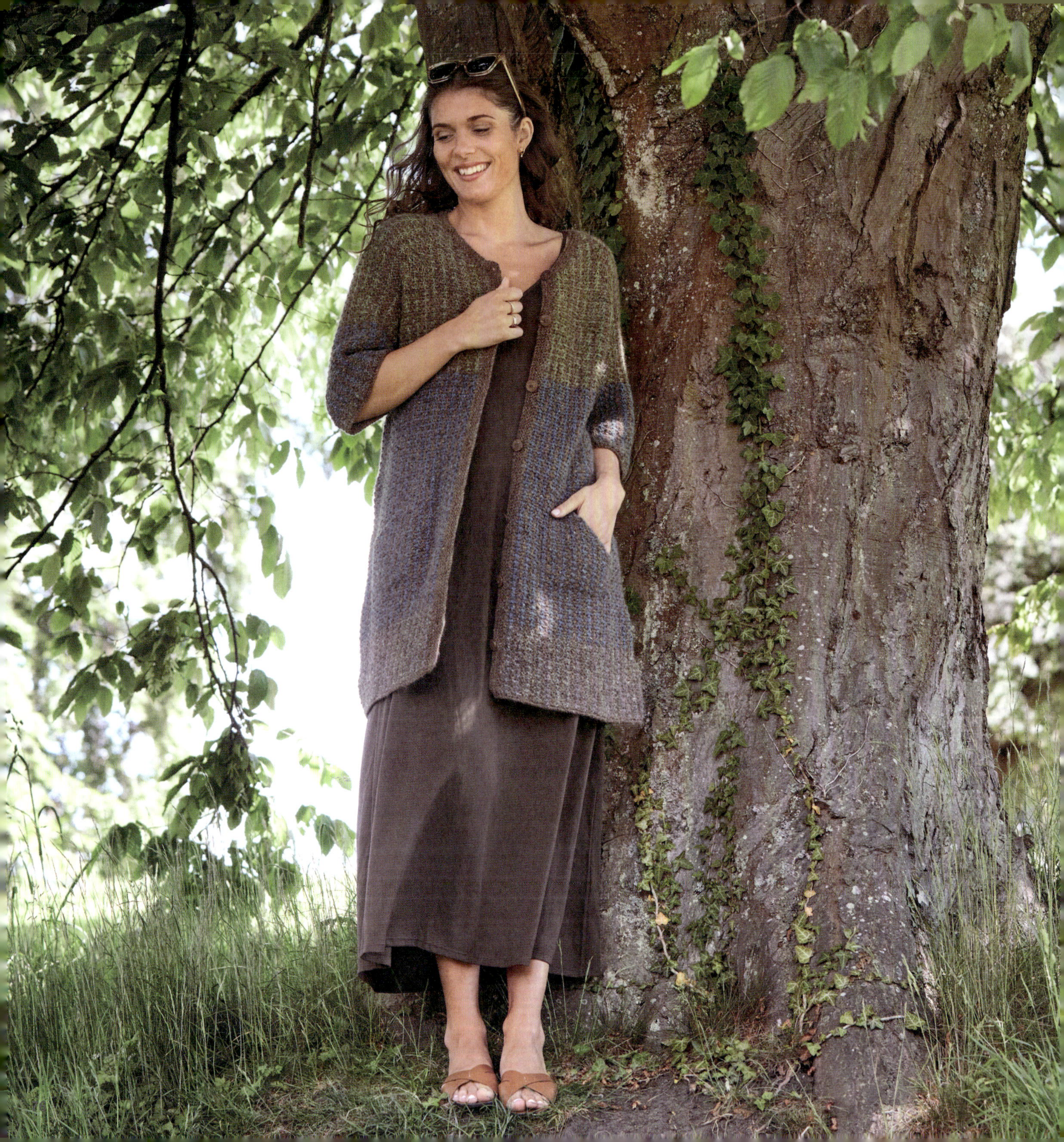

Moesgård

Ich glaube nicht, dass ich jemals in einem Buchenwald gewesen bin, bevor ich nach Aarhus zog.
Ich komme aus einer Landschaft, in der alle Fichten vom Westwind gezeichnet sind, und als ich von Westjütland nach Aarhus kam, raubten mir die Buchenwälder den Atem.

Die hohen, schlanken Buchen treiben im Mai aus und kündigen den Sommer an. Die knackigen, leuchtend grünen Blätter blitzen in der Sonne und verdecken die Sicht in den Wäldern.

Wenn die grünen Buchenwipfel sich vor dem blauen Himmel wiegen, werde ich ganz demütig.

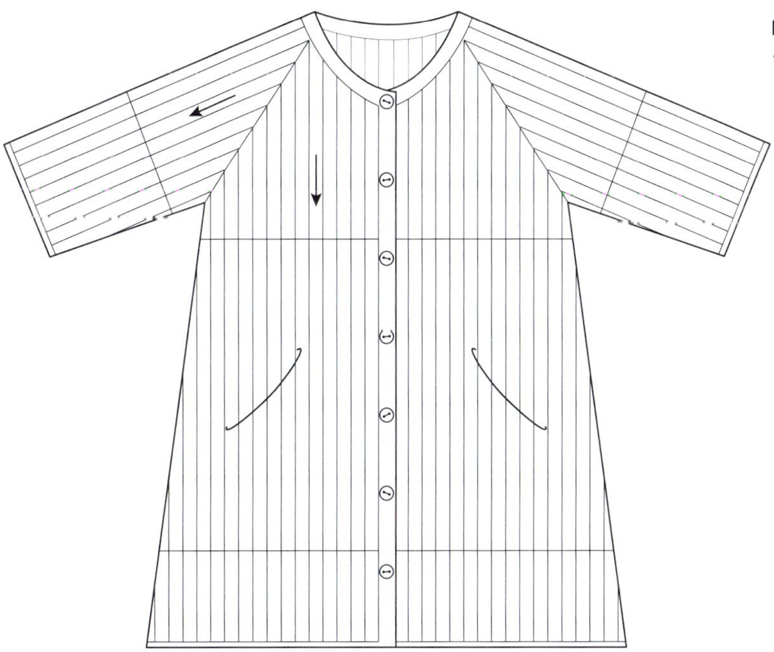

Gr: S(M)L(XL)XXL

Halbe Oberweite: 51(55)59(63)67 cm
Gesamtlänge: 80 cm
Ärmellänge: 22(20)18(17)16 cm

Material
A1: 200(200)200(250)250 g Isager Tweed Farbe Walnut
A2: 100(100)150(150)150 g Isager Alpaca 1 Farbe E8s
B1: 50 g Isager Tweed Farbe Moss
B2: 50 g Isager Alpaca 1 Farbe Thyme
C1: 100(100)150(150)150 g Isager Tweed Farbe Denim
C2: 50(50)100(100)100 g Isager Alpaca 1 Farbe 54
D1: 50 g Isager Tweed Farbe Granite
D2: 50 g Isager Alpaca 1 Farbe E4s

Mit je 1 Faden beider Qualitäten stricken

7 Knöpfe

Rund- und Strumpfnadeln Nr. 3½ und 4

Maschenprobe kraus rechts und im Muster auf Nd Nr. 4:
10 cm = 20 M und 40 R

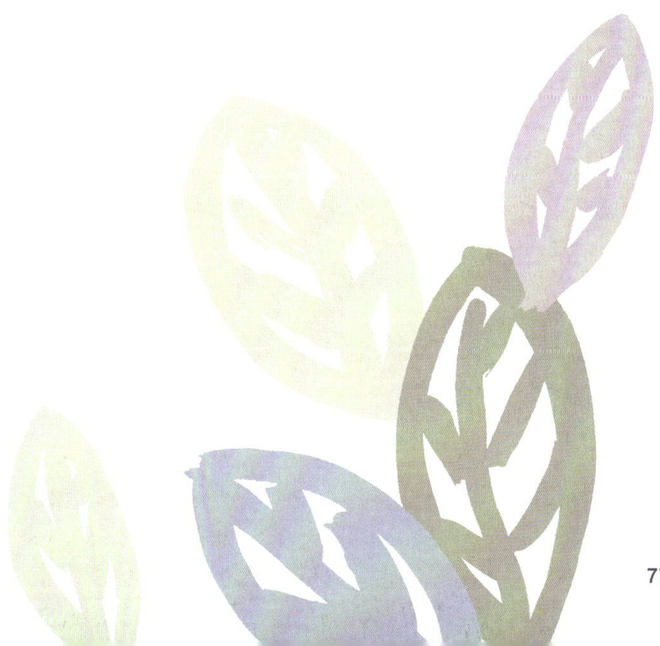

3aus1M: Die nächste M re str, aber nicht von der Nd heben – U – dieselbe M wieder re str und nun von der linken Nd heben.

Die Jacke wird von oben nach unten gestrickt.

PASSE

63(63)67(67)67 M mit B1+B2 auf Nd Nr. 4 anschl.
Reihe 1 (Rück-R): *3 re – 1abhFv (s. Abk.)*. Von * bis * wdh. Enden mit 3 re.

Mit A1+A2 str:
Reihe 2: 1 re – *1abhFh (s. Abk.) – 3 re*. Von * bis * wdh.
Enden mit 1abhFh – 1 re – 2 neue M anschl = 65(65)69(69)69 M.
Reihe 3: *3 re – 1abhFv *. Von * bis * wdh. Enden mit 1 re – 2 neue M anschl = 67(67)71(71)71 M.

Mit B1+B2 str:
Reihe 4: 1 re – *1abhFh – 3 re*. Von * bis * wdh. Enden mit 1abhFh – 1 re.
Reihe 5: 1 re – *1abhFv – 3 re*. Von * bis * wdh. Enden mit 1abhFv – 1 re.

1. Zunahme mit A1+A2 str:
Reihe 6: 7 re – 1abhFh – 3 re – 1abhFh – 7 re – 1abhFh – *3 re – 1abhFh*.
Von * bis * insg 7(7)8(8)8-mal str – 7 re – 1abhFh – 3 re – 1abhFh – 7 re – 2 neue M anschl = 69(69)73(73)73 M.
Reihe 7: 1 re – 1abhFv – 2 re – 3aus1M – 1 re – 3aus1M – 2 re – 1abhFv – 3 re – 1abhFv – 2 re – 3aus1M – 1 re – 3aus1M – 2 re – *1abhFv – 3 re*.
Von * bis * insg 7(7)8(8)8-mal str – 1abhFv – 2 re – 3aus1M – 1 re – 3aus1M – 2 re – 1abhFv – 3 re – 1abhFv – 2 re – 3aus1M – 1 re – 3aus1M – 2 re – 2 neue M anschl = 87(87)91(91)91 M.

Mit B1+B2 str:
Reihe 8: *3 re – 1abhFh*. Von * bis * wdh. Enden mit 3 re.
Reihe 9: *3 re – 1abhFv*. Von * bis * wdh. Enden mit 3 re.

2. Zunahme mit A1+A2 str:
Reihe 10: Wie Reihe 2 str = 89(89)93(93)93 M.
Reihe 11: *3 re – 1abhFv*. Wieder von * bis * str – 3aus1M – 1 re und markieren – 3aus1M – 1abhFv – von * bis * 3-mal str – 3aus1M – 1 re und markieren – 3aus1M – 1abhFv – von * bis * 9(9)10(10)10-mal str – 3aus1M – 1 re und markieren – 3aus1M – 1abhFv – von * bis * 3-mal str – 3aus1M – 1 re und markieren – 3aus1M – 1abhFv – 3 re – 1abhFv – 1 re – 2 neue M anschl = 107(107)111(111)111 M.

Mit B1+B2 str:
Reihe 12: 1 re – *1abhFh – 3 re*. Von * bis * wdh. Enden mit 1abhFh – 1 re.
Reihe 13: 1 re – *1abhFv – 3 re*. Von * bis * wdh. Enden mit 1abhFv – 1 re.

Mit A1+A2 str:
Reihe 14: *3 re – 1abhFh*. Von * bis * wdh. Enden mit 3 re – 2 neue M anschl = 109(109)113(113)113 M.
Reihe 15: 1 re – *1abhFv – 3 re*. Von * bis * wdh und am R-Ende 2 neue M anschl = 111(111)115(115)115 M.

Mit B1+B2 str:
Reihe 16-17: Wie Reihe 8-9 str.

3. Zunahme mit A1+A2 str:
Reihe 18: *Im Muster bis zur markierten M str und diese re str*. Von * bis * bis zum R-Ende wdh – 2 neue M anschl = 113(113)117(117)117 M.
Reihe 19: *Im Muster bis 1 M vor die markierte M str – 3aus1M – 1 re – 3aus1M*. Von * bis * bis zum R-Ende wdh – 2 neue M anschl = 131(131)135(135)135 M.

Mit B1+B2 str:
Reihe 20-21: Wie Reihe 12-13 str.

4. Zunahme mit A1+A2 str:
Reihe 22: Im Muster bis zum R-Ende str – 2 neue M anschl = 133(133)137(137)137 M.
Reihe 23: *Im Muster bis 1 M vor die markierte M str – 3aus1M – 1 re – 3aus1M*. Von * bis * bis zum R-Ende str – 2 neue M anschl = 151(151)155(155)155 M.

Mit B1+B2 str:
Reihe 24-25: Wie Reihe 8-9 str.

Mit A1+A2 str:
Reihe 26: 1 re – *1abhFh – 3 re*. Von * bis * wdh.
Enden mit 1abhFh – 1 re – 4 neue M anschl = 155(155)159(159)159 M.
Reihe 27: 1 re – *1abhFv – 3 re*. Von * bis * wdh.
Enden mit 1abhFv – 1 re – 4 neue M anschl = 159(159)163(163)163 M.

Mit B1+B2 str:
Reihe 28-29: Wie Reihe 8-9 str.

5. Zunahme mit A1+A2 str.
Reihe 30: *Im Muster bis zur markierten M str und diese re str*.
Von * bis * bis zum R-Ende str – 2(2)4(4)4 neue M anschl = 161(161)167(167)167 M.
Reihe 31: *Im Muster bis 1 M vor die markierte M str – 3aus1M – 1 re – 3aus1M*.
Von * bis * bis zum R-Ende wdh – 2(2)4(4)4 neue M anschl = 179(179)187(187)187 M.

Keine weiteren Zun am Ende der R str.

Mit B1+B2 str:
Reihe 32: 1(1)3(3)3 re – *1abhFh – 3 re*. Von * bis * wdh. Enden mit 1abhFh – 1(1)3(3)3 re.
Reihe 33: 1(1)3(3)3 re – *1abhFv – 3 re*. Von * bis * wdh. Enden mit 1abhFv – 1(1)3(3)3 re.

6. Zunahme mit A1+A2 str:
Reihe 34: Im Muster die R zu Ende str.

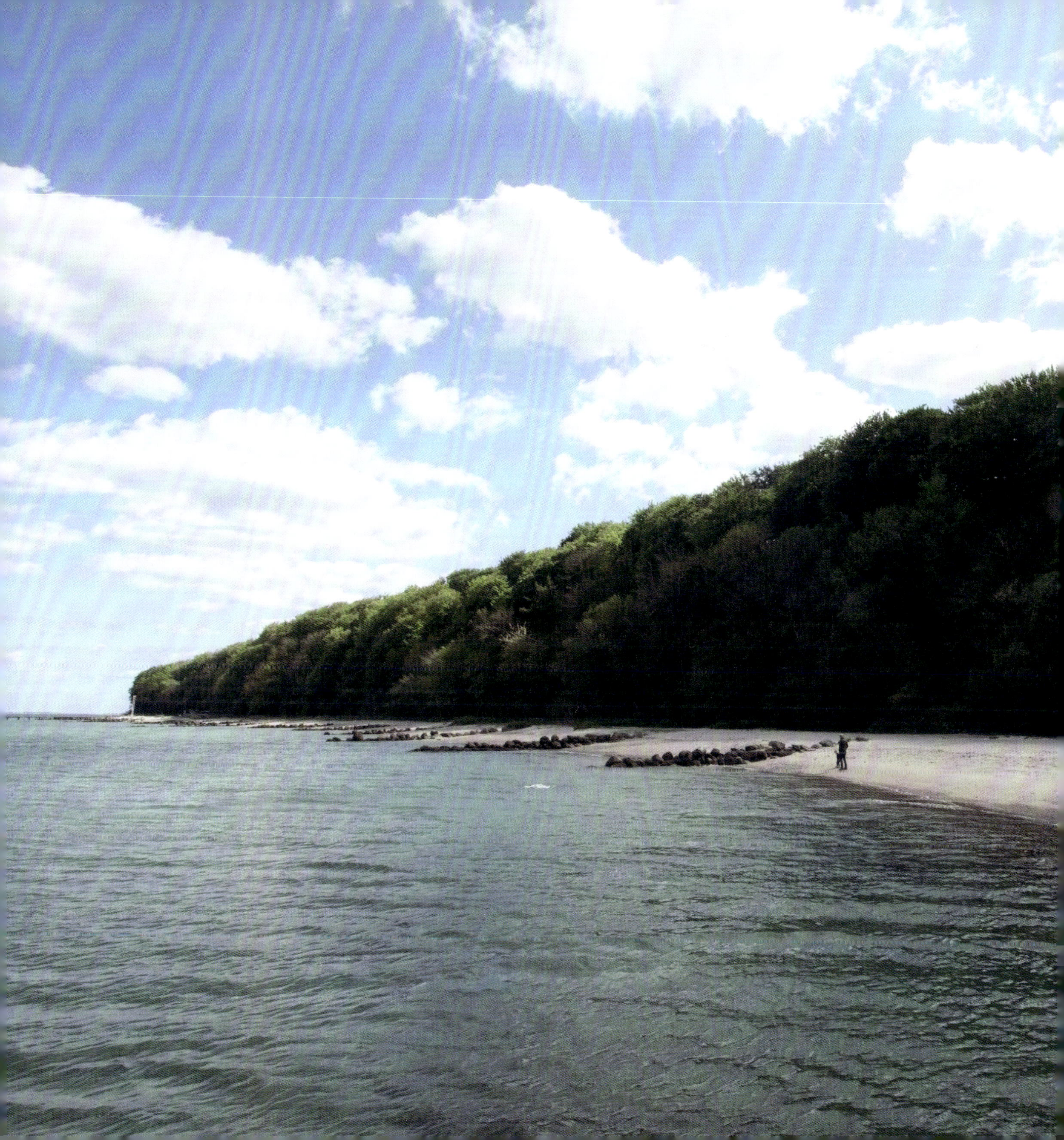

Reihe 35: *Im Muster bis 1 M vor die markierte M str – 3aus1M – 1 re – 3aus1M*.
Von * bis * wdh. Im Muster die R zu Ende str = 195(195)203(203)203 M.

Mit B1+B2 str:
Reihe 36-37: Wie Reihe 32-33 str.

Mit A1+A2 str:
Reihe 38: 3(3)1(1)1 re – *1abhFh – 3 re*.
Von * bis * wdh. Enden mit 1abhFh – 3(3)1(1)1 re.
Reihe 39: 3(3)1(1)1 re – *1abhFv – 3 re*.
Von * bis * wdh. Enden mit 1abhFv – 3(3)1(1)1 re.

Mit B1+B2 str:
Reihe 40-41: Wie Reihe 32-33 str.

7. Zunahme wie 5. Zunahme str = 211(211)219(219)219 M.

2 R im Muster str.
8. Zunahme wie 6. Zunahme str = 227(227)235(235)235 M.

6 R im Muster str.
9. Zunahme wie 5. Zunahme str = 243(243)251(251)251 M.

2 R im Muster str.
10. Zunahme wie 6. Zunahme str = 259(259)267(267)267 M.

6 R im Muster str.
11. Zunahme wie 5. Zunahme str = 275(275)283(283)283 M.

2 R im Muster str.
12. Zunahme wie 6. Zunahme str = 291(291)299(299)299 M.

Gr. (M)L(XL)XXL:
6 R im Muster str.
13. Zunahme wie 5. Zunahme str = (307)315(315)315 M.

Gr. L(XL)XXL:
2 R im Muster str.
14. Zunahme wie 6. Zunahme str = 331(331)331 M.

Gr. (XL)XXL:
4 R im Muster str.

Gr. XXL:
2 R im Muster str.
15. Zunahme wie 5. Zunahme str = 347 M.

Alle Gr.:
3 R im Muster str.
Insg sind nun 291(307)331(331)347 M auf der Nd.
Die Arbeit misst ab dem Nacken ca. 19(21)22(23)24 cm.

VERTEILUNG

Im Muster weiter str.
Die M auf den Rumpf und die Ärmel verteilen (Rück-R):
44(46)50(50)52 Vorderteil-M str – 59(63)67(67)71 Ärmel-M stilllegen, ohne sie zu str – 15(19)19(27)31 neue M anschl – 85(89)97(97)101 Rücken-M str – 59(63)67(67)71 Ärmel-M stilllegen, ohne sie zu str – 15(19)19(27)31 neue M anschl – 44(46)50(50)52 Vorderteil-M str.

RUMPF

22(14)10(6)2 R im Muster über 203(219)235(251)267 Rumpf-M str.

B1+B2 abschneiden.
Das Muster mit A1+A2 und C1+C2 fortsetzen.

16 R im Muster str.
Es sind 4 C-Streifen gestr.

1. Zunahme mit A1+A2 str:
Reihe 1 (Hin-R): 48(52)56(60)64 M im Muster – 7 re – 93(101)109(117)125 M im Muster – 7 re – 48(52)56(60)64 M im Muster.

Reihe 2: 50(54)58(62)66 M – 3aus1M – 1 re – 3aus1M – 97(105)113(121)129 M – 3aus1M – 1 re – 3aus1M – 50(54)58(62)66 M = 211(227)243(259)275 M.

30 R im Muster str.
Es sind insg 12 C-Streifen gestr.

2. Zunahme mit A1+A2 str:
Reihe 1 (Hin-R): Im Muster wie bisher str.
Reihe 2: 52(56)60(64)68 M im Muster – 3aus1M – 1 re – 3aus1M – 101(109)117(125)133 M im Muster – 3aus1M – 1 re – 3aus1M – 52(56)60(64)68 M im Muster = 219(235)251(267)283 M.

6 R im Muster str.
Es sind insg 14 C-Streifen gestr.

LINKE TASCHE

Im Muster wie bisher fortsetzen.
Mit A1+A2 beg.

Reihe 1 (Hin-R): 23(23)23(27)27 M str – 2aus1M str (s. Abk.).
Die restlichen 195(211)227(239)255 M stilllegen.
Über die 25(25)25(29)29 M vom linken Vorderteil hin und her str und die linke Tasche ausarbeiten.

Reihe 2 (Rück-R): 1 re – im Muster bis zur letzten M str – 1 re.

Das Muster fortsetzen und in jeder Hin-R aus der letzten M 2aus1M str, bis insg 44 R gestr sind = 46(46)46(50)50 M.
Die letzte R ist eine Rück-R.
Es sind insg 25 C-Streifen gestr.

Die Fäden abschneiden und die M stilllegen.

RÜCKEN

Die mittleren 171(187)203(211)227 Rumpf-M wieder auf die Nd heben.
Die letzten 24(24)24(28)28 M des rechten Vorderteils weiterhin stilllegen.

Das Muster wie bisher fortsetzen.
Mit A1+A2 beg.
8 M anschl – eine Hin-R im Muster über die mittleren 171(187)203(211)227 Rumpf-M str – 8 neue M anschl = 187(203)219(227)243 M.

27 R im Muster str und die erste und letzte M in allen R re str.
Die letzte R ist eine Rück-R.
Es sind insg 21 C-Streifen gestr.

3. Zunahme mit A1+A2 str:
Reihe 1 (Hin-R): 36(40)44(44)48 M im Muster – 7 re – 101(109)117(125)133 M im Muster – 7 re – 36(40)44(44)48 M im Muster.
Reihe 2: 38(42)46(46)50 M – 3aus1M – 1 re – 3aus1M – 105(113)121(129)137 M – 3aus1M – 1 re – 3aus1M – 38(42)46(46)50 M = 195(211)227(235)251 M.

14 R im Muster str.
Die letzte R ist eine Rück-R.
Es sind insg 21 C-Streifen gestr.

TASCHENBEUTEL

Die mittleren 135(151)167(175)191 Rücken-M stilllegen.

26 R im Muster über die ersten 30 M str.
Die erste und letzte M in allen R re str.
Alle M mit A1+A2 abk und die Fäden abschneiden.

26 R im Muster über die letzten 30 M str.
Mit einer Hin-R beg.
Alle M mit A1+A2 abk und die Fäden abschneiden.

RECHTE TASCHE

Die 24(24)24(28)28 Vorderteil-M der rechten Seite wieder auf die Nd heben.

Im Muster wie bisher str.
Mit A1+A2 beg.

Reihe 1 (Hin-R): 2aus1M – 23(23)23(27)27 M.
Reihe 2: 1 re – im Muster bis zur letzten M str – 1 re.

Das Muster fortsetzen und in jeder Hin-R aus der ersten M 2aus1M str, bis insg 44 R gestr sind = 46(46)46(50)50 M.
Die letzte R ist eine Rück-R.
Es sind insg 25 C-Streifen gestr.

Die Fäden abschneiden.

RUMPF UNTERHALB DER TASCHEN

Alle M wieder auf die Nd heben.

Im Muster weiter str.
Mit A1+A2 str (Hin-R): 46(46)46(50)50 M über das linke Vorderteil str – 135(151)167(175)191 Rücken-M str – 46(46)46(50)50 Vorderteil-M der rechten Seite str = 227(243)259(275)291 M.

23 R im Muster str.
Die letzte R ist eine Rück-R.
Es sind insg 31 C-Streifen gestr.

4. Zunahme mit A1+A2 str:
Reihe 1 (Hin-R): Im Muster wie bisher str.
Reihe 2: 56(60)64(68)72 M im Muster – 3aus1M – 1 re – 3aus1M – 109(117)125(133)141 M im Muster – 3aus1M – 1 re – 3aus1M – 56(60)64(68)72 M im Muster = 235(251)267(283)299 M.

26 R im Muster str.
Die letzte R ist eine Rück-R.
Es sind insg 38 C-Streifen gestr.
C1+C2 abschneiden.
Im Muster mit A1+A2 und D1+D2 fortsetzen.
20 R im Muster str.
Die letzte R ist eine Rück-R.
Es sind insg 5 D-Streifen gestr.

5. Zunahme mit A1+A2 str:
Reihe 1 (Hin-R): 56(60)64(68)72 M im Muster – 7 re – 109(117)125(133)141 M im Muster – 7 re – 56(60)64(68)72 M im Muster.
Reihe 2: 58(62)66(70)74 M im Muster – 3aus1M – 1 re – 3aus1M – 113(121)129(137)145 M im Muster – 3aus1M – 1 re – 3aus1M – 58(62)66(70)74 M im Muster = 243(259)275(291)307 M.

26 R im Muster str.
Die letzte R ist eine Rück-R.
Es sind insg 8 D-Streifen gestr.
D1+D2 abschneiden.
2 R im Muster mit A1+A2 str.

Zu Nd Nr. 3½ wechseln.
1 Hin-R re str.
In der Rück-R alle M li abketten.

ÄRMEL

Die Ärmel-M auf eine Nd Nr. 4 heben.
Den Ärmel hin und her str.
Die erste R ist eine Rück-R.

Mit A1+A2 str.
8(10)10(14)16 M anschl – eine Rück-R im Muster über die 59(63)67(67)71 Ärmel-M str – 8(10)10(14)16 neue M anschl = 75(83)87(95)103 M.

Mit B1+B2 str.
Reihe 1: 3(1)1(1)3 re – *1abhFh – 3 re*.
Von * bis * wdh. Enden mit 1abhFh – 3(1)1(1)3 re.
Reihe 2: 3(1)1(1)3 re – *1abhFv – 3 re*
Von * bis * wdh. Enden mit 1abhFv – 3(1)1(1)3 re.

Gr. S(M):
10(2) R im Muster str.

1. Abnahme: 2 re zus – im Muster bis zu den letzten 2 M str – 2 re zus = 73(81) M.
9(9) R im Muster str.
B1+B2 abschneiden und mit A1+A2 und C1+C2 str.
10(2) R im Muster str.

Gr. L(XL)XXL:
8(4)0 R im Muster str.
B1+B2 abschneiden und mit A1+A2 und C1+C2 str.
0(6)4 R im Muster str.
1. Abnahme: 2 re zus – im Muster bis zu den letzten 2 M str – 2 re zus = 85(93)101 M.
9(7)7 R im Muster str.

Alle Gr.:
2. Abnahme: Wie die 1. Abn str = 71(79)83(91)99 M.
Im Farbverlauf weiter str und GLEICHZEITIG weitere Abn in jeder 20.(12.)10.(8.)8. R str, bis 67(71)75(81)89 M auf der Nd sind.

FARBVERLAUF ÄRMEL
Das Muster mit A1+A2 und C1+C2 fortsetzen, bis insg 14(14)13(13)12 C-Streifen gestr sind.
2 Streifen mit D1+D2 str.
Mit 2 Muster-R mit A1+A2 enden.

Zu Nd Nr. 3½ wechseln.
1 Hin-R re str.
In der Rück-R alle M re abk.

Den zweiten Ärmel genauso str.

HALSBÜNDCHEN

Von der Außenseite neue M mit A1+A2 und Nr. 3½ aus dem Ausschnitt heraus str.

24(24)26(26)26 M aus dem rechten Vorderteil str – 63(63)67(67)67 M aus der Anschlag-R str – 24(24)26(26)26 M aus dem linken Vorderteil str = 111(111)119(119)119 M.

Reihe 1 (Rück-R): Alle M re str.
Reihe 2: 2 re zus – re bis zu den letzten 2 M str – 2 re zus = 109(109)117(117)117 M.
Reihe 1-2 insg 3-mal str = 105(105)113(113)113 M.

In der Rück-R alle M re abketten.

RECHTE BLENDE

Von der Außenseite mit A1+A2 und Nr. 3½ M aus dem rechten Vorderteil str.
1 M aus jedem Streifen – 4 M aus dem Halsbündchen str = 142 M.

Reihe 1 (Rück-R): 1abhFv – re bis zum R-Ende.
Reihe 2: Wie Reihe 1 str.

Reihe 3 mit Knopflöchern (Rück-R): 1abhFv – 1 re – *2 re zus – 2 neue M anschl – 2 re verschr zus – 16 re*.
Von * bis * wdh.
Reihe 4-6: Wie Reihe 1 str.

In der Rück-R alle M re abketten.

LINKE BLENDE

Von der Außenseite M aus dem linken Vorderteil wie am rechten Vorderteil str.

Reihe 1 (Rück-R): 1abhFv – re bis zum R-Ende.
Reihe 2-6: Wie Reihe 1 str.

In der Rück-R alle M re abketten.

FERTIGSTELLUNG

Alle losen Fäden vernähen und die Knöpfe annähen.
Die Taschen an der Innenseite festnähen.

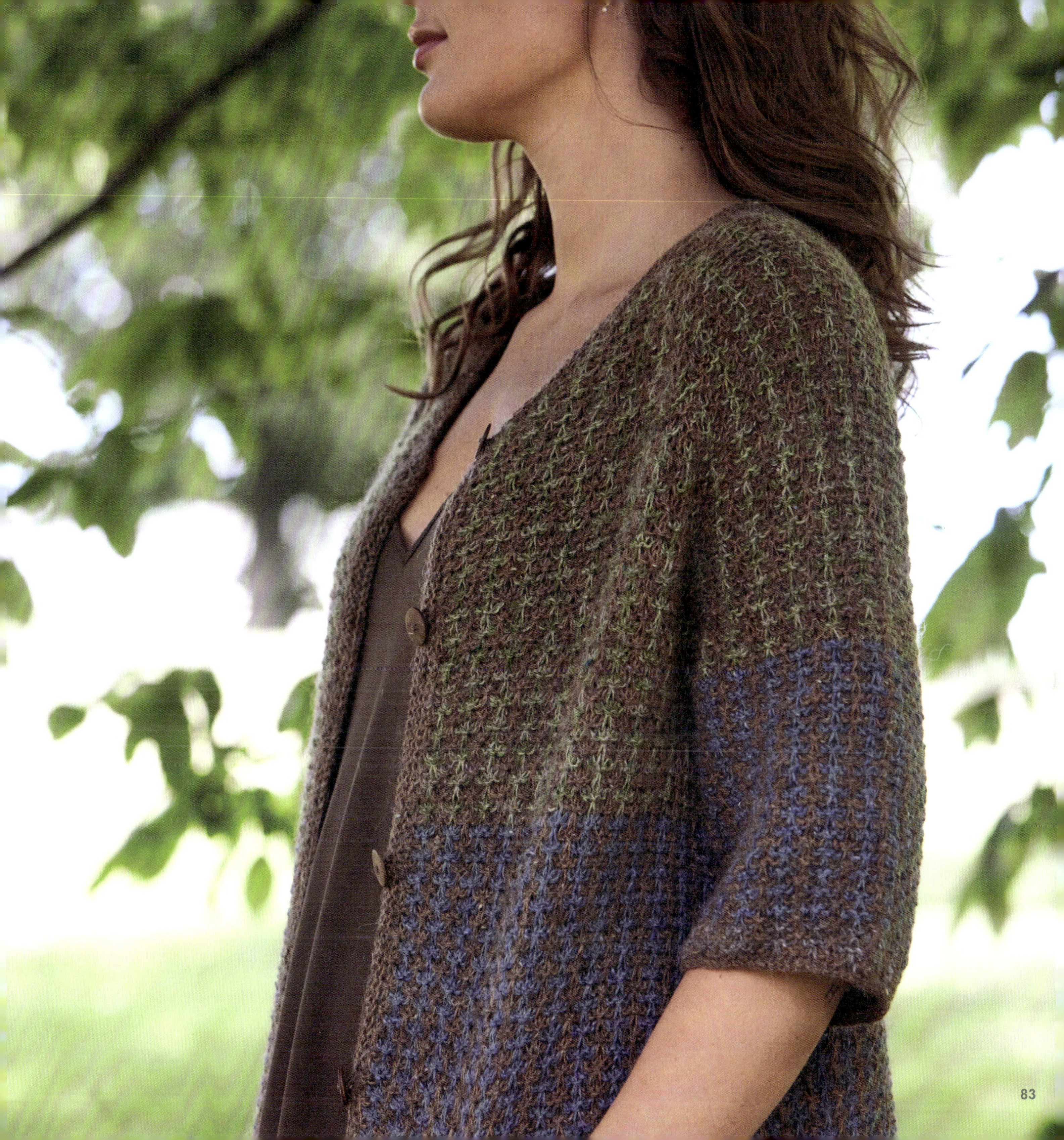

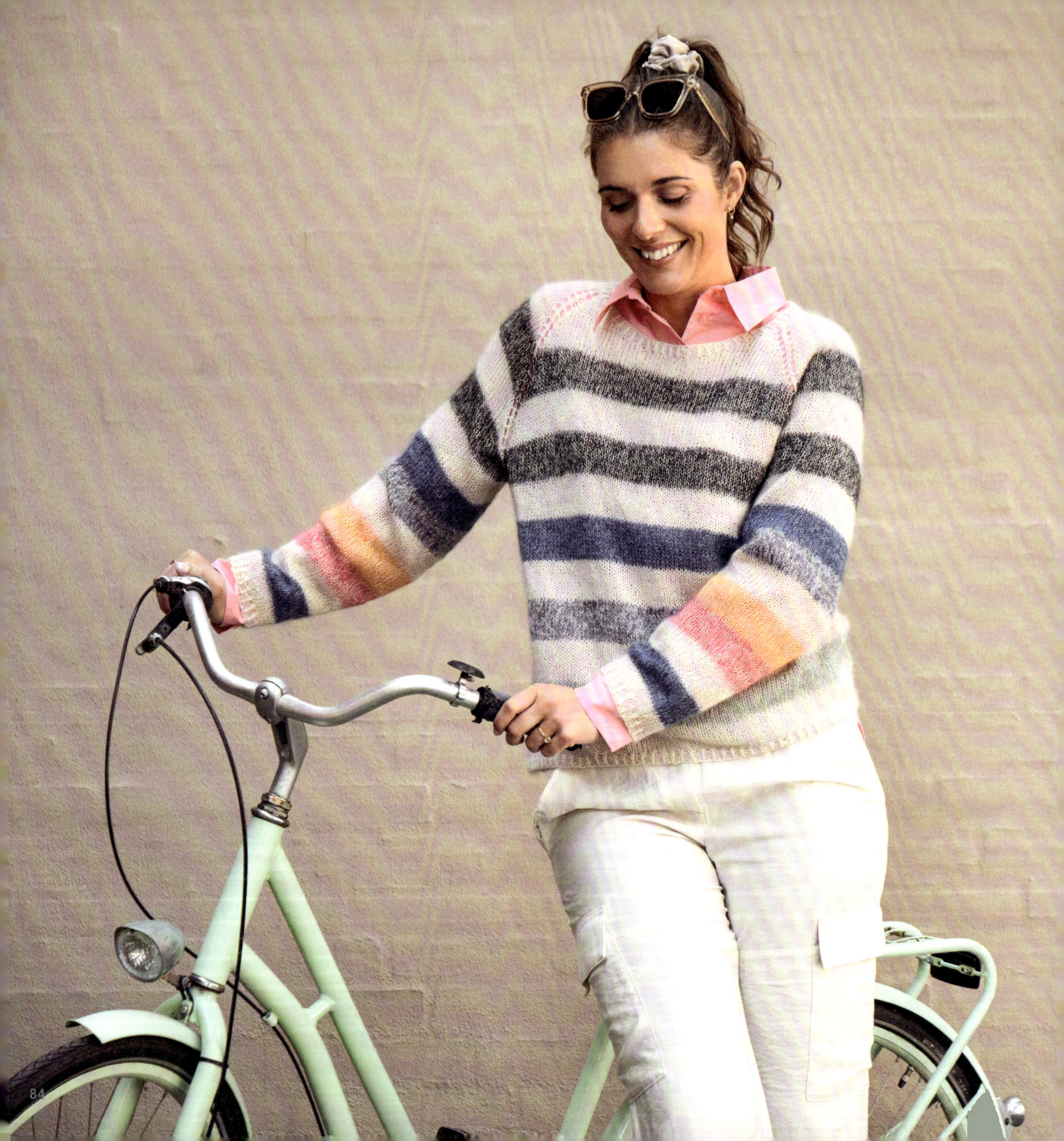

Der Möwenkuss

Das bekannte und sehr beliebte Giebelgemälde in der Fiskergade wurde im Jahr 1985 von Hans Krull gemalt.

Das Symbol auf dem Gemälde ist der Kuss des ertrinkenden Seemanns an seine Frau – ein letztes Lebewohl.

Gr: S(M)L(XL)XXL

Halbe Oberweite: 48(53)57(62)66 cm
Gesamtlänge: 56 cm
Ärmellänge: 44(43)42(41)40 cm

Material
A: 100(150)150(150)200 g Isager Trio 1 Farbe Linen
B: 50 g Isager Trio 1 Farbe Indigo
C: 75(75)75(100)100 g Isager Silk Mohair Farbe 0
D: 25 g Isager Silk Mohair Farbe 47
E: 25 g Isager Silk Mohair Farbe 44
F: 25 g Isager Silk Mohair Farbe 64
G: 25 g Isager Silk Mohair Farbe 19
H: 25 g Isager Silk Mohair Farbe 67

Rund- und Strumpfnadeln Nr. 3½ und 4

Maschenprobe glatt rechts mit A+C auf Nd Nr. 4:
10 cm = 19 M und 27 R

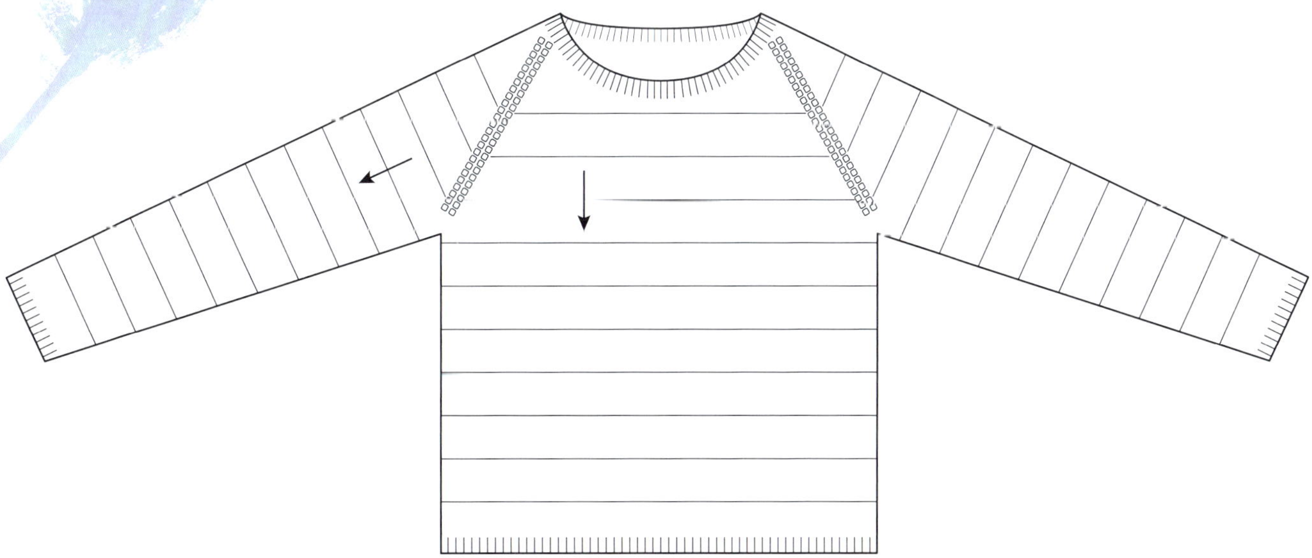

Der Pullover wird von oben nach unten gestrickt.

PASSE

59(61)61(63)63 M mit A+C auf Nd Nr. 4 anschl.

Reihe 1 (Rück-R): 1 re – 57(59)59(61)61 li – 1 re.

Reihe 2: 1 re – U – 1 re – U – 7 re – U – 1 re – U – 39(41)41(43)43 re – U – 1 re – U – 7 re – U – 1 re – U – 1 re – 2 neue M anschl = 69(71)71(73)73 M.
Reihe 3: 1 re – li die R zu Ende str – 2 neue M anschl = 71(73)73(75)75 M.

Reihe 4: 4 re – U – 1 re und diese M markieren – U – 9 re – U – 1 re und markieren – U – 41(43)43(45)45 re – U –1 re und markieren – U – 9 re – U – 1 re und markieren – U – 4 re – 2 neue M anschl = 81(83)83(85)85 M.
Reihe 5: Wie Reihe 3 str = 83(85)85(87)87 M.

Reihe 6: *Re bis zur markierten M str – U – 1 re – U*.
Von * bis * insg 4-mal str – die R re zu Ende str – 2 neue M anschl = 93(95)95(97)97 M.
Reihe 7: Wie Reihe 3 str = 95(97)97(99)99 M.

Weitere 4 R wie Reihe 6-7 str = 119(121)121(123)123 M.

2 R wie Reihe 6-7 str, aber nun 3 M am Ende jeder R anschl = 133(135)135(137)137 M.
Die Fäden abschneiden.

HALSAUSSCHNITT

Die Arbeit wenden.
Die zuletzt gestr 41 M von der linken auf die rechte Nd heben, ohne sie zu str.
Einen MM platzieren. Der Rd-Beginn liegt direkt hinter der markierten M zwischen linkem Ärmel und Rücken.

Mit A+C str:
Rd 1: U – *re bis zur markierten M str – U – 1 re – U*.
Von * bis * insg 2-mal str – re bis zum Ende str – 11(13)13(15)15 neue M anschl – zur Runde schließen und weiter über die zweite Vorderteilseite str:
Von * bis * str. Re bis zur markierten M str – U – 1 re = 152(156)156(160)160 M.

Rd 2: Alle M re str.
Rd 3: *U – re bis zur markierten M str – U – 1 re*. Von * bis * insg 4-mal str = 160(164)164(168)168 M.

Runde 2-3 weitere 2-mal str = 176(180)180(184)184 M.
Rd 2 noch einmal str.

C abschneiden und mit A+D str.
12 Rd re mit Zun in jeder 2. Rd wie bisher str = 224(228)228(232)232 M.

D abschneiden und mit A+C str.
12 Rd re mit Zun in jeder 2. Rd str = 272(276)276(280)280 M.

C abschneiden und mit A+D str.

Gr. S:
Die Arbeit misst 16 cm ab Nackenmitte.
Weiterlesen bei VERTEILUNG.

Gr. (M)L(XL)XXL:
(4)6(10)12 Rd re mit Zun in jeder 2. Rd str = (292)300(320)328 M.
Die Arbeit misst (18)19(20)21 cm ab Nackenmitte.

VERTEILUNG

Gr. S(M)L(XL):
Mit A+D str.

Gr. XXL:
Mit A+C str.

Alle Gr.:
Die M auf Ärmel und Rumpf verteilen:
83(89)91(97)99 Rücken-M re str – 53(57)59(63)65 Ärmel-M stilllegen, ohne sie zu str – 8(12)18(20)26 neue M anschl – 83(89)91(97)99 Vorderteil-M re str – 53(57)59(63)65 Ärmel-M stilllegen, ohne sie zu str – 8(12)18(20)26 neue M anschl.

RUMPF

178(196)209(224)237 re str = Mitte unter dem linken Ärmel.
Hier einen MM für den Rd-Beginn platzieren.

Mit Streifen über die 182(202)218(234)250 Rumpf-M fortsetzen.

Gr. S(M)L:
10(6)4 Rd mit A+D str, bis insg 12 Rd gestr sind.

Alle Gr.:
Die Fäden bei jedem Farbwechsel abschneiden.

12(12)12(12)10 Rd mit A+C str, bis insg 12 Rd gestr sind.

FARBVERLAUF AM RUMPF
12 Rd mit B+E str.
12 Rd mit A+C str.
12 Rd mit B+C str.
12 Rd mit A+C str.
12 Rd mit A+H str.
12 Rd mit A+C str.

Die Arbeit misst 52 cm ab Nackenmitte.
Zu Nd Nr. 3½ wechseln.

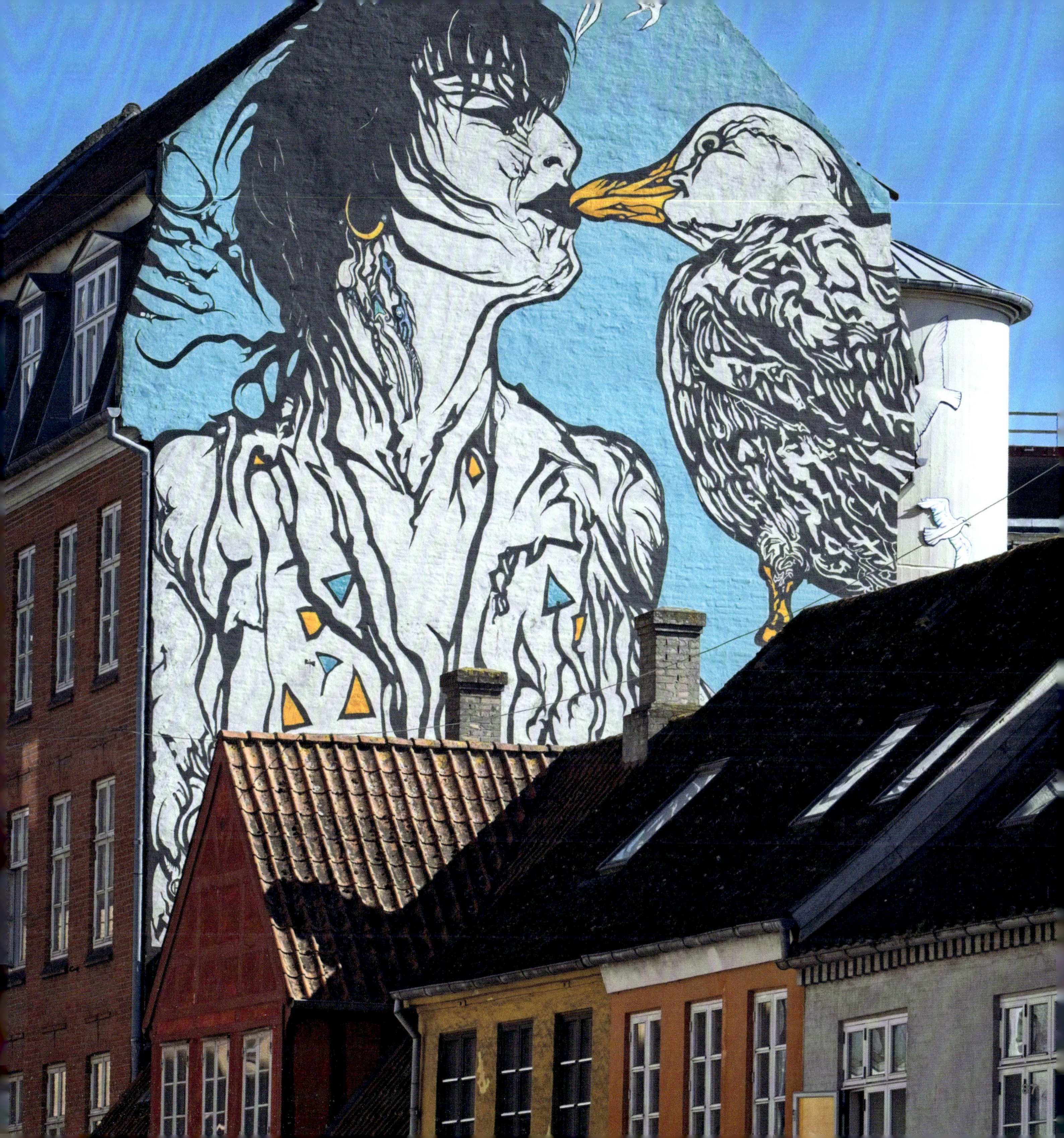

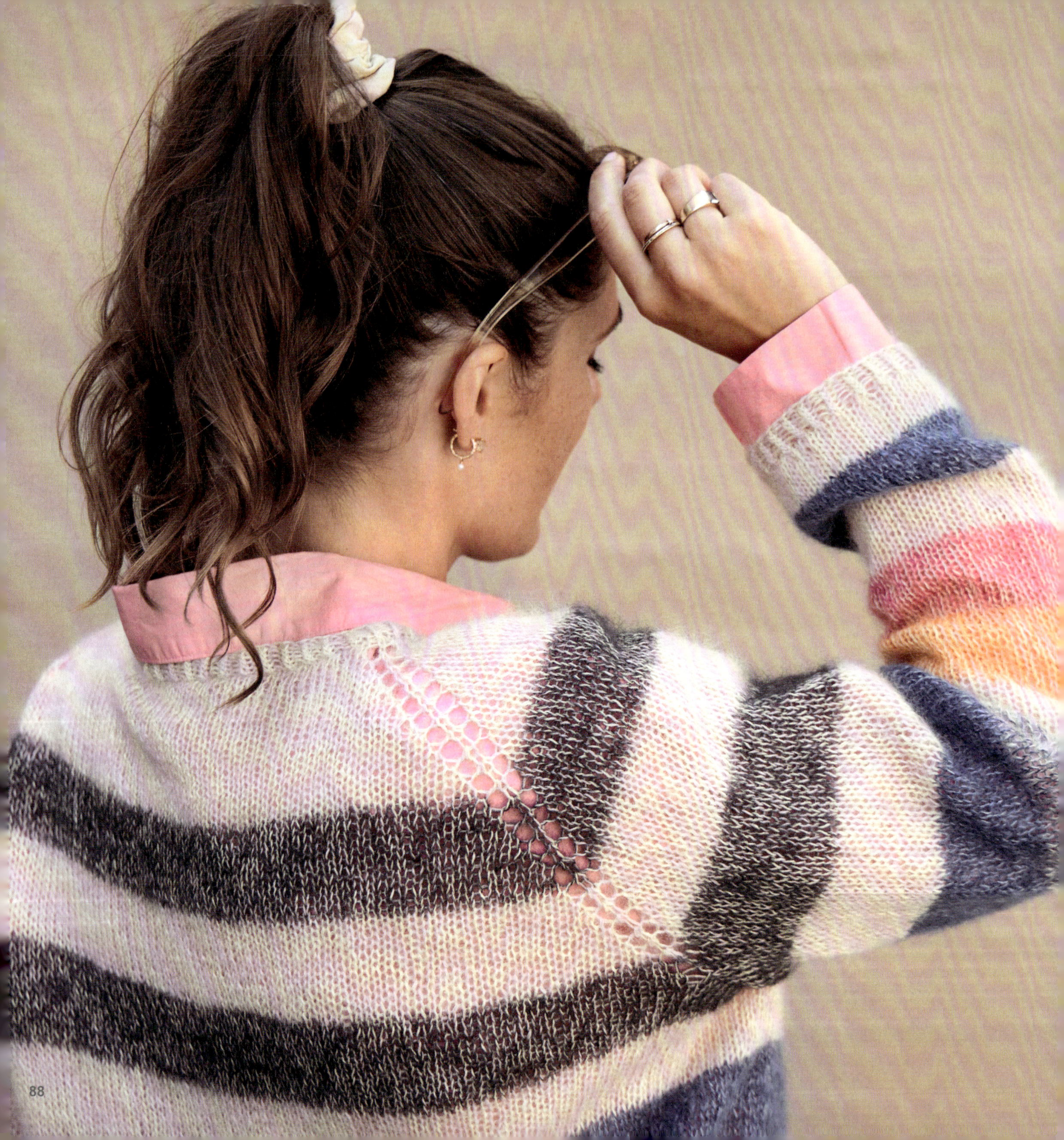

Abnahmen str: 9(10)9(6)8 re –
2 re zus – 16(18)20(18)19 re.
Von * bis * str. Enden mit 2 re zus – 9(10)9(6)9 re =172(192)208(222)238 M.

4 Rd Rippen str: *1 re verschr – 1 li*.
Von * bis * wdh.
Im Rippenmuster mit verschr M abk.

ÄRMEL

Die Ärmel-M auf eine Nd Nr. 4 heben.
In die Mitte der angeschl Rumpf-M unter dem Ärmel einen MM platzieren.

Gr. S(M)L(XL):
Mit A+D str.

Gr. XXL:
Mit A+C str.

Alle Gr:
Ab dem MM 4(6)9(10)13 M aus den angeschl M str – 1 M aus dem Übergang zu den Ärmel-M str – die 53(57)59(63)65 Ärmel-M str – 1 M aus dem Übergang zu den Rumpf-M str – 4(6)9(10)13 M aus den angeschl M bis zum MM str = 63(71)79(85)93 M.

Gr. S(M)L(XL):
11(7)5(1) Rd mit A+D str.

Gr. XXL:
4 Rd mit A+C str.

Alle Gr.:
Weiter im Farbverlauf der Ärmel und gleichzeitig mit Abn str:

Abnahmen str: 1 re – 2 re zus – re bis 3 M vor den MM – 2 re verschr zus – 1 re – 61(69)77(83)91 M.

Die Abn insg 9(11)13(16)20-mal in jeder 12.(10.)8.(6.)5. Rd str = 45(49)53(53)53 M.

FARBVERLAUF AM ÄRMEL
Die Fäden bei jedem Farbwechsel abschneiden.

12(12)12(12)8 Rd mit A+C str.
12 Rd mit B+E str.
12 Rd mit B+C str.
12 Rd mit A+C str.
12 Rd mit A+F str.
12 Rd mit A+G str.
12 Rd mit A+C str.
12 Rd mit B+E str.
7 Rd mit A+C str.

Der Ärmel misst ca. 42(41)40(39)38 cm ab der Verteilung.

Zu Stumpf-Nd Nr. 3½ wechseln.
Abnahmen str: 1(3)5(5)5 re – *2 re zus – 8 re*.
Von * bis * str. Enden mit 2 re zus – 2(4)6(6)6 re = 40(44)48(48)48 M.

4 Rd Rippen str: *1 re verschr – 1 li*.
Von * bis * wdh.
Im Rippenmuster mit verschr M abk.

Den zweiten Ärmel genauso str.

HALSBÜNDCHEN

M mit A+C und Nd Nr. 3½ heraus str:
Am Übergang zw Rücken und linkem Ärmel beg:
1 M aus der markierten M str – 7 M aus den Ärmel-M str – 1 M aus der markierten M str – 17 M aus dem linken Vorderteil bis zu den angeschl M str – 11(13)13(15)15 M aus den angeschl M str – 17 M aus dem rechten Vorderteil str – 1 M aus der markierten M str – 7 M aus den Ärmel-M str – 1 M aus der markierten M str – 39(41)41(43)43 M aus dem Rücken str = 102(106)106(110)110 M.

4 Rd Rippen str: *1 re verschr – 1 li*.
Von * bis * wdh.
Im Rippenmuster mit verschr M abk.

FERTIGSTELLUNG

Alle losen Fäden vernähen.

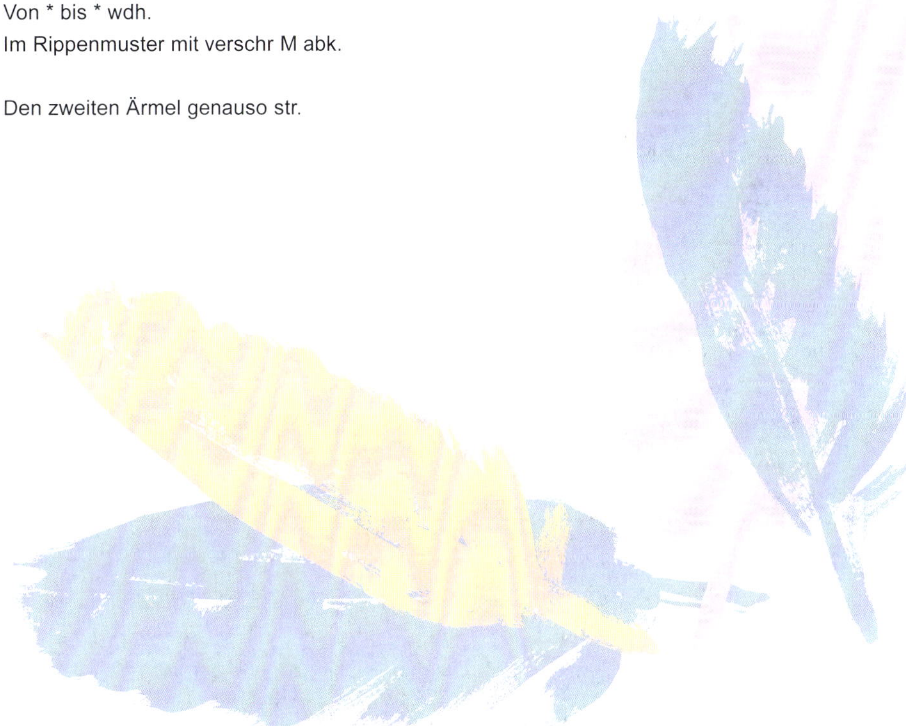

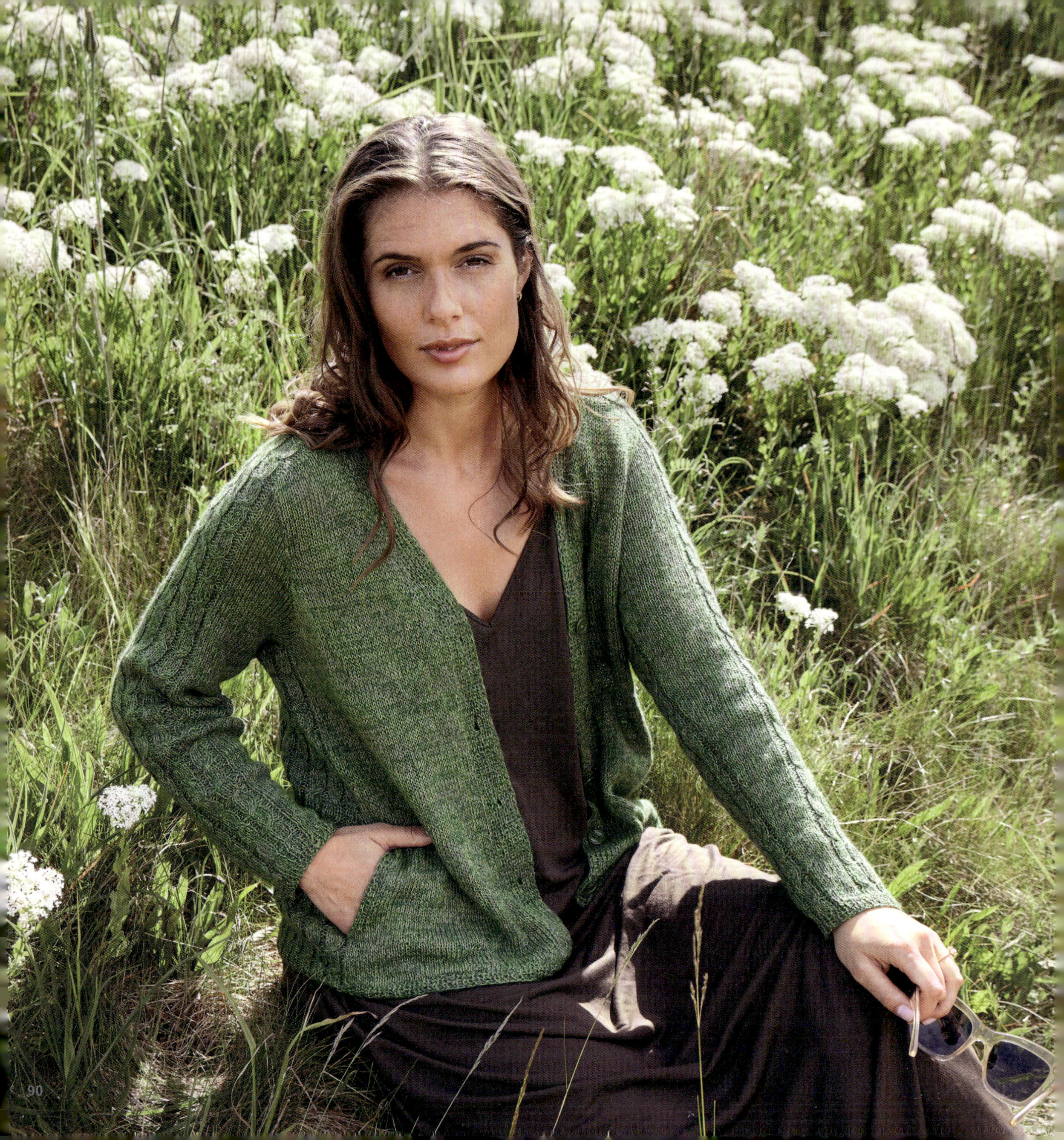

Riis Skov

Riis Skov (Riis Wald) lag früher am Rande der Stadt – jetzt ist er ganz nah am Stadtzentrum.
Aarhus wächst.

Hier bin ich den Djævlebakken rauf und runter gelaufen.
Als Pädagogin am Sprachinstitut habe ich die Schüler auf dem Weg zur und von der Schule durch den Riis Skov begleitet.
Ich habe hier geparkt und tief durchgeatmet, bevor ich zum Winterschwimmen hinunterging.
Und als Großmutter bin ich die Wege mit dem Kinderwagen abgegangen, um meiner Schwiegertochter die Gelegenheit zu geben, sich die Nägel an beiden Händen zu schneiden ...

Riis Skov bietet einen guten Überblick über die Bucht von Aarhus und die Stadt. Hier kann man sitzen und gute Gedanken fassen.

Gr: S(M)L(XL)XXL

Halbe Oberweite: 48(52)57(61)65 cm
Länge: 58 cm
Ärmellänge ab Armausschnitt: 46(44)44(42)40 cm

Material
200(200)250(250)300 g Isager Trio 1 Farbe Green tea
150(200)200(200)250 g Isager Alpaca 1 Farbe 56
Mit je 1 Faden beider Qualitäten str

5 Knöpfe
Rund- und Strumpfnadeln Nr. 3 und 3½

Maschenprobe glatt rechts auf Nd Nr. 3½: 10 cm = 24 M und 30 R
Maschenprobe mit Zöpfen auf Nd Nr. 3½: 10 cm = 27 M und 30 R

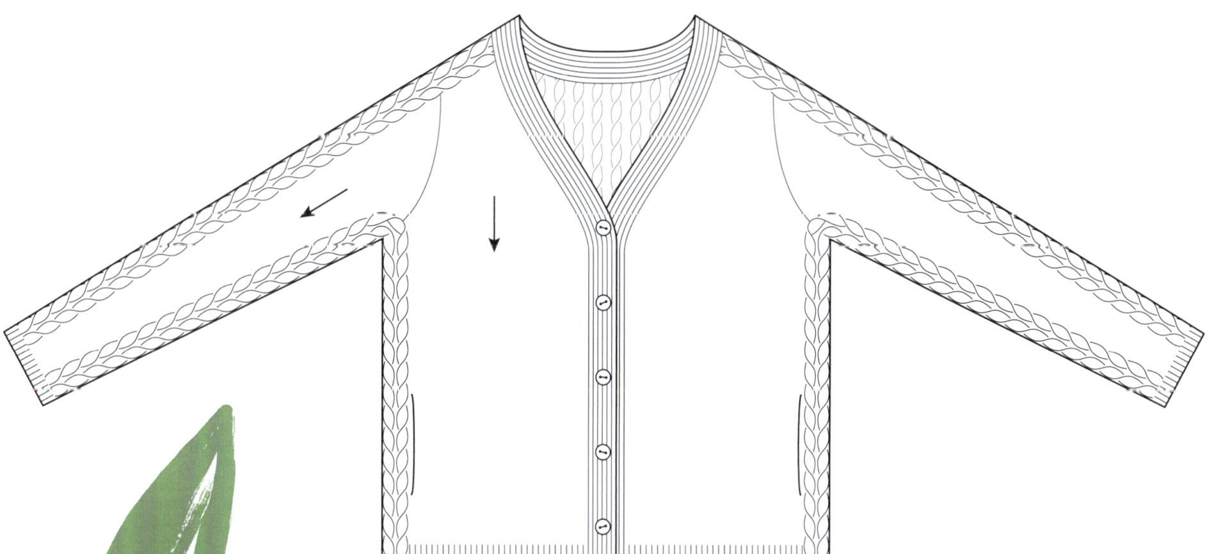

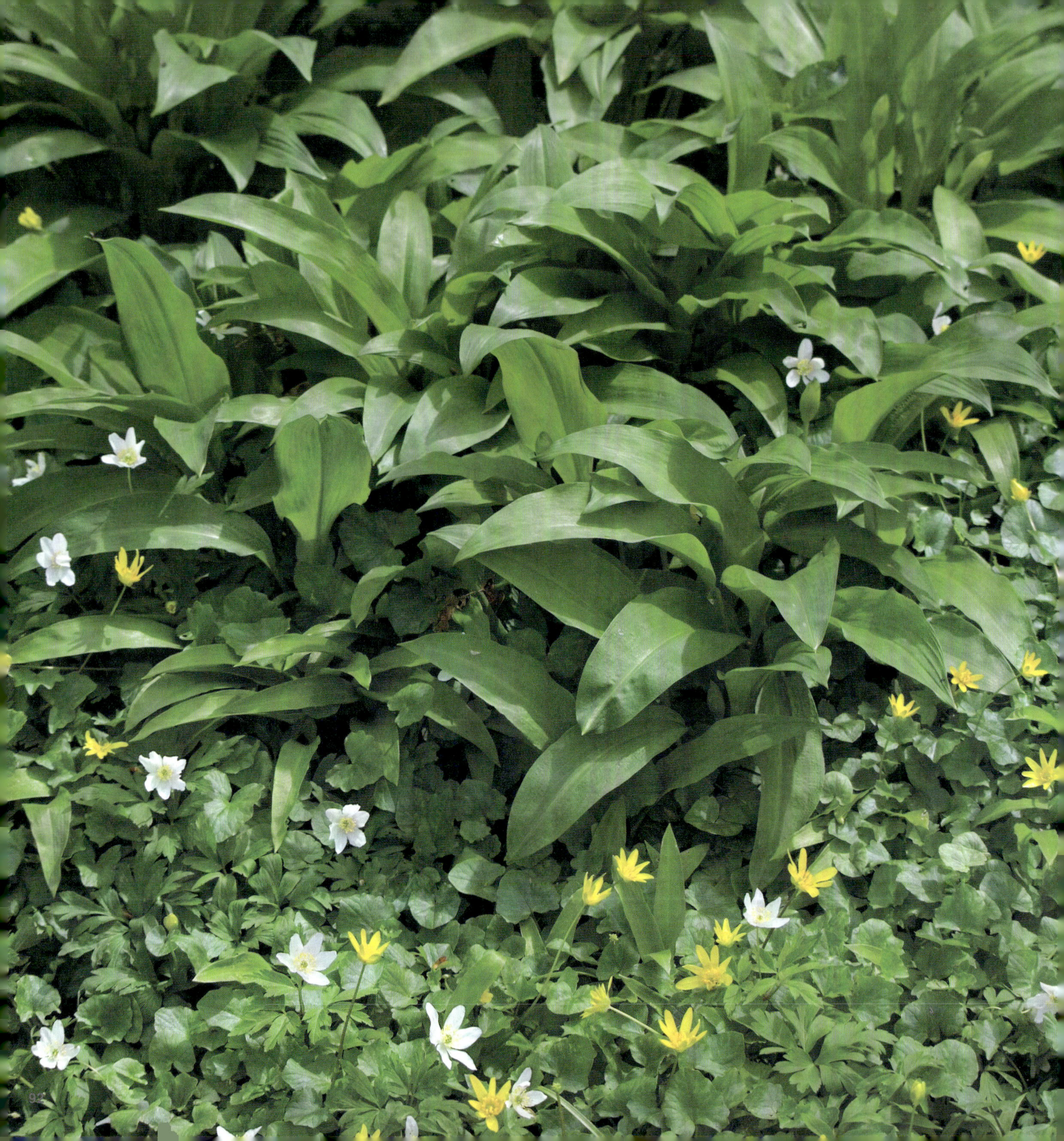

Die Jacke wird von oben nach unten gestrickt.

RECHTE SCHULTER

28 M mit beiden Qualitäten auf Nd Nr. 3½ anschl.

Reihe 1 (Rück-R): 3 re – Diagramm – 2 re – Diagramm – 3 re.
Reihe 2: 1 re – 2 li – Diagramm – 2 li – Diagramm – 2 li – 1 re.

Die Reihen 1-2 wdh, bis insg 25(25)31(31)31 R gestr sind.
An beiden Seiten einen MM platzieren.

ARMKUGEL

Für die Armkugel M wie folgt anschl:
Reihe 1 (Hin-R): 1 re – 2 li – Diagramm – 2 li – Diagramm – 2 li – 1 re – 2 neue M anschl = 30 M.
Reihe 2: 1 re – 2 li – 2 re – Diagramm – 2 re – Diagramm – 2 re – 1 li – 2 neue M anschl = 32 M.
Reihe 3: 3 re – 2 li – Diagramm – 2 li – Diagramm – 2 li – 3 re – 2 neue M anschl = 34 M.
Reihe 4: 1 re – 4 li – 2 re – Diagramm – 2 re – Diagramm – 2 re – 3 li – 2 neue M anschl = 36 M.

Im Muster weiter str.
Beidseitig weitere 1(2)3(4)5-mal am Ende jeder R 2 neue M anschl = 40(44)48(52)56 M.
Die neuen M in den Hin-R re und in den Rück-R li str.
Die erste und letzte M in allen R re str.

Danach in allen R aus der letzten M 2aus1M (s. Abk.) str:
Beidseitig insg 11(12)13(14)15-mal am R-Ende 2aus1M str = 62(68)74(80)86 M.

Beidseitig weitere 2 Zun str, aber diese neuen M in den Hin-R li und in den Rück-R re str = 66(72)78(84)90 M.

Im Muster weiter str.
Reihe 1 (Hin-R): Wie bisher bis zur letzten M str – 2aus1M str = 67(73)79(85)91 M.
Reihe 2: 3 re – bis zu den letzten 2 M wie bisher str – 1 re – 2aus1M = 68(74)80(87)92 M.
Reihe 3: 1 re – 2 li – bis zu den letzten 3 M wie bisher str – 2 li – 2aus1M = 69(75)81(86)93 M.
Reihe 4: 1 re – 1 li – 2 re – bis zu den letzten 3 M wie bisher str – 2 re – 2aus1M = 70(76)82(88)94 M.

Reihe 5: 2 re – 2 li – bis zu den letzten 4 M wie bisher str – 2 li – 2 re – 4 neue M anschl = 74(80)86(92)98 M.
Reihe 6: 2 re – 4 li – 2 re - bis zu den letzten 4 M wie bisher str – 2 re – 2 li – 4 neue M anschl = 78(84)90(96)102 M.

Reihe 7: 1 re – 1 li – 4 re/ Zopf über die nächsten 4 M str (dem Muster auf dem Ärmel folgen) – 2 li – bis zu den letzten 8 M wie bisher str – 2 li – 4 re/ Zopf über die nächsten 4 M str (dem Muster auf dem Ärmel folgen) – 2 li – 5 neue M anschl = 83(89)95(101)107 M.

Reihe 8: 1 re – 4 li – 2 re – 4 li – 2 re – bis zu den letzten 8 M wie bisher str – 2 re – 4 li – 2 re – 5 neue M anschl = 88(94)100(106)112 M.

Nun ist die Armkugel fertig.
Die Fäden nicht abschneiden.

ÄRMEL

Zur Runde schließen und einen MM für den Rd-Beginn platzieren.

Rd 1: 1 li – Diagramm (dem Muster auf dem Ärmel folgen) – 2 li – bis zu den letzten 13 M wie bisher str – 2 li – Diagramm (dem Muster auf dem Ärmel folgen) – 1 li.

Insg 6(10)8(10)4 Rd im Muster str.

Abnahmen str: 13 M wie bisher str – 2 re zus – im Muster str, bis noch 15 M auf der Nd sind – 2 re verschr zus, dafür die nächste M re abh, 1 re str und die abgeh über die gestr M heben – 13 M wie bisher str = 86(92)98(104)110 M.

Die Abn insg 13(14)15(18)19-mal in jeder 10.(8.)8.(6.)6. Rd str = 62(66)70(70)74 M.

Nach der letzten Abn noch 6(14)6(10)4 Rd str.
Der Ärmel misst ab dem Armausschnitt ca. 44(43)42(41)39 cm.

Zu Nd Nr. 3 wechseln.
Abnahmen str: 1 li – *1 re – 2 li zus*.
Von * bis * insg 4-mal str – *1 re – 1 li*.
Von * bis * insg 2(3)4(4)5-mal str – 1 re – *2 li zus – 1 re*. Von * bis * insg 9-mal str – *1 li – 1 re*. Von * bis * insg 2(3)4(4)5-mal str –*2 li zus – 1 re*. Von * bis * insg 4-mal str – die letzte M mit der ersten M aus der nächsten Rd li zus str = 44(48)52(52)56 M.
Den MM für den Rd-Beginn hierher versetzen.

3 Rd Rippen str: *1 re – 1 li*. Von * bis * str.
Alle M im Rippenmuster abk.

Die zweite Schulter und den zweiten Ärmel genauso str.

RÜCKEN

Für den Rücken neue M entlang der Schultern mit beiden Qualitäten und Nd Nr. 3½ heraus str.
Die Ärmel so hinlegen, dass die Anschlag-R beider Schultern zueinander zeigen.
Aus der linken Schulter 23(23)29(29)29 M von dem MM bis zur Anschlag-R str – im Anschluss 42 neue M anschl – aus der rechten Schulter von der Anschlag-R bis zum MM 23(23)29(29)29 M str = 88(88)100(100)100 M.

Reihe 1 (Rück-R): 3 re – *Diagramm – 2 re*.
Von * bis * wdh. Enden mit 1 re.
Reihe 2: 1 re – 2 li – *Diagramm – 2 li*.
Von * bis * wdh. Enden mit 1 re.

Die Reihen 1-2 wdh, bis insg 17 R gestr sind.

Im Muster weiter str und gleichzeitig Zun für die Armausschnitte str.
Die neuen M in das Muster einfügen, sodass das Diagramm über den gesamten Rücken gestr wird.
Die erste und letzte M in allen R re str.

Beidseitig insg 9(9)12(10)10-mal aus der letzten M 2aus1M str = 106(106)124(120)120 M.

Beidseitig insg 0(3)3(4)4-mal am R-Ende 2 M anschl = 106(118)136(136)136 M.

Beidseitig insg 3(3)2(4)6-mal am R-Ende 3 M anschl = 124(136)148(160)172 M.

Beidseitig 1-mal am R-Ende 4 M anschl = 132(144)156(168)180 M.

Beidseitig 1-mal am R-Ende 6 M anschl = 144(156)168(180)192 M.

Der Rücken misst ab den Schultern ca. 15(17)18(19)20 cm.
Die Fäden abschneiden und die M stilllegen.

KRAGEN RECHTE SEITE

14 M auf Nd Nr. 3½ anschl.
Reihe 1 mit Kettrand (Rück-R):
1abhFv (s. Abk.) – *1 li – 1 re*.
Von * bis * wdh. Enden mit 1 re.
Reihe 2: *1 re – 1 li*. Von * bis * wdh. Enden mit 2 re.

Reihe 1-2 wdh, bis die Arbeit 17 cm misst.
Nach einer Reihe 1 enden.
Die Fäden abschneiden.

RECHTES VORDERTEIL

Mit Nd Nr. 3½ aus der rechten Schulter 20(20)25(25)25 M von dem MM bis zur Anschlag-R str – weiter über die 14 Kragen-M str: 2 li zus – *1 re – 1 li*.
Von * bis * wdh. Enden mit 2 re = 33(33)38(38)38 M.

Reihe 1 (Rück-R): 1abhFv – *1 li – 1 re*.
Von * bis * insg 6-mal str – einen MM platzieren – 19(19)24(24)24 li – 1 re.
Reihe 2: Re bis zum MM str – Rippen bis zur letzten M str – 1 re.
Reihe 3: 1abhFv – Rippen bis zum MM str – li bis zur letzten M str – 1 re.
Reihe 4 mit Zun für den Halsausschnitt:
Re bis 1 M vor den MM str – 1 neue re (s. Abk.) – 1 re – Rippen bis zur letzten M str – 1 re = 34(34)39(39)39 M.

Im Muster weiter str und dabei insg 7(7)8(8)8-mal in jeder 4. R eine Zun für den Halsausschnitt str = 40(40)46(46)46 M.

Wie bisher für den Ausschnitt Zun in jeder 4. R str und GLEICHZEITIG Zun für den Armausschnitt wie folgt str:

Insg 6(8)8(7)7-mal aus der letzten M jeder Rück-R 2aus1M str = 48(51)57(56)56 M.

Danach 2(3)3(3)4-mal am Ende der Rück-R 2 M anschl = 53(59)65(64)66 M.

Noch 1(1)1(3)4-mal am Ende der Rück-R 3 M anschl = 57(62)68(74)80 M.

Für den Halsausschnitt sind nun 11(12)13(14)15 Zun gestr.

Das Vorderteil misst ab der Schulter ca. 15(17)18(19)20 cm.
Die Fäden abschneiden und die M stilllegen.

KRAGEN LINKE SEITE

Von der Außenseite 14 M mit Nd Nr. 3½ und beiden Qualitäten aus der Anschlag-R der rechten Kragenseite heraus str.
Reihe 1 (Rück-R): 2 re – *1 li – 1 re*.
Von * bis * wdh.
Reihe 2 mit Kettrand: 1abhFv – *1 re – 1 li*.
Von * bis * wdh. Enden mit 1 re.

Reihe 1-2 wdh, bis die Arbeit 17 cm misst.
Nach einer Runde 1 enden.

LINKES VORDERTEIL

Über die Kragen-M str: 1abhFv – *1 re – 1 li*.
Von * bis * insg 5-mal str – 1 re – 2 li zus – aus der linken Schulter 20(20)25(25)25 M von der Anschlag-R bis zum MM str = 33(33)38(38)38 M.
BEACHTE, dass der Kragen nicht verdreht ist.

Reihe 1 (Rück-R): 1 re – 19(19)24(24)24 li – einen MM platzieren – *1 re – 1 li*.
Von * bis * wdh. Enden mit 1 re.
Reihe 2: 1abhFv – Rippen bis zum MM str – die R re zu Ende str.
Reihe 3: 1 re – li bis zum MM str – Rippen str.
Reihe 4 mit Zun für den Halsausschnitt:
1 abhFv – Rippen bis zum MM str – 1 re – 1 neue re – die R re zu Ende str = 34(34)39(39)39 M.

Im Muster weiter str und dabei insg 6(6)7(7)7 -mal in jeder 4. R eine Zun für den Halsausschnitt str = 39(39)45(45)45 M.
3 R im Muster ohne Zun str.

Wie bisher für den Ausschnitt Zun in jeder 4. R str und GLEICHZEITIG Zun für den Armausschnitt wie folgt str:

Insg 6(8)8(7)7-mal aus der letzten M jeder Hin-R 2aus1M str = 48(51)57(56)56 M.

2(3)3(3)4-mal am Ende der Hin-R 2 M anschl = 53(59)65(64)66 M.

Noch 1(1)1(3)4-mal am Ende der Hin-R 3 M anschl = 57(62)68(74)80 M.
1 Rück-R str.
Für den Halsausschnitt sind nun 11(12)13(14)15 Zun gestr.

Das Vorderteil misst ab der Schulter ca. 15(17)18(19)20 cm.

RUMPF

Die Rücken-M und die M des rechten Vorderteils wieder auf die Nd heben und nun über alle Teile weiter str.
Mit dem linken Vorderteil beg.

Gr. (M)L:
Reihe 1 (Hin-R): 1abhFv – wie bisher mit Zun für den Halsausschnitt str – einen MM platzieren – 13 neue M anschl – im Muster über den Rücken str: 1 li – *Diagramm – 2 li*.
Von * bis * wdh. Enden mit 1 li – 13 neue M anschl – einen MM platzieren – das rechte Vorderteil mit Zun für den Halsausschnitt wie bisher str = (308)332 M.

Gr. S(XL)XXL:
Reihe 1 (Hin-R): 1abhFv – das linke Vorderteil wie bisher str – einen MM platzieren – 13 neue M anschl – im Muster über den Rücken str: 1 li – *Diagramm – 2 li*.
Von * bis * wdh. Enden mit 1 li – 13 neue M anschl – einen MM platzieren – das rechte Vorderteil wie bisher str = 284(354)378 M.

Alle Gr.:
Reihe 2: 1abhFv – Rippen bis zum MM str – 2 re – *Diagramm – 2 re*.
Von * bis * bis zum MM str – die R mit Rippen und li M wie bisher zu Ende str.

Gr. S:
4 R mit Muster und Zun in jeder 4. R wie bisher str = 286 M.

Alle Gr.:
Es sind nun insg 12(13)14(14)15 Zun am Halsausschnitt gestr = 286(308)332(354)378 M.
Keine weiteren Zun str.

Das Muster weiter wie bisher str.
1. Knopfloch str (Hin-R): Im Muster bis zu den letzten 9 M str – 2 li zus – U – 2 re zus – 5 M in Rippen = 287(307)331(353)377 M.

In der nächsten R im Muster str und aus dem U im Knopfloch 2aus1M str = 286(308)332(354)378 M.

Insg 5 Knopflöcher in jeder 24. R str.
Weiter str, bis nach dem 13. Zopf am Rücken weitere 7 R gestr sind.

LINKE TASCHE

Für die linke Taschenöffnung über die ersten 58(63)69(74)80 M des linken Vorderteils hin und her str:

Reihe 1 (Hin-R): 1abhFv – 12 M in Rippen wie bisher – 40(45)51(56)62 re – *1 li – 1 re*.
Von * bis * insg 2-mal str – 1 re. Wenden.
Reihe 2 (Rück-R): 1abhFv – *1 li – 1 re*.
Von * bis * insg 2-mal str – 40(45)51(56)62 li – 13 M Rippen.

Reihe 1-2 wdh, bis 33 R gestr sind.
Die letzte R ist eine Hin-R.
Die Fäden abschneiden und die M stilllegen.

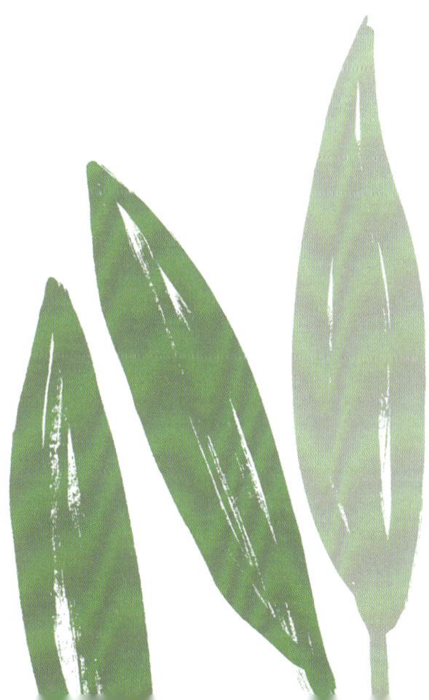

RÜCKEN und TASCHENBEUTEL

32 M anschl – weiter im Muster eine Hin-R über die mittleren 170(182)194(206)218 Rumpf-M str – 32 M anschl = 234(246)258(270)282 M.

Die neuen M in den Hin-R li und in den Rück-R re str, dabei die erste und letzte M in allen R re str.

32 R im Muster und glatt li über die Taschenbeutel str.
Die letzte R ist eine Hin-R.

Die mittleren 170(182)194(206)218 Rumpf-M wieder stilllegen.

Für den Taschenbeutel 17 R glatt li (erste und letzte M re) über die letzten 32 M str.
Die letzte R ist eine Rück-R.
Die Fäden abschneiden und die M stilllegen.

Auch an der anderen Seite des Rückens 17 R glatt li (erste und letzte M re) über die äußeren 32 M str.
Die Fäden abschneiden und die M stilllegen.

RECHTE TASCHE

Für die rechte Taschenöffnung über die ersten 58(63)69(74)80 M des rechten Vorderteils hin und her str.
Weitere Knopflöcher wie bisher str.

Reihe 1 (Hin-R): 1abhFv – *1 re – 1 li*.
Von * bis * insg 2-mal str – 40(45)51(56)62 re – 13 M Rippen.
Reihe 2 (Rück-R): 1abhFv – 12 M Rippen – 40(45)51(56)62 li – *1 re – 1 li*.
Von * bis * insg 2-mal str. Enden mit 1 re.

Reihe 1-2 wdh, bis 33 R gestr sind.
Die letzte R ist eine Hin-R.

RUMPF

Die Rücken-M und die M des linken Vorderteils wieder auf die Nd heben.
Die 2 Taschenbeutel weiterhin stilllegen.
Im Muster wie bisher weiter str.

Reihe 1 (Rück-R): Über das rechte Vorderteil str:
1abhFv – 12 M in Rippen – die R li zu Ende str – im Muster den Rücken str – das linke Vorderteil str: Li bis zu den letzten 13 M str - 13 M in Rippen = 286(308)332(354)378 M.

16 R im Muster str.
Das letzte Knopfloch ist das 5. Knopfloch.

Beide Taschenbeutel wieder auf je eine Nd heben.

Die Taschenbeutel mit den Vorderteilen zus str und Abn am Rücken str (Hin-R):
1 abhFv – 25(30)36(41)47 M im Muster – die Nd mit dem ersten Taschenbeutel hinter die letzten 32 Vorderteil-M legen und beide Maschensätze re zus str – einen MM platzieren – am Rücken Abn wie folgt str:
2 li – 1 re – 2 re zus – 1 re. Von * bis * wdh.
Enden mit 2 li – einen MM platzieren – die Nd mit dem zweiten Taschenbeutel hinter die ersten 32 Vorderteil-M legen und beide Maschensätze re zus str – die letzten 26(31)37(42)48 M wie bisher str = 258(278)300(320)342 M.

Zu Nd Nr. 3 wechseln.

Gr. (M)L:
Reihe 1(Rück-R): 1abhFv – *1 li – 1 re*.
Von * bis * bis 2 M vor den MM wdh – 2 li zus – *2 re – 1 li – 1 re – 1 li*.
Von * bis * bis 2 M vor den MM wdh – 2 re – 2 li zus – *1 re – 1 li*.
Von * bis * bis zur letzten M wdh – 1 re = (276)298 M.

Gr. S(XL)XXL:
Reihe 1(Rück-R): 1abhFv – *1 li – 1 re*.
Von * bis * bis 1 M vor den MM wdh – 1 li – *2 re – 1 li – 1 re – 1 li*.
Von * bis * bis 2 M vor den MM wdh – 2 re – *1 li – 1 re*.
Von * bis * bis zum R-Ende wdh.

Alle Gr.:
Reihe 2 (Hin-R): 1abhFv – *1 re – 1 li*.
Von * bis * bis 1 M vor den MM wdh – 1 re – *2 li – 1 re – 1 li – 1 re*.
Von * bis * bis 2 M vor den MM wdh – 2 li – *1 re – 1 li*.
Von * bis * bis zu den letzten 2 M wdh – 2 re.

Reihe 3: 1abhFv – *1 li – 1 re*.
Von * bis * bis 1 M vor den MM wdh – 1 li – *2 re – 1 li – 1 re – 1 li*.
Von * bis * bis 2 M vor den MM wdh – 2 re – *1 li – 1 re*.
Von * bis * bis zum R-Ende wdh.

Die Reihen 2-3 noch 1-mal str.
Alle M im Rippenmuster abk.

FERTIGSTELLUNG

Den Kragen an den Halsrand nähen.
Die Ärmel vor dem Einnähen mit Nadeln in den Armausschnitt heften und von der Außenseite einnähen.
Die Taschenbeutel auf der Innenseite der Jacke annähen.
Alle Fäden vernähen und die Knöpfe annähen.

DIAGRAMM

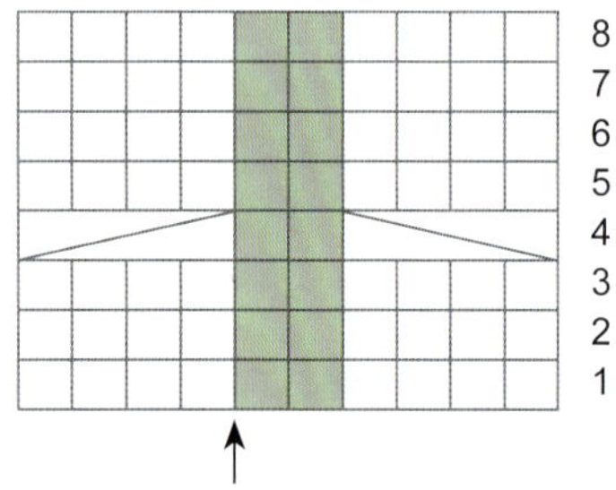

Gr. S(XL): Der Rücken beginnt hier

= in den Hin-R li – in den Rück-R re str

= in den Hin-R re – in den Rück-R li str

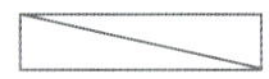

= 2 M auf eine Hilfs-Nd vor die Arbeit legen – 2 re – die 2 M der Hilfs-Nd re str

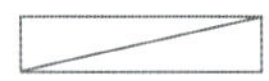

= 2 M auf eine Hilfs-Nd hinter die Arbeit legen – 2 re – die 2 M der Hilfs-Nd re str

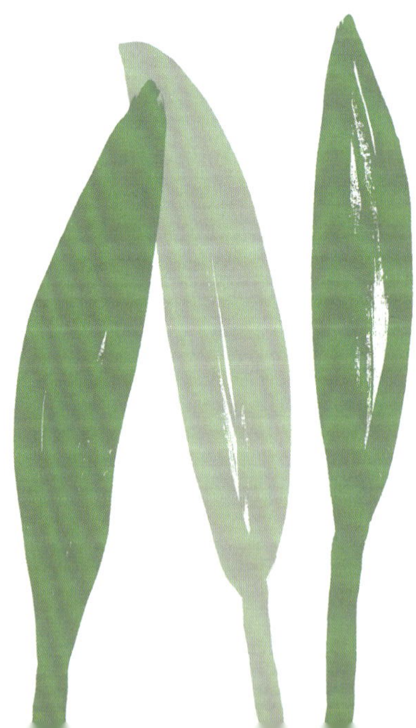

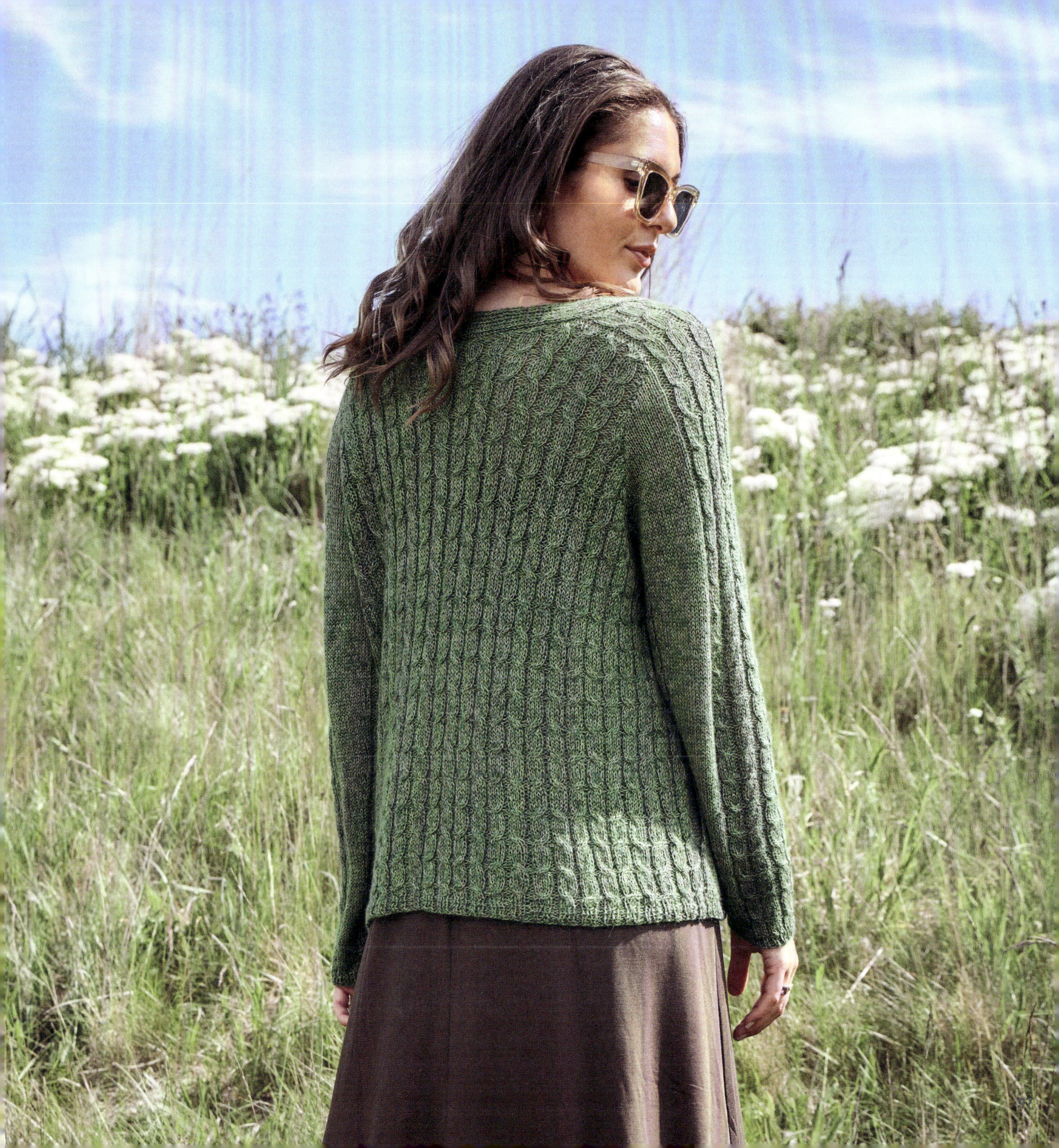

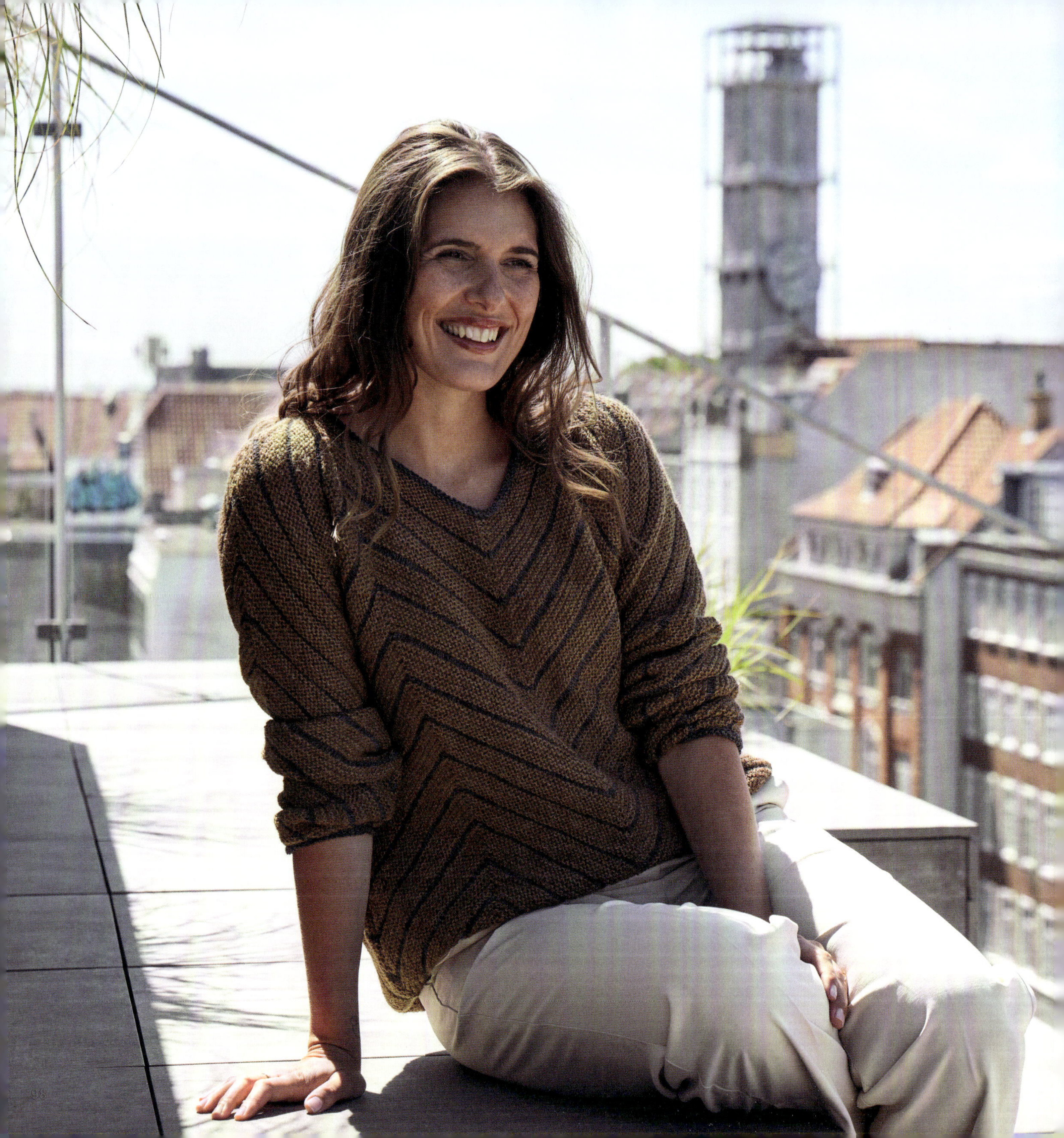

Das Rathaus

Das Rathaus von Aarhus, entworfen von Arne Jacobsen und Erik Møller, wurde 1941 eingeweiht.

Im Jahr 1995 wurde das Rathaus unter Denkmalschutz gestellt, weil es ein Hauptwerk des dänischen Modernismus ist und eine stilvolle Inneneinrichtung aus den 1930er-Jahren aufweist, die von Wegner entworfen wurde.

Das Äußere des Rathauses ist mit norwegischem Marmor verkleidet, im Inneren liegen 1000 m² Parkettboden aus 7000 Jahre alter Mooreiche aus Silkeborg.

Gr: S(M)L(XL)XXL

Halbe Oberweite: 49(54)59(64)69 cm
Länge: 57(57)58(58)59 cm
Ärmellänge: 43(42)42(40)37 cm

Material
A1: 200(250)250(250)300 g Isager Highland Farbe Clay
A2: 150(150)150(200)200 g Isager Alpaca 1 Farbe E8s
B1: 50(100)100(100)100 g Isager Highland Farbe Charcoal
B2: 50 g Isager Alpaca 1 Farbe Forest

Mit je 1 Faden beider Qualitäten str

Rund- und Strumpfnadeln Nr. 3 und 3½

Maschenprobe kraus rechts mit A1+A2 auf Nd Nr. 3½:
10 cm = 24 M und 48 R
Maschenprobe im Muster auf Nd Nr. 3½: 10 cm = 24 M und 34 R

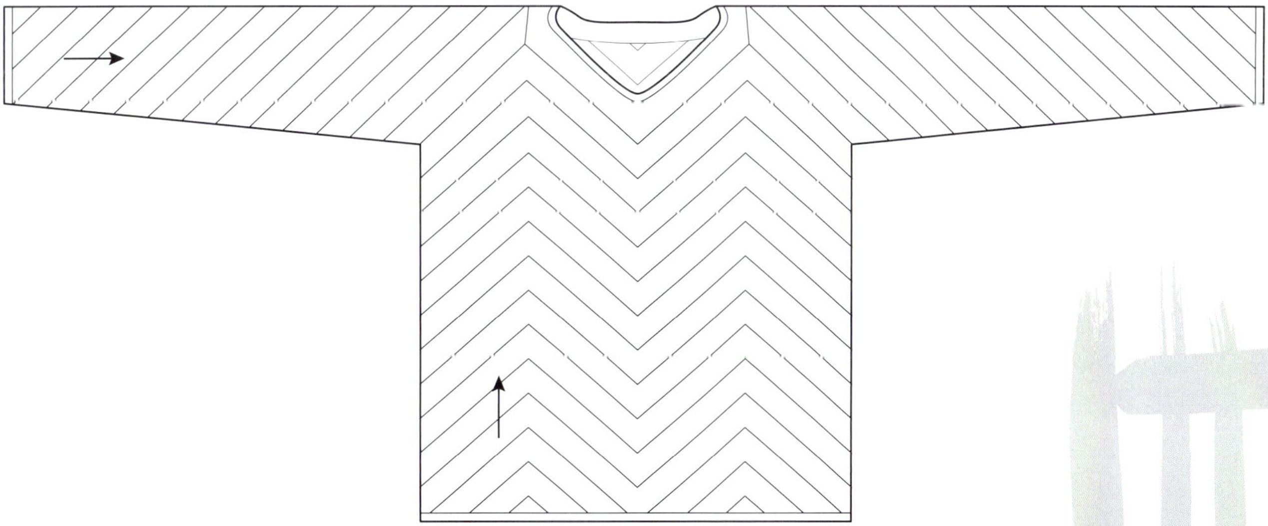

3aus1M: Die nächste M re str, aber nicht von der Nd heben – U – dieselbe M wieder re str und nun von der linken Nd heben.

DREIECKE UNTERER RAND

5 M mit A1+A2 auf Nd Nr. 3½ anschl.

Reihe 1 (Rück-R): 5 re.
Reihe 2: 1 re – 1 neue re (s. Abk.) – 1 re – 3aus1M – 1 re – 1 neue re – 1 re = 9 M.
Reihe 3: 9 re.
Reihe 4: 1 re – 1 neue re – 3 re – 3aus1M – 3 re – 1 neue re – 1 re = 13 M.
Reihe 5: 13 re.
Reihe 6: 1 re – 1 neue re – 5 re – 3aus1M – 5 re – 1 neue re – 1 re = 17 M.
Reihe 7: 17 re.
Reihe 8: 1 re – 1 neue re – 7 re – 3aus1M – 7 re – 1 neue re – 1 re = 21 M.
Reihe 9: 21 re.

1. Streifen mit B1+B2:
Reihe 10: 1 re – 1 neue re – 9 re – 3aus1M – 9 re – 1 neue re – 1 re = 25 M.
Reihe 11: 1 re – 23 li – 1 re.
B1+B2 abschneiden.

Mit A1+A2 str:
Reihe 12: 1 re – 1 neue re – re bis zur mittleren M str – 3aus1M – re bis zur letzten M str – 1 neue re – 1 re = 29 M.
Reihe 13: Alle M re.
Reihe 12-13 insg 5-mal str = 45 M.

2. Streifen mit B1+B2:
Hin-R: Wie Reihe 12 str = 49 M.
Rück-R: 1 re – li bis zur letzten M – 1 re.
B1+B2 abschneiden.

Mit A1+A2 str:
10 R re mit Zun wie am 2. Streifen str = 69 M.

3. Streifen mit B1+B2:
2 R glatt re mit Zun wie am 2. Streifen = 73 M.
B1+B2 abschneiden.

Weiter str, bis insg 3(3)3(4)4 B-Streifen gestr sind.

0(4)8(0)4 R re mit A1+A2 str = 73(81)89(97)105 M.
Die Fäden abschneiden und die M stilllegen.

Ein weiteres Dreieck genauso str, aber die Fäden nicht abschneiden und die M nicht stilllegen.

VORDERTEIL

Das erste Dreieck wieder auf die Nd heben.

Mit A1+A2 str und mit dem zweiten Dreieck beg:

Reihe 1 (Hin-R): *2 re zus – 34(38)42(46)50 re – 3aus1M – 34(38)42(46)50 re – 2 re verschr zus*.
Weiter über das erste Dreieck str:
Von * bis * wdh = 146(162)178(194)210 M.
Für das spätere Zusammennähen an beiden Seiten einen MM platzieren.
Reihe 2: Alle M re.

Insg 10(6)2(10)6 R wie Reihe 1-2 str.

Mit B1+B2 str:
Hin-R: Wie Reihe 1 str.
Rück-R: 1 re – li bis zur letzten M str – 1 re.
B1+B2 abschneiden.

Mit A1+A2 str:
10 R wie Reihe 1-2 str.

Weiter str, bis ab Beginn der Dreiecke 13 Streifen mit B1+B2 gestr sind.

Mit A1+A2 str:
10 R wie Reihe 1-2 str.
A1+A2 abschneiden.

Die Seiten der Arbeit messen ab den MM ca. 38(37)36(35)34 cm.

Die ersten 36(40)44(48)52 M stilllegen.
Die mittleren 74(82)90(98)106 M und die letzten 36(40)44(48)52 M separat stilllegen.

RÜCKEN

2 weitere Dreiecke str.
Zusammenfügen und wie am Vorderteil fertig str.

Die ersten und die letzten 36(40)44(48)52 M separat stilllegen.
Die mittleren 74(82)90(98)106 M auf der Nd lassen.

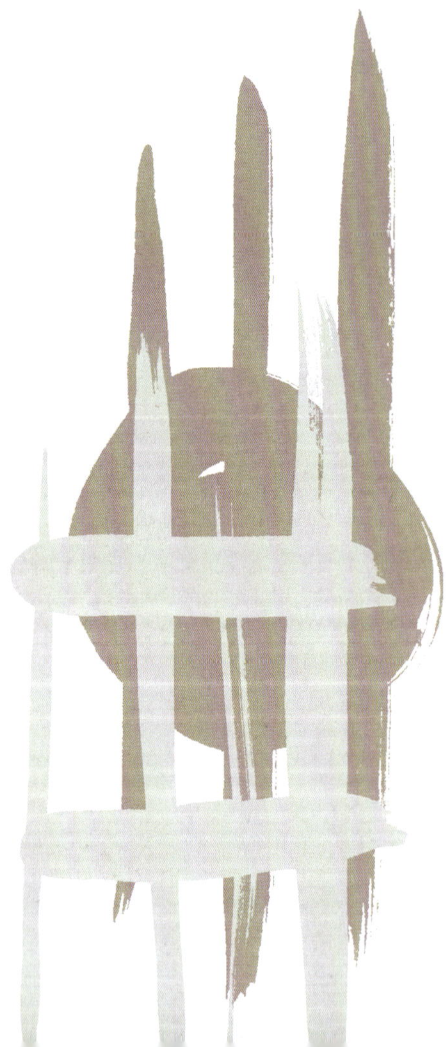

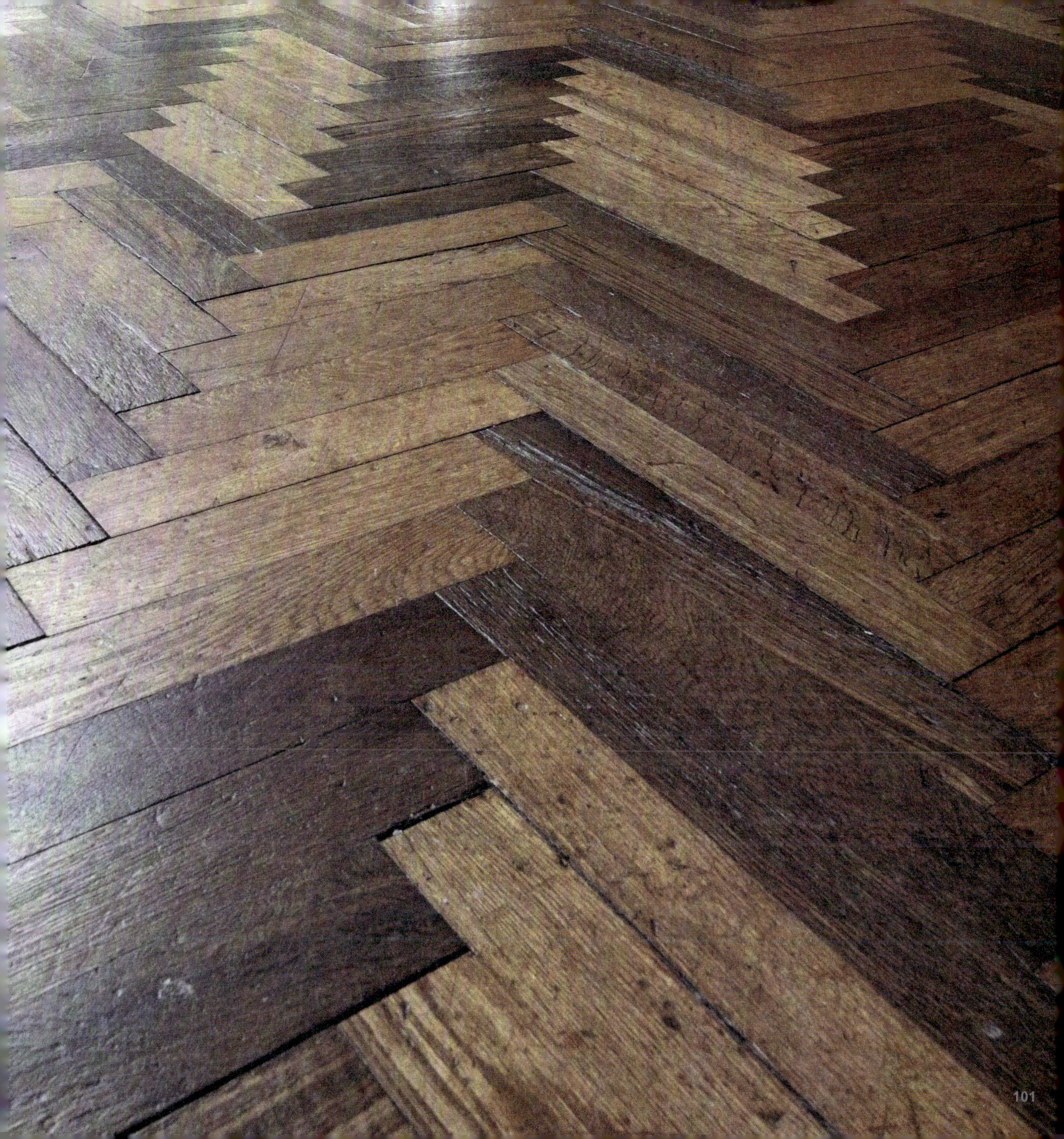

NACKEN

Über die mittleren 74(82)90(98)106 Rücken-M mit Nd Nr. 3½ str.

Mit B1+B2 str:
Reihe 1 (Hin-R): 2 re zus – re mit Abn wie bisher str – die R re zu Ende str = 71(79)87(95)103 M.
Reihe 2: 2 re zus – li bis zur letzten M str – 1 re = 70(78)86(94)102 M.

Mit A1+A2 str:
Reihe 3: 2 re zus – re mit Abn wie bisher str – die R re zu Ende str = 67(75)83(91)99 M.
Reihe 4: 2 re zus – die R re zu Ende str = 66(74)82(90)98 M.

Reihe 5-12: Wie Reihe 3-4 str = 50(58)66(74)82 M.

Reihe 1-12 weitere 1(2)2(2)3-mal str = 26(10)18(26)10 M.

Gr. S(XL):
Reihe 1-10 str = 6 M.

Gr. (M)XXL:
Reihe 1-2 str = (6) M.

Gr. L:
Reihe 1-6 str = 6 M.

Alle Gr.:
Nächste R (Hin-R): 3 re zus – 3 re verschr zus. Den Faden abschneiden und durch die letzten 2 M ziehen.

ÄRMEL

5 M mit A1+A2 auf Nd Nr. 3½ anschl.

Ein DREIECK wie am unteren Rand beg und enden wenn 2(3)3(3)3 Streifen mit B1+B2 gestr sind.

Mit A1+A2 str:
8(0)0(4)4 R re mit Zun wie zuvor str = 65(73)73(81)81 M.
Für das spätere Zusammennähen an beiden Seiten einen MM platzieren.

Die mittlere M markieren.
Mit A1+A2 str:
Reihe 1 (Hin-R): 2 re zus – re bis zur Mittel-M str – 3aus1M – re bis zu den letzten 2 M str – 2 re verschr zus.
Reihe 2: Alle M re str.

Fortlaufend im Muster und mit B1+B2 die glatten Streifen str.

Nach den MM 8(6)10(6)12 R str und dann mit Zun beg, indem die Abn am Beginn und Ende der R weggelassen werden:
Reihe 1 (Hin-R): Re bis zur Mittel-M str – 3aus1M – die R re zu Ende str = 67(75)75(83)83 M.

Insg 16(16)20(20)26 Zun (durch Weglassen der Abn am Beginn und Ende der R) in jeder 8.(8.)6.(6.)4. R str = 97(105)113(121)133 M.

Weiter str, bis nach den MM 11(10)10(10)9 Streifen mit B1+B2 und noch 9(9)7(7)5 R mit A1+A2 gestr sind.

In der nächsten R die Mittel-M abk (Rück-R): 48(52)56(60)66 re – die nächste M abk – die R re zu Ende str.

Jede Seite für sich fertig str.

Gr. S(M):
Mit B1+B2 str:
Reihe 1 (Hin-R): 2 re zus – die R re zu Ende str = 47(51) M.
Reihe 2: 1 M abk – li bis zur letzten M str – 1 re = 46(50) M.
Mit A1+A2 str:
Reihe 3: 2 re zus – die R re zu Ende str = 45(49) M.
Reihe 4: 1 M abk – die R re zu Ende str = 44(48) M.
Reihe 5-12: Wie Reihe 3-4 str= 36(40) M.
A1+A2 abschneiden.

Gr. L(XL):
Mit A1+A2 str:
Reihe 1 (Hin-R): 2 re zus – die R re zu Ende str = 55(59) M.
Reihe 2: 1 M abk – die R re zu Ende str = 54(58) M.
Mit B1+B2 str:
Reihe 3 (mit Zun): Die R re zu Ende str.
Reihe 4: 1 M abk – li bis zur letzten M str – 1 re = 53(57) M.
Mit A1+A2 str:
Reihe 5: 2 re zus – die R re zu Ende str = 52(56) M.
Reihe 6: 1 M abk – die R re zu Ende str = 51(55) M.
Reihe 7-8: Wie Reihe 5-6 str = 49(53) M.
Reihe 9 (mit Zun): Die R re zu Ende str.
Reihe 10: 1 M abk – die R re zu Ende str = 48(52) M.
Reihe 11-14: Wie Reihe 5-6 str = 44(48) M.
A1+A2 abschneiden.

Gr. XXL:
Mit A1+A2 str:
Reihe 1 (Hin-R): 2 re zus – die R re zu Ende str = 65 M.
Reihe 2: 1 M abk – die R re zu Ende str = 64 M.
Reihe 3 (mit Zun): Die R re zu Ende str.
Reihe 4: 1 M abk – die R re zu Ende str = 63 M.
Mit B1+B2 str:

Reihe 5: 2 re zus – die R re zu Ende str = 62 M.
Reihe 6: 1 M abk – li bis zur letzten M str – 1 re = 61 M.

Mit A1+A2 str:
Reihe 7 (mit Zun): Die R re zu Ende str.
Reihe 8: 1 M abk – die R re zu Ende str = 60 M.
Reihe 9: 2 re zus – die R re zu Ende str = 59 M.
Reihe 10: 1 M abk – die R re zu Ende str = 58 M.
Reihe 11-16: Wie Reihe 9-10 str = 52 M.
A1+A2 abschneiden.

Alle Gr.:
Mit B1+B2 str:
Reihe 1 (Hin-R): Die R re zu Ende str.
Reihe 2: 1 re – li bis zur letzten M str – 1 re.

Die rechte Vorderteilseite wieder auf eine Nd heben und mit den Ärmel-M zus str.
Dafür die Teile mit den Außenseiten aneinanderlegen und beide Maschensätze mit B1+B2 zus str und gleichzeitig dabei abk.

Die zweite Ärmelseite str:

Gr. S(M):
Mit B1+B2 str:
Reihe 1 (Hin-R): Die erste M abk – re bis zu den letzten 2 M str – 2 re zus = 46(50) M.
Reihe 2: 1 re – li bis zur letzten M str – 1 re.
Mit A1+A2 str:
Reihe 3: Die erste M abk – re bis zu den letzten 2 M str – 2 re zus = 44(48) M.
Reihe 4: Alle M re str.
Reihe 5-12: Wie Reihe 3-4 str = 36(40) M.
A1+A2 abschneiden.

Gr. L(XL):
Mit A1+A2 str:
Reihe 1 (Hin-R): Die erste M abk – re bis zu den letzten 2 M str – 2 re zus = 54(58) M.
Reihe 2: Alle M re str.
Mit B1+B2 str:
Reihe 3 (mit Zun): 1 M abk – die R re zu Ende str = 53(57) M.
Reihe 4: 1 re – li bis zur letzten M str – 1 re.
Mit A1+A2 str:
Reihe 5: Die erste M abk – re bis zu den letzten 2 M str – 2 re zus = 51(55) M.
Reihe 6: Alle M re str.
Reihe 7-8: Wie Reihe 5-6 str = 49(53) M.
Reihe 9 (mit Zun): 1 M abk – die R re zu Ende str = 48(52) M.
Reihe 10: Alle M re str.
Reihe 11-14: Wie Reihe 5-6 str = 44(48) M.
A1+A2 abschneiden.

Gr. XXL:
Mit A1+A2 str:
Reihe 1 (Hin-R): Die erste M abk – re bis zu den letzten 2 M str – 2 re zus = 64 M.
Reihe 2: Alle M re str.
Reihe 3 (mit Zun): 1 M abk – die R re zu Ende str = 63 M.
Reihe 4: Alle M re str.
Mit B1+B2 str:
Reihe 5: Die erste M abk – re bis zu den letzten 2 M str – 2 re zus = 61 M.
Reihe 6: 1 re – li bis zur letzten M str – 1 re.
Mit A1+A2 str:
Reihe 7 (mit Zun): 1 M abk – die R re zu Ende str = 60 M.
Reihe 8: Alle M re str.
Reihe 9: Die erste M abk – re bis zu den letzten 2 M str – 2 re zus = 58 M.
Reihe 10: Alle M re str.
Reihe 11-16: Wie Reihe 9-10 str = 52 M.
A1+A2 abschneiden.

Alle Gr.:
Die rechte Seite des Rückens wieder auf eine Nd heben
Mit den Ärmel-M zus str und gleichzeitig dabei abk.

Den zweiten Ärmel auf die gleiche Weise str.
Die erste Ärmelseite mit der linken Seite des Rückens zus str.
Die zweite Ärmelseite mit der linken Seite des Vorderteils zus str.

HALSRAND

Die restlichen Vorderteil-M wieder auf eine Nd heben.

Mit B1+B2 und Nd Nr. 3 str:
Zwischen rechtem Ärmel und Rücken beg: 21(23)25(28)30 M bis zur Rückenmitte heraus str – 1 M aus der Mitte – 21(23)25(28)30 M bis zum linken Ärmel – 8(8)9(9)10 M bis zur Ärmelmitte – 2 M aus der Ärmelmitte – 8(8)9(9)10 M bis zum Vorderteil heraus str – *2 re zus – 33(37)41(45)49 re – 2 re verschr zus*. Wieder von * bis * str – 8(8)9(9)10 M bis zur Ärmelmitte heraus str – 2 M aus der Ärmelmitte – 8(8)9(9)10 M bis zum Rücken heraus str = 149(161)177(191)207 M.

1 Rd re str.
B1+B2 abschneiden.

Mit A1+A2 str:
Rd 1: 2 re zus – 39(43)47(53)57 re – 2 re verschr zus – 2 re zus – 14(14)16(16)18 re – 2 re verschr zus – 33(37)41(45)49 re – 2 re verschr zus – 2 re zus – 33(37)41(45)49 re – 2 re zus – 14(14)16(16)18 re – 2 re verschr zus = 141(153)169(183)199 M.
Rd 2: Alle M li str.

Rd 3: 2 re zus – 37(41)45(51)55 re – 2 re verschr zus – 2 re zus – 12(12)14(14)16 re – 2 re verschr zus – 2 re zus – 30(34)38(42)46 re – 2 re verschr zus – 2 re zus – 30(34)38(42)46 re – 2 re verschr zus – 2 re zus – 12(12)14(14)16 re – 2 re verschr zus = 131(143)159(173)189 M.
Rd 4: Alle M li str.

Rd 5: 2 re zus – 35(39)43(49)53 re – 2 re verschr zus – 2 re zus – 10(10)12(12)14 re – 2 re verschr zus – 30(34)38(42)46 re – 2 re verschr zus – 2 re zus – 30(34)38(42)46 re – 2 re zus – 10(10)12(12)14 re – 2 re verschr zus = 123(135)151(165)181 M.
Rd 6: Alle M li str.

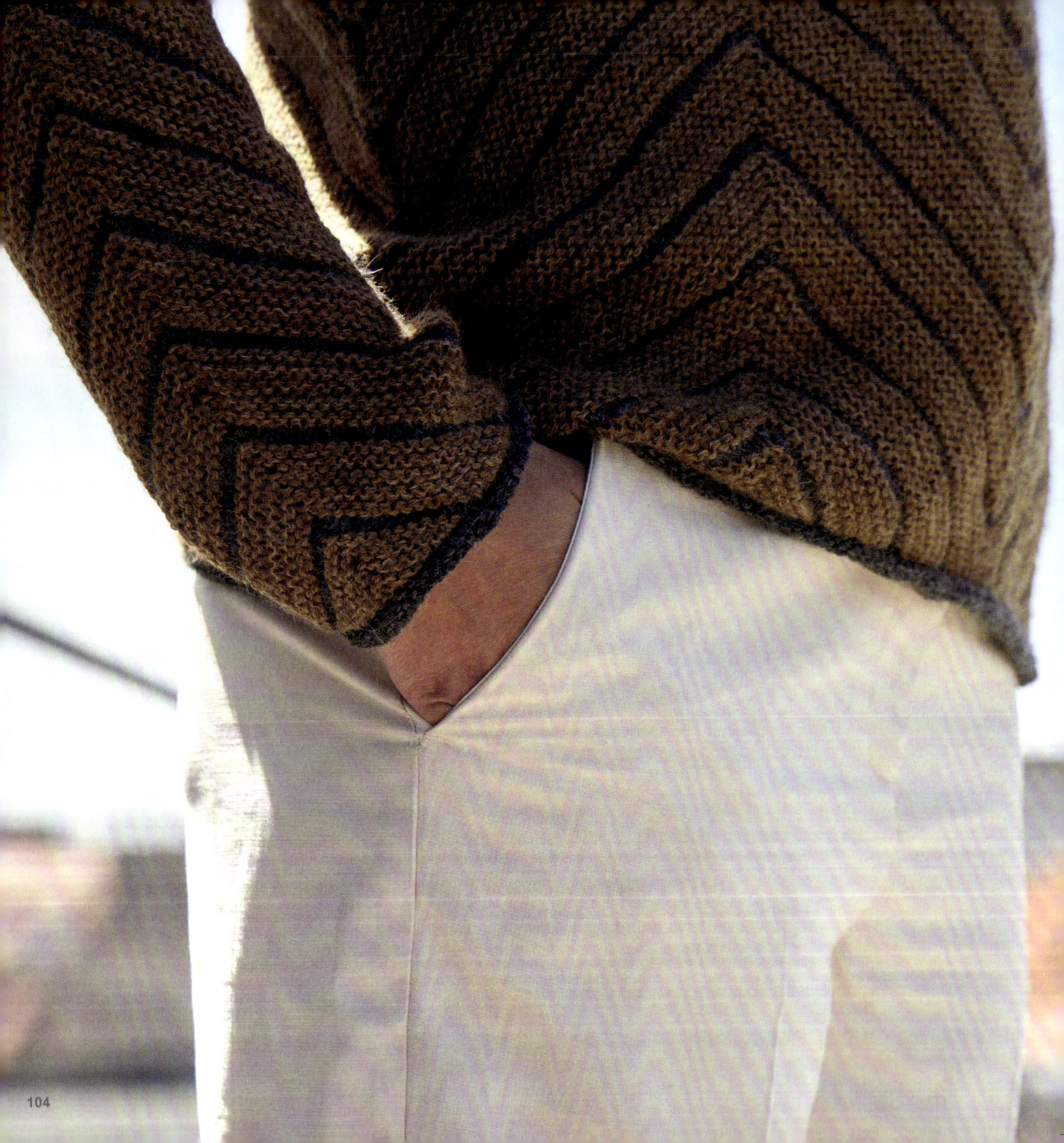

Rd 7: 2 re zus – 33(37)41(47)51 re – 2 re verschr zus – 2 re zus – 8(8)10(10)12 re – 2 re verschr zus – 2 re zus – 27(31)35(39)43 re – 2 re verschr zus – 2 re zus – 27(31)35(39)43 re – 2 re verschr zus – 2 re zus – 8(8)10(10)12 re – 2 re verschr zus = 113(125)141(155)171 M.
Rd 8: Alle M li str.

Rd 9: 2 re zus – 31(35)39(45)49 re – 2 re verschr zus – 2 re zus – 6(6)8(8)10 re – 2 re verschr zus – 27(31)35(39)43 re – 2 re verschr zus – 2 re zus – 27(31)35(39)43 re – 2 re zus – 6(6)8(8)10 re – 2 re verschr zus = 105(117)133(147)163 M.
Rd 10: Alle M li str.

Gr. S(M): Weiterlesen bei Rd 13.

Gr. L(XL)XXL:
Rd 11: 2 re zus – 37(43)47 re – 2 re verschr zus – 2 re zus – 6(6)8 re – 2 re verschr zus – 2 re zus – 32(36)40 re – 2 re verschr zus – 2 re zus – 32(36)40 re – 2 re verschr zus – 2 re zus – 6(6)8 re – 2 re verschr zus = 123(137)153 M.
Rd 12: Alle M li str.

Alle Gr.:
Mit B1+B2 str:
Rd 13: 2 re zus – 29(33)35(41)45 re – 2 re verschr zus – 2 re zus – 4(4)4(4)6 re – 2 re verschr zus – 2 re zus – 24(28)30(34)38 re – 2 re verschr zus – 2 re zus – 24(28) 30(34)38 re – 2 re verschr zus – 2 re zus – 4(4)4(4)6 re – 2 re verschr zus = 95(107)113(127)143 M.

3 Rd re str.
Alle M locker abk.

FERTIGSTELLUNG

Von außen die Ärmel- und Seitennähte von MM zu MM zus nähen.
Alle losen Fäden vernähen.

ÄRMELRAND

Von der Außenseite 44(48)48(52)52 M rund um den Ärmelrand mit B1+B2 und Nd Nr. 3 heraus str.
An der Ärmelnaht beg.

4 Rd re str.
Die M abk und die Fäden vernähen.

Am zweiten Ärmel wdh.

UNTERER RAND

Den unteren Rand in 8 gleich große Abschnitte teilen und dazwischen jeweils MM platzieren.
An einer Seitennaht beg und von der Außenseite je 24(26)29(31)34 M aus den 8 markierten Abschnitten mit B1+B2 und Nd Nr. 3 heraus str = 192(208)232(248)272 M.

4 Rd re str.
Die M abk und die Fäden vernähen.

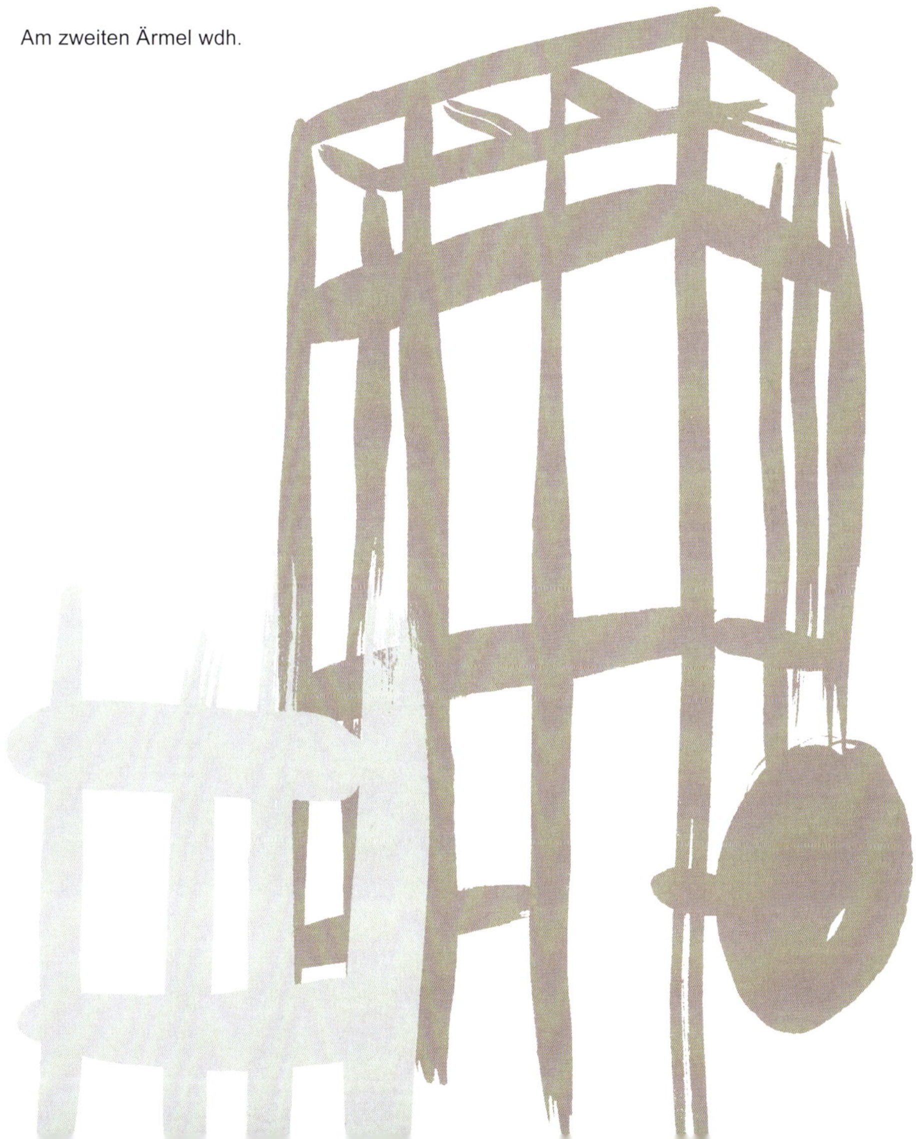

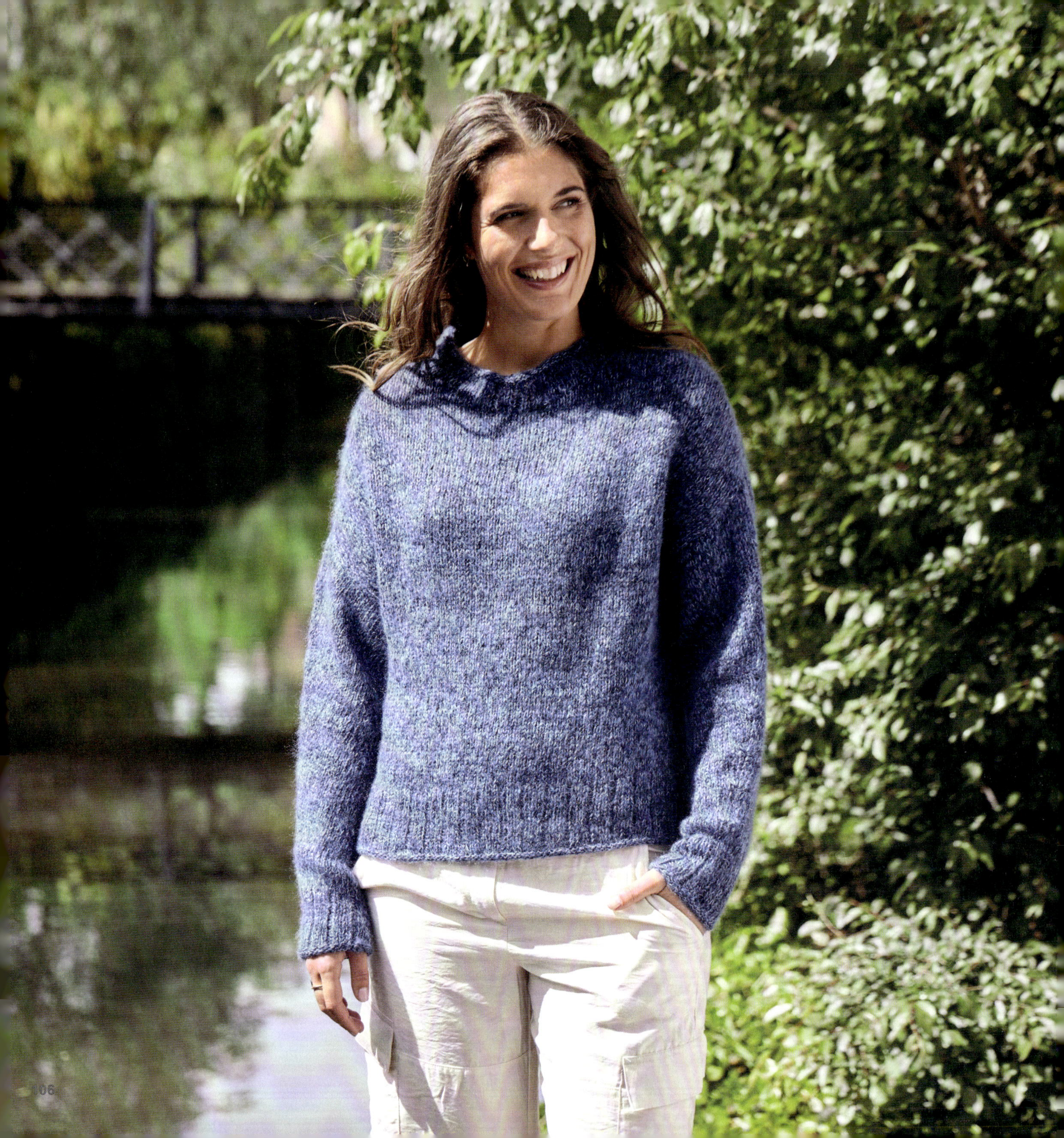

Der Fluss

Der Århuser Fluss wurde in den 1920er-Jahren wegen des zunehmenden Verkehrsaufkommens in der Stadt versiegelt.

Als ich in Aarhus ankam, war der Fluss noch bedeckt. Und was war das für ein Aufruhr, als 1989 beschlossen wurde, den Fluss vom Hafen bis zum Brabrandsøen freizulegen – und das durch das gesamte Stadtzentrum ...

Die Geschäftsleute waren wütend. Der Åboulevarden würde sich von einer stark befahrenen Straße in eine schmale Straße verwandeln, und die Parkplätze würden verschwinden. Viele sagten das Ende des Stadtzentrums voraus. Doch zum Glück blieben die Politiker standhaft.

Die Neugestaltung wurde 2014 abgeschlossen, und heute ist der Fluss eine große Bereicherung für das Stadtzentrum von Aarhus. Es wurden Cafébereiche und viele kleine Orte für Verschnaufpausen geschaffen. Jetzt möchte niemand mehr darauf verzichten.

Gr: S(M)L(XL)XXL

Halbe Oberweite: 50(55)60(65)70 cm
Länge: 58 cm
Ärmellänge: 46(44)40(39)37 cm

Material
200(250)250(250)300 g Isager Tweed Farbe Navy
100(125)125(125)150 g Isager Silk Mohair Farbe 44
Mit je 1 Faden beider Qualitäten stricken

Rund- und Strumpfnadeln Nr. 3½ und 4½

Maschenprobe glatt rechts auf Nd Nr. 4½: 10 cm = 17 M und 23 R

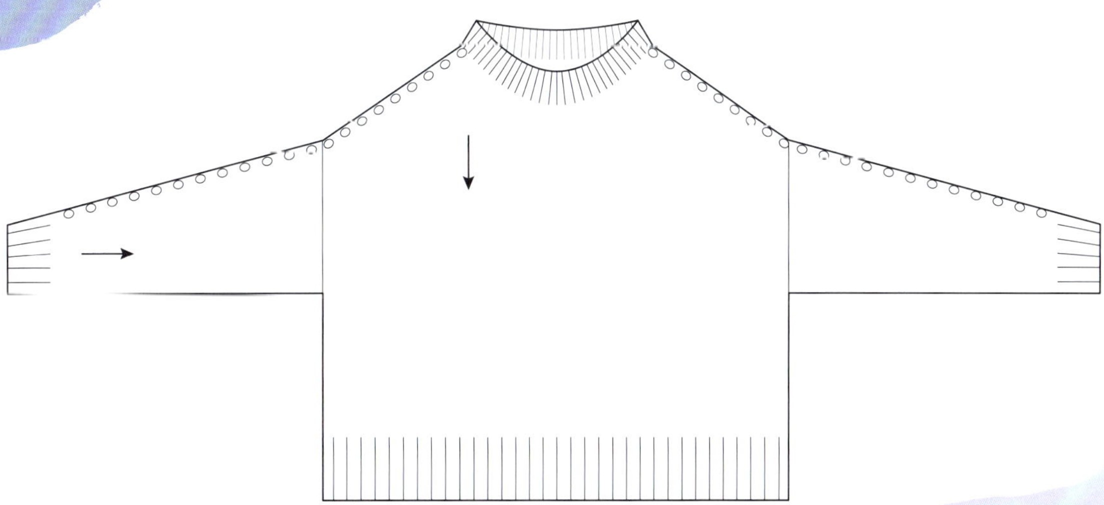

5aus1M: *In die nächste M eine R tiefer einstechen und 1 re str, aber nicht von der linken Nd heben, U*. Noch einmal von * bis * str. Zum Schluss aus derselben M noch 1 re str und nun die M von der linken Nd heben = 5 M.

Der Pullover wird von oben nach unten gestrickt.

PASSE

41(41)41(45)45 M auf Nd Nr. 4½ mit beiden Qualitäten anschl.

Reihe 1 (Rück-R): 1 re – li bis zur letzten M str – 1 re.

Reihe 2 mit Zun für die Schulter und den Halsausschnitt: 1 re – 5aus1M – 37(37)37(41)41 re – 5aus1M – 1 re – 1 neue M anschl = 50(50)50(54)54 M.
Reihe 3 mit Zun am Ausschnitt:
1 re – li bis zum R-Ende str – 1 neue M anschl = 51(51)51(55)55 M.

Reihe 4 mit Zun an Schulter und Ausschnitt: 4 re – 5aus1M – 41(41)41(45)45 re – 5aus1M – 4 re – 1 neue M anschl = 60(60)60(64)64 M.
Reihe 5 mit Zun am Ausschnitt: Wie Reihe 3 str = 61(61)61(65)65 M.

Reihe 6 mit Zun an Schulter und Ausschnitt: *Re bis zur mittleren M der letzten Zun str – 5aus1M*. Von * bis * wdh – re zum R-Ende str – 1 neue M anschl = 70(70)70(74)74 M.
Reihe 7 mit Zun am Ausschnitt: Wie Reihe 3 str = 71(71)71(75)75 M.

Die Schulter-Zun in allen Hin-R wie bisher str, aber für den Halsausschnitt beidseitig 2(2)2(3)3-mal am R-Ende nun 2 M anschl = 95(95)95(111)111 M.

Die Schulter-Zun in allen Hin-R wie bisher weiter str, aber für den Halsausschnitt beidseitig 2-mal am R-Ende nun 3 M anschl = 123(123)123(139)139 M.

Die Zun wie bisher str – 9 M am R-Ende anschl = 140(140)140(156)156 M.
Es sind nun beidseitig 8(8)8(9)9 Schulter-Zun gestr.

Die Arbeit zur Runde schließen.
Rd 1: Alle M re str.
Rd 2: *Re bis zur mittleren M der letzten Zun str – 5aus1M*. Von * bis * wdh – die R re zu Ende str = 148(148)148(164)164 M.

Runde 1-2 weitere 2(4)6(6)8-mal str = 164(180)196(212)228 M.

1 Rd re str.
Die Passe misst 10(12)13(14)16 cm.

Für die Armausschnitte abk und Vorderteil und Rücken einzeln weiter str:
Re über das Vorderteil bis zur mittleren M der letzten Zun str – die mittlere M abk – re über den Rücken bis zur mittleren M der letzten Zun str – die mittlere M abk – re über das Vorderteil bis zur abgek M str.
Die Rücken-M stilllegen

VORDERTEIL

39(41)45(49)51 R glatt rechts über die 81(89)97(105)113 Vorderteil-M hin und her str, dabei die erste und letzte M in allen R re str.

Der Armausschnitt misst 17(18)20(21)22 cm.
Die Fäden abschneiden und die M stilllegen.

RÜCKEN

Die 81(89)97(105)113 Rücken-M wieder auf die Nd heben und wie das Vorderteil str.
Mit einer Rück-R beg.
Die Fäden nicht abschneiden

RUMPF

Die Vorderteil-M wieder auf die Nd heben.
Re über die 81(89)97(105)113 Rücken-M str – 5 neue M anschl – re über die 81(89)97(105)113 Vorderteil-M str – 5 neue M anschl = 172(188)204(220)236 M.

Zur Runde schließen und glatt rechts str, bis die Arbeit ab dem Nacken 49 cm misst.

8 cm Rippen str: *3 re – 1 li*.
Von * bis * wdh.

Zu Nd Nr. 3½ wechseln.
2 Rd li str.

Alle M li abketten.

ÄRMEL

36(36)40(40)40 M mit beiden Qualitäten auf Strumpf-Nd Nr. 3½ anschl.

Die Arbeit wenden und 1 R li str.
Zur Runde schließen und 1 Rd li str.

Zu Nd Nr. 4½ wechseln.
8 cm Rippen str: 1 re – *1 li – 3 re*.
Von * bis * wdh. Enden mit 1 li – 2 re.

Zunahme str: 1 re – 1 neue re (s. Abk.) – 35(35)39(39)39 re = 37(37)41(41)41 M.

5(5)3(3)3 Rd re str.

1. Ärmelzunahme: 18(18)20(20)20 re – 5aus1M – 18(18)20(20)20 re = 41(41)45(45)45 M.

10(8)7(5)4 Rd re str.

2. Ärmelzunahme: Re bis zur mittleren M der letzten Zun str – 5aus1M – re die Rd zu Ende str = 45(45)49(49)49 M.

Die Ärmelzunahme in jeder 11.(9.)8.(6.)5.Rd wdh, bis insg 8(9)9(11)12 Zunahme-Rd gestr sind = 69(73)77(85)89 M.

Nach der letzten Zun noch 2(2)4(4)4 Rd str.

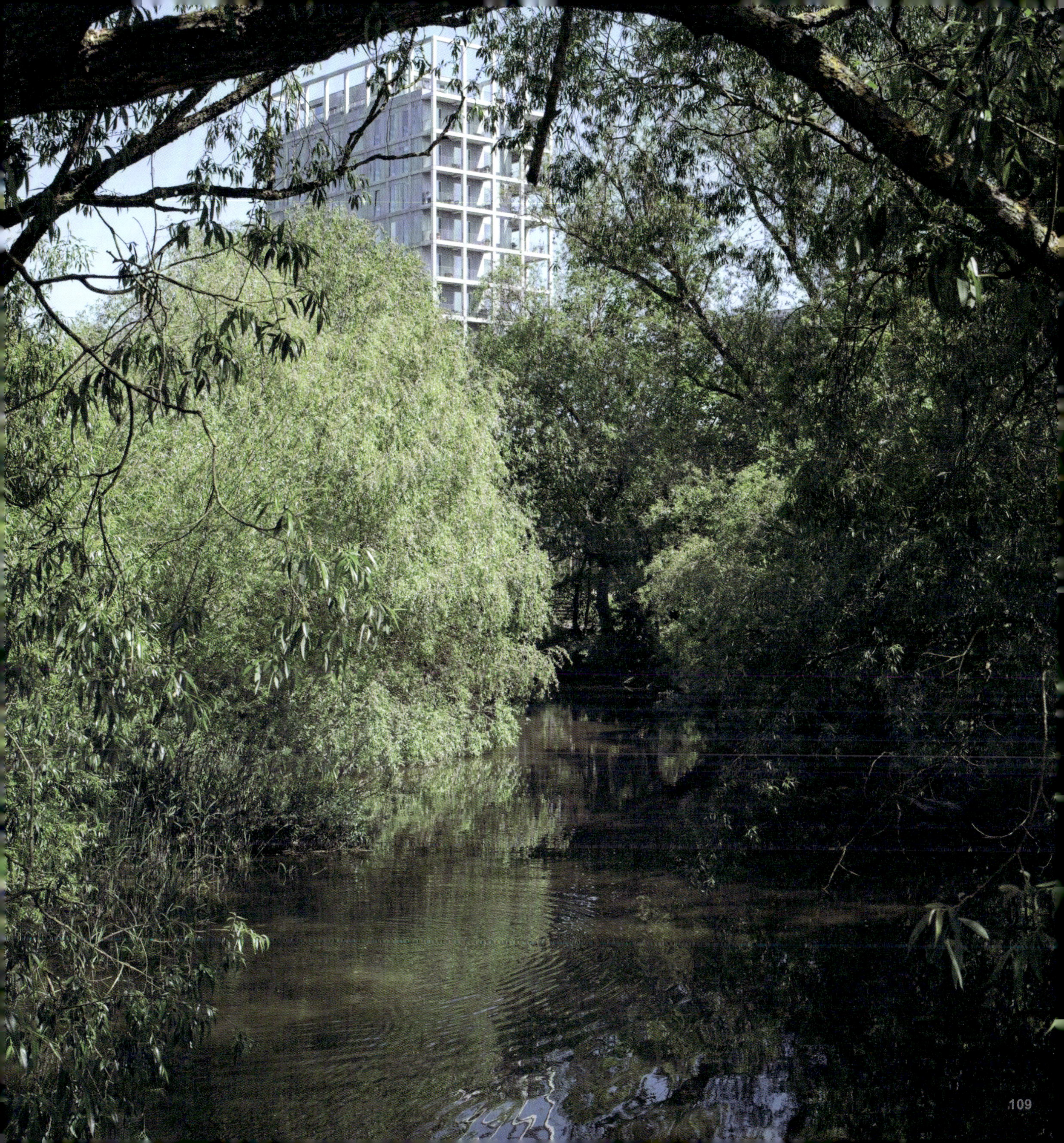

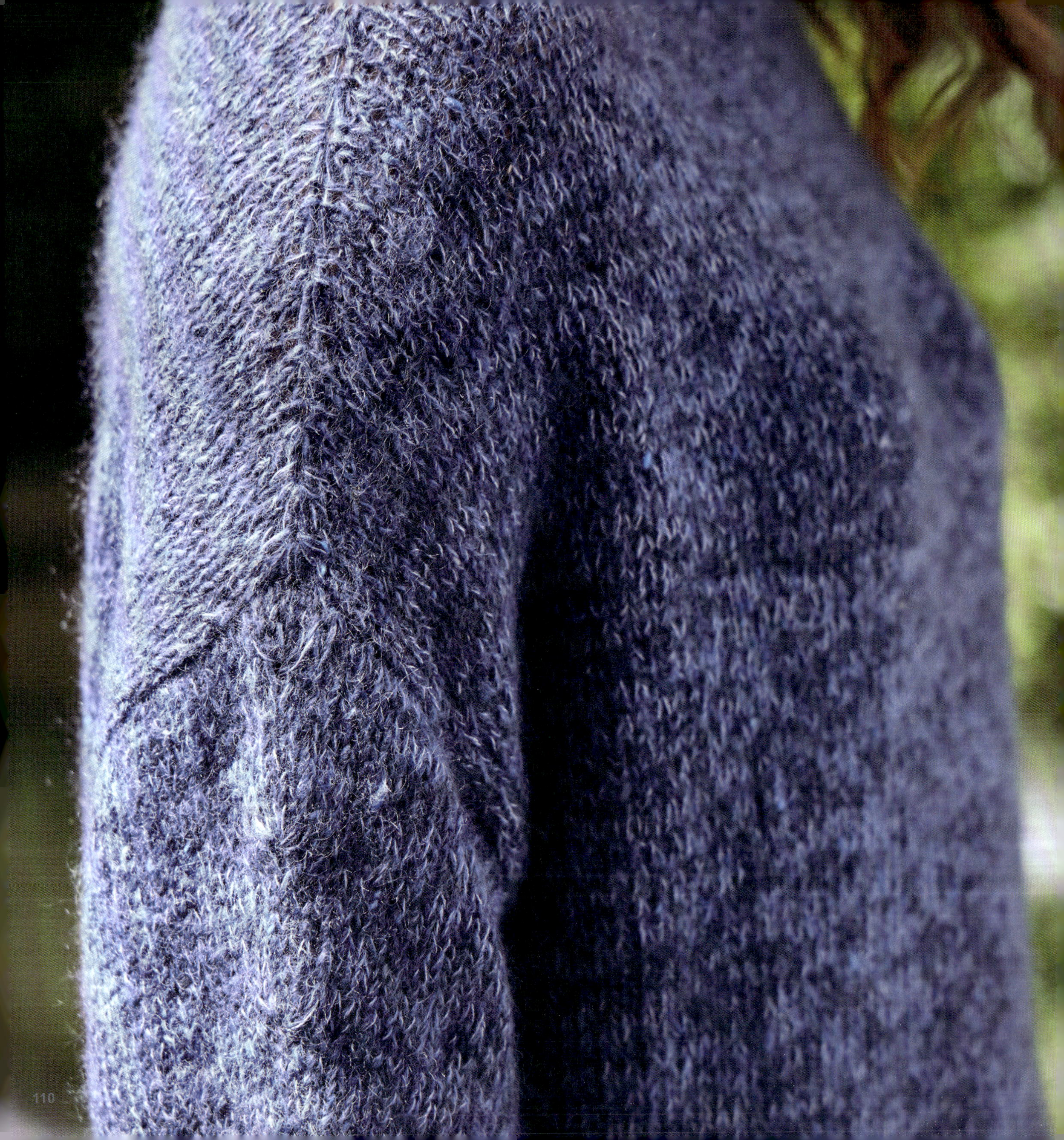

Der Ärmel misst ca. 46(44)40(39)37 cm.
Alle M re abketten.

Den zweiten Ärmel genauso str.

HALSBÜNDCHEN

Rund um den Halsausschnitt neue M mit beiden Qualitäten und Nd Nr. 4½ heraus str:

37(37)37(41)41 M aus den Nacken-M – 1 M aus der Zunahme-M – 20(20)20(21)23 M aus der linken Ausschnittseite – 9 M aus den angeschl M in der Vorderteilmitte – 20(20)20(21)23 M aus der rechten Ausschnittseite – 1 M aus der Zunahme-M str = 88(88)88(94)98 M.

9 Rd Rippen str: *3 re – 1 li*.
Von * bis * wdh.

Zu Nd Nr. 3½ wechseln.
2 Rd li str.
Alle M li abketten.

FERTIGSTELLUNG

Die Ärmel vor dem Einnähen mit Nadeln in die Armausschnitte heften und von außen einnähen.
Alle losen Fäden vernähen.

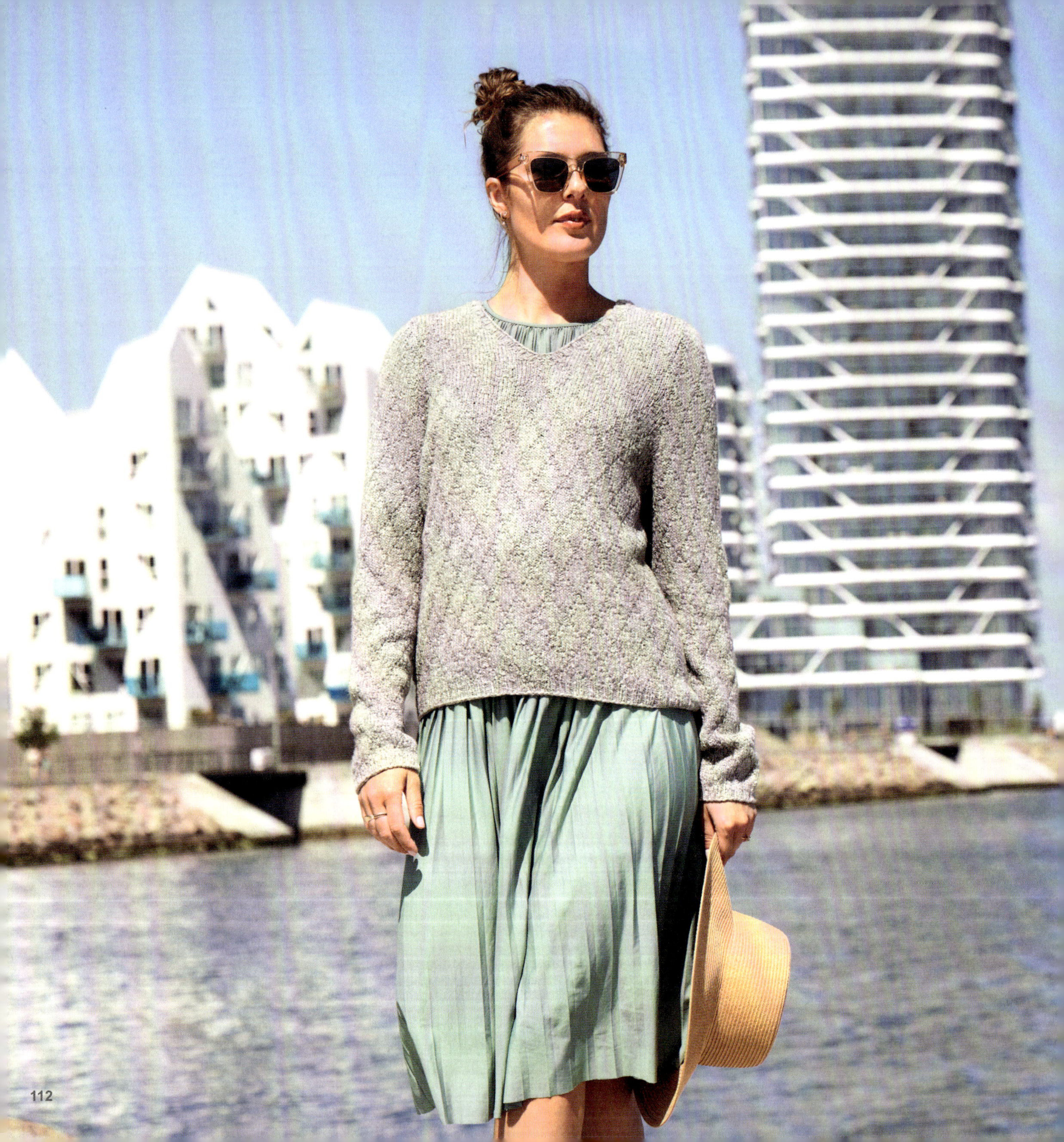

Aarhus Ø

Aarhus Ø – unser neues Viertel .

Unten am Hafen, „wo sich das Meer an der Mole bricht“, hatte jemand eine Idee. Ob die Idee gut oder schlecht war, darüber werden wir hier in Aarhus ewig diskutieren.

„Es ist windig“, sagen diejenigen mit empfindlichen Ohren. „Es ist innovativ“, sagen diejenigen, die Veränderungen brauchen. Tatsache ist jedoch, dass Aarhus Ø hier ist, um zu bleiben. Und es findet langsam seine eigene Form, mit gemütlichen Cafés, guten Restaurants, kleinen Geschäften und lustigen Hafenhäusern.

Gr: S(M)L(XL)XXL

Halbe Oberweite: 48(56)60(64)68 cm
Länge: 56 cm
Ärmellänge ab Armausschnitt: 42(41)40(39)38 cm

Material
400(450)450(450)500 g Isager ECO BABY Farbe E4s

Rund- und Strumpfnadeln Nr. 3½ und 4

Maschenprobe glatt rechts auf Nd Nr. 4:
10 cm = 19 M und 29 R

Maschenprobe im Muster auf Nd Nr. 4:
10 cm = 20 M und 30 R

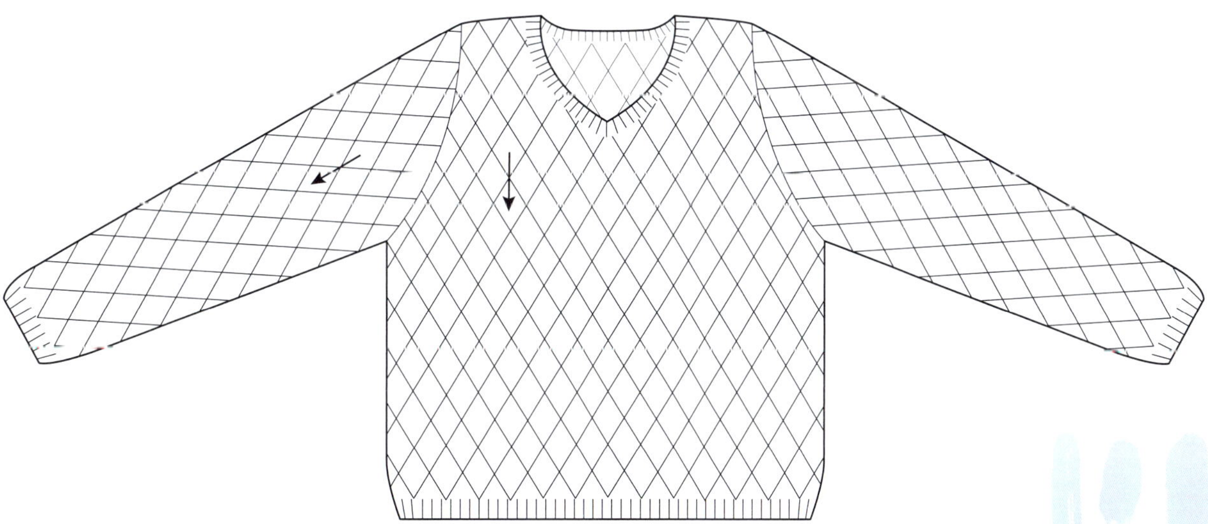

Der Pullover wird von oben nach unten gestrickt.

RECHTE SCHULTER

18 M auf Nd Nr. 4 für die rechte Schulter anschl.

Reihe 1 (Rück-R): 1 re – 1. Diagramm-R str – 1 re.
Reihe 2: 1 re – 2. Diagramm-R str – 1 re.
Reihe 1-2 wdh, bis insg 7 R gestr sind.
Die letzte R ist eine Rück-R.
Den Faden abschneiden.

LINKE SCHULTER

Die linke Schulter wie die rechte Schulter str.
Den Faden nicht abschneiden.

RÜCKEN

1 re – 17 M im Muster laut Diagramm über die linke Schulter str – 30(30)30(38)38 neue M anschl – 17 M im Muster laut Diagramm über die rechte Schulter str – 1 re = 66(66)66(74)74 M.

In Reihen hin und her im Muster laut Diagramm str, bis ab Schulteranschlag insg 39(39)31(39)39 R gestr sind.
Die letzte R ist eine Rück-R.

Das Muster laut Diagramm weiter str.
Für die Armausschnitte beidseitig 8(12)16(16)16-mal aus der letzten M 2aus1M str (s. Abk.) = 82(90)98(106)106 M.
Die neuen M in das Muster einfügen.

Beidseitig 2-mal am Ende der R 2 neue M anschl = 90(98)106(114)114 M.

Der Rücken misst ca. 20(22)22(25)25 cm.
Den Faden abschneiden und die M stilllegen.

RECHTES VORDERTEIL

Von der Außenseite 18 M mit Nd Nr. 4 aus der rechten Rückenschulter heraus str.

Reihe 1 (RückR): 1 re – 1. Diagramm-R – 1 re.
Reihe 2: 1 re – 2. Diagramm-R – 1 re.
Reihe 1-2 wdh, bis 15 R gestr sind.
Die letzte R ist eine Rück-R.

Im Muster laut Diagramm weiter str.
Gleichzeitig Zun für den Halsausschnitt str.
Dafür 13(13)9(13)13-mal aus der letzten M der Hin-R 2aus1M str = 31(31)27(31)31 M.
Die neuen M in das Muster einfügen.
Die letzte R ist eine Hin-R.

Die Zun für den Halsausschnitt fortsetzen und gleichzeitig Zun für den Armausschnitt str:
Beidseitig 2(2)6(6)6-mal aus der letzten M 2aus1M str = 35(35)39(43)43 M.
Die letzte R ist eine Hin-R.

Den Faden abschneiden und die M stilllegen.

LINKES VORDERTEIL

Von der Außenseite 18 M mit Nd Nr. 4 aus der linken Rückenschulter heraus str.

Reihe 1 (Rück-R): 1 re – 1. Diagramm-R str – 1 re.
Reihe 2: 1 re – 2. Diagramm-R str – 1 re.
Die Reihen 1-2 wdh, bis 15 R gestr sind.
Die letzte R ist eine Rück-R.

Im Muster laut Diagramm weiter str.
Gleichzeitig Zun für den Halsausschnitt str.
Dafür 13(13)9(13)13-mal aus der ersten M der Hin-R 2aus1M str = 31(31)27(31)31 M.
Die neuen M in das Muster einfügen.
Die letzte R ist eine Hin-R.

Die Zun für den Halsausschnitt fortsetzen und gleichzeitig Zun für den Armausschnitt str: Beidseitig 2(2)6(6)6-mal aus der ersten M 2aus1M str = 35(35)39(43)43 M.
Die letzte R ist eine Hin-R.

VORDERTEIL

Im Muster laut Diagramm fortsetzen.
Das rechte Vorderteil wieder auf die Nd heben.
Eine Rück-R über das linke Vorderteil str:
2aus1M – im Muster die R zu Ende str – weiter über das rechte Vorderteil str:
Im Muster bis zur letzten M str – 2aus1M = 72(72)80(88)88 M.

Für die Zun der Armausschnitte weitere 5(9)9(9)9-mal aus der ersten und letzten M jeder Rück-R 2aus1M str = 82(90)98(106)106 M.

Beidseitig 2-mal am Ende jeder R 2 M anschl = 90(98)106(114)114 M.

RUMPF

Die Rücken-M wieder auf die Nd heben.

Im Muster laut Diagramm fortsetzen.
Zur Runde schließen (Hin-R):
90(98)106(114)114 Vorderteil-M str – 6(14)14(14)22 neue M anschl – 90(98)106(114)114 Rücken-M str – 6(14)14(14)22 neue M anschl = 192(224)240(256)272 M.

189(217)233(249)261 M str.
Hier einen MM für den Rd-Beginn platzieren.

Im Muster über die Rumpf-M str, bis das Diagramm ab Beginn der Schulter 9-mal gestr ist.
Weitere 15 Rd laut Diagramm str.

Die Arbeit misst ab den Schultern ca. 54 cm.

Zu einer Rund-Nd 3½ wechseln.
Abnahmen str: 1 li – *2 re – 2 li zus*.
Von * bis * wdh. Enden mit 2 re – die letzte M mit der ersten M der nächsten Rd li zus str = 144(168)180(192)204 M.
Hier den MM für den neuen Rd-Beginn platzieren.

5 Rd Rippen str: *2 re – 1 li*. Von * bis * wdh.
Im Rippenmuster abketten.

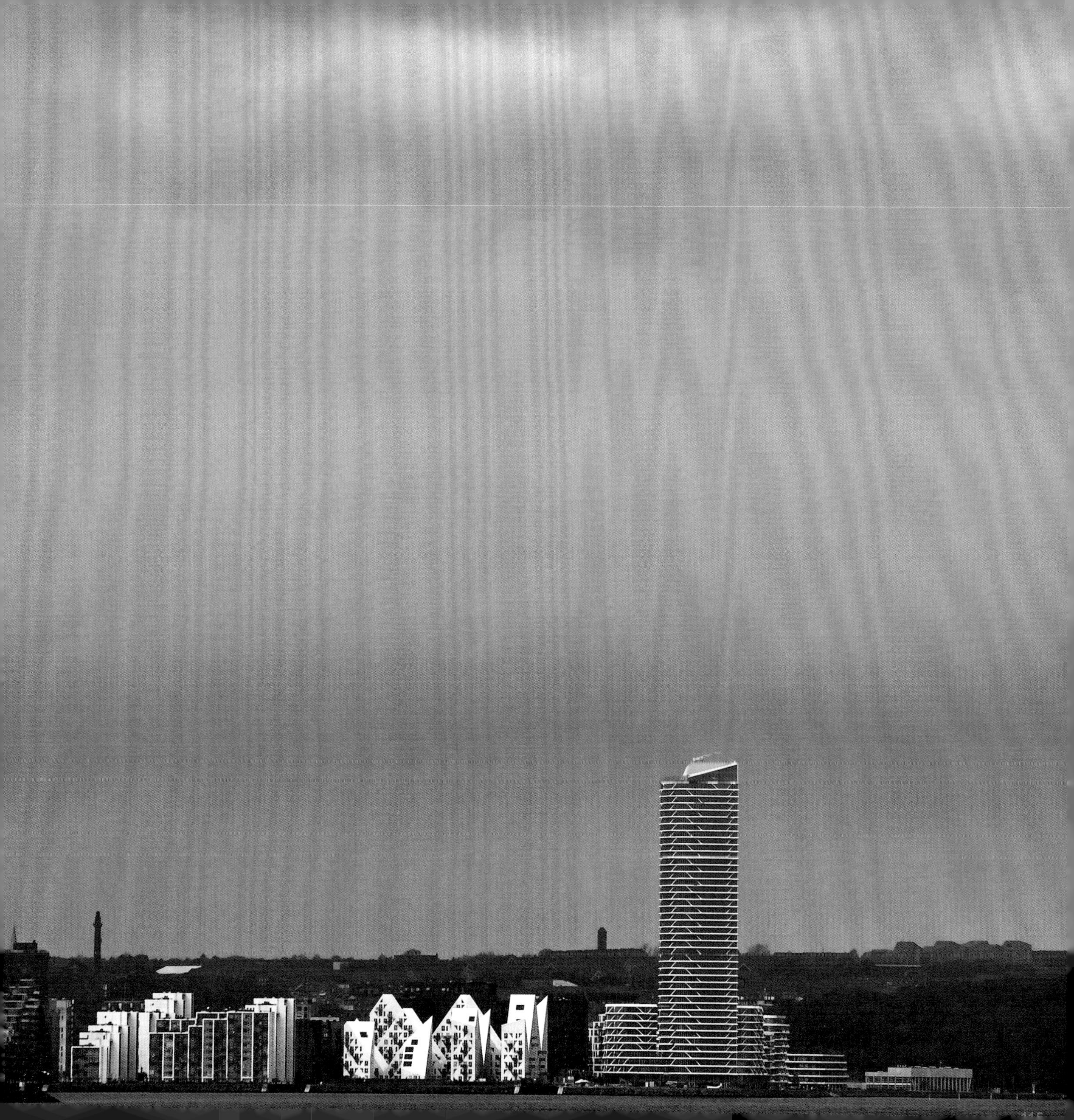

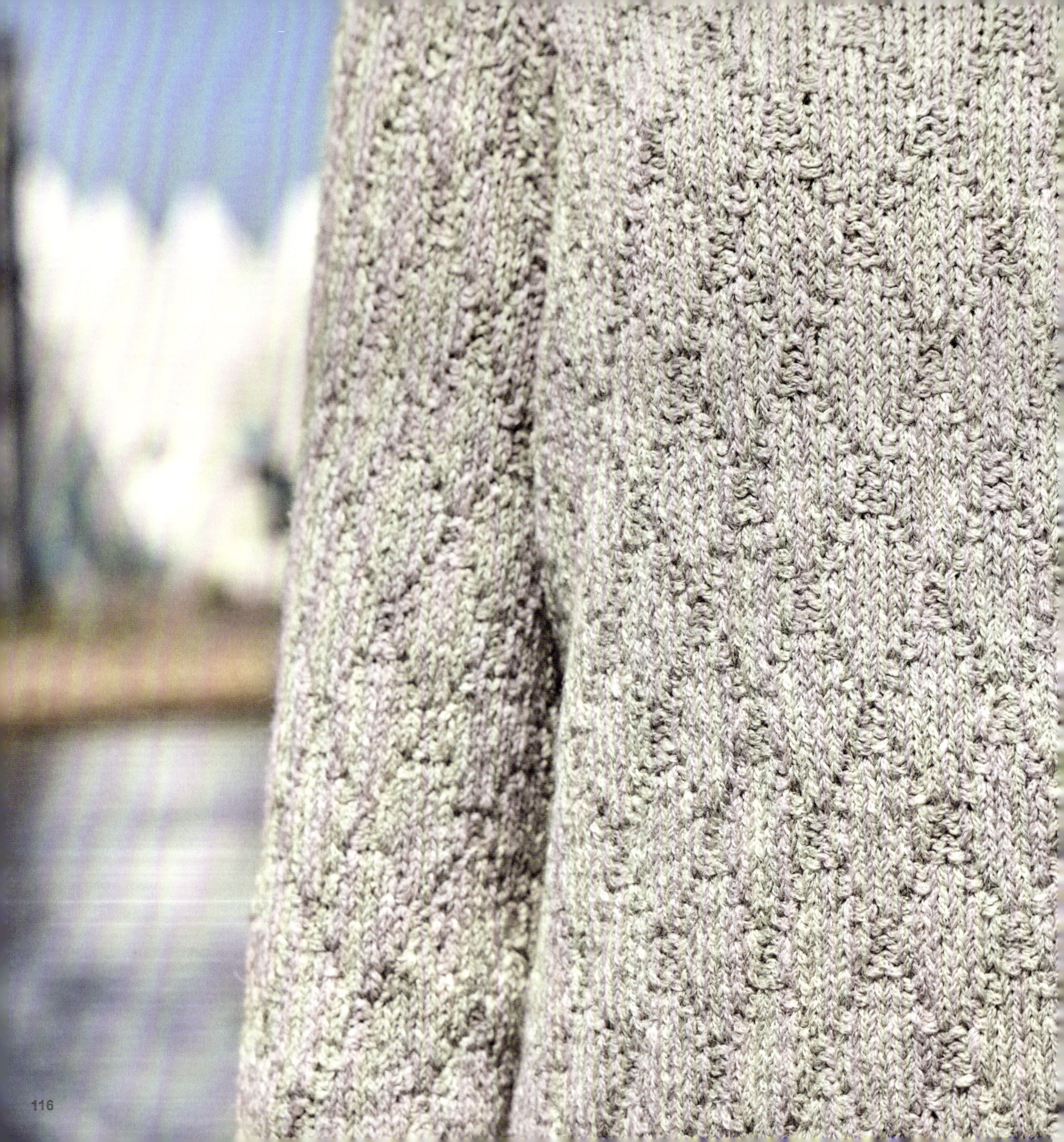

ÄRMEL

Der Ärmel wird von oben nach unten gestr.
18 M auf Nd Nr. 4 anschl.
Reihe 1 (Rück-R): 1 re – 1. Diagramm-R str – 1 re.

Reihe 2: 1 re – 2. Diagramm-R str – 2 neue M anschl = 20 M.
Reihe 3: 1 re – 3.Diagramm-R str – 2 neue M anschl = 22 M.

Im Muster laut Diagramm fortsetzen.
Reihe 2-3 weitere 2(3)3(4)4-mal str = 30(34)34(38)38 M.

Beidseitig 5(6)8(6)8-mal 1 M am R-Ende anschl = 40(46)50(50)54 M.

*2 R str, ohne neue M anzuschl.
2 R str und am Ende 1 neue M anschl* = 42(48)52(52)56 M.

Diese 4 R von * bis * insg 4(5)2(5)3-mal str = 48(56)54(60)60 M.

Beidseitig 5(4)8(5)7-mal 1 neue M am R-Ende anschl = 58(64)70(70)74 M.

Beidseitig 2-mal 2 M am R-Ende anschl = 66(72)78(78)82 M.

Beidseitig 1-mal 3 M am R-Ende anschl = 72(78)84(84)88 M.

Gr. (XL)XXL:
Beidseitig 1-mal 4 M am R-Ende anschl = (92)96 M.

Alle Gr.:
Nun ist die Armkugel fertig.
Im Muster laut Diagramm fortsetzen.
72(78)84(92)96 M str – 4 M anschl = 76(82)88(96)100 M.

Die Arbeit zur Runde schließen.
74(80)86(94)98 M str.
Einen MM für den Rd-Beginn platzieren.

9(7)5(5)3 Rd im Muster str.
Nun Abn je nach Muster re oder li zus str, d.h. folgt laut Muster 1 rechte M, so werden 2 re zus/ 2 re verschr zus gestr – folgt laut Muster 1 linke M, so werden 2 li zus/ 2 li verschr zus gestr.
1. Abnahme: 2 M zus – im Muster str, bis noch 2 M auf der Nd sind – 2 M verschr zus = 74(80)86(94)98 M.

Die Abn insg 10(6)8(6)18-mal in jeder 12.(10.)8.(8.)6. Rd str = 56(70)72(84)64 M.

Gr. (M)L(XL):
Die Abn noch (7)8(10)-mal in jeder (8.)6.(6.) Rd str = (56)56(64) M.

Alle Gr.:
Weiter str, bis der Ärmel ab der Armkugel ca. 40(39)38(37)36 cm misst.
Nach einer 7. oder 15. Diagramm-R enden.

Zu Strumpf-Nd Nr. 3½ wechseln.
Abnahmen str: 1 re(1 re)1 re(1 li)1 li – *2 re – 2 li zus*.
Von * bis * wdh. Enden mit 2 re – die letzte M mit der ersten M der nächsten Rd li zus str = 42(42)42(48)48 M.
Einen MM für den neuen Rd-Beginn platzieren.

4 Rd Rippen str: *2 re – 1 li*. Von * bis * wdh.
Im Rippenmuster locker abk.

Den zweiten Ärmel genauso str.

HALSBÜNDCHEN

Von der Außenseite neue M mit Nd Nr. 3½ aus dem Halsausschnitt heraus str.
An der rechten Schulternaht beg:
6 M aus der Schulter str – 29(29)29(38)38 M aus dem Nacken str – 6 M aus der Schulter bis zur Schulternaht str – 36(36)36(39)39 M aus dem linken Vorderteil str – 1 M aus der Mitte, zw den beiden Vorderteilen str und markieren – 36(36)36(39)39 M aus dem rechten Vorderteil str = 114(114)114(129)129 M.

Zur Runde schließen:
Rd 1: *2 re – 1 li*. Von * bis * wdh.
Rd 2: Wie in Rd 1 Rippen bis 2 M vor die markierte M str – 2 re verschr zus, dafür 1 M re abh, 1 re str, die abgeh M über die gestr M heben – 1 li – 2 re zus – Rippen wie zuvor bis zum Rd-Ende str = 112(112)112(127)127 M.

Rd 3: Rippen bis 2 M vor die markierte M str – 2 li zus – 1 li – 2 li zus – Rippen bis zum Rd-Ende str = 110(110)110(125)125 M.
Rd 4: Wie Rd 2 str = 108(108)108(123)123 M.

Im Rippenmuster locker abketten.

FERTIGSTELLUNG

Vor dem Einnähen die Ärmel mit Nadeln in die Armausschnitte heften und von der Außenseite einnähen. Alle losen Fäden vernähen.

DIAGRAMM

☐ = in den Hin-R re – in den Rück-R li str

▩ = in den Hin-R li – in den Rück-R re str

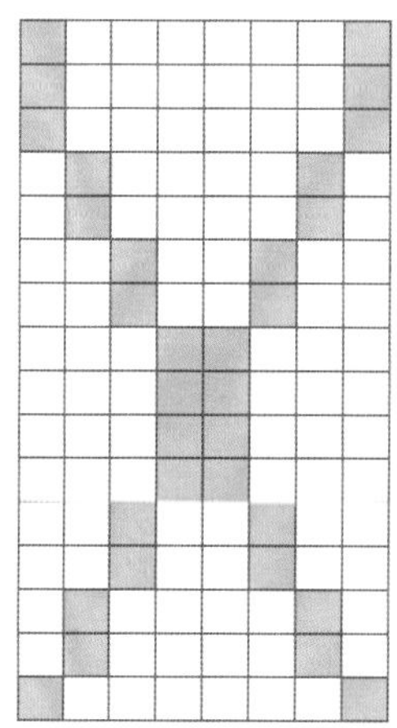

16 15 14 13 12 11 10 9 8 7 6 5 4 3 2 1

Rapport

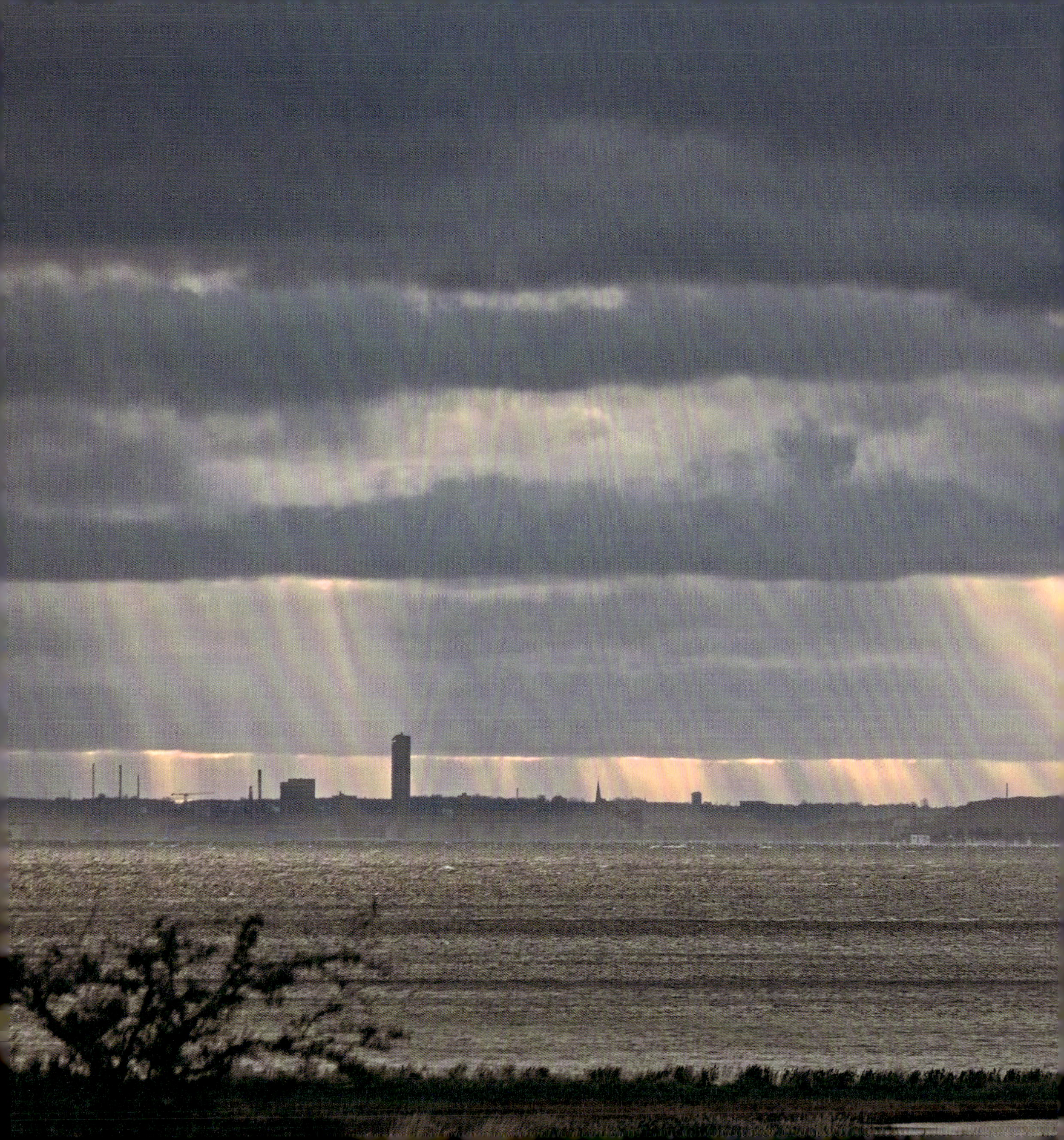

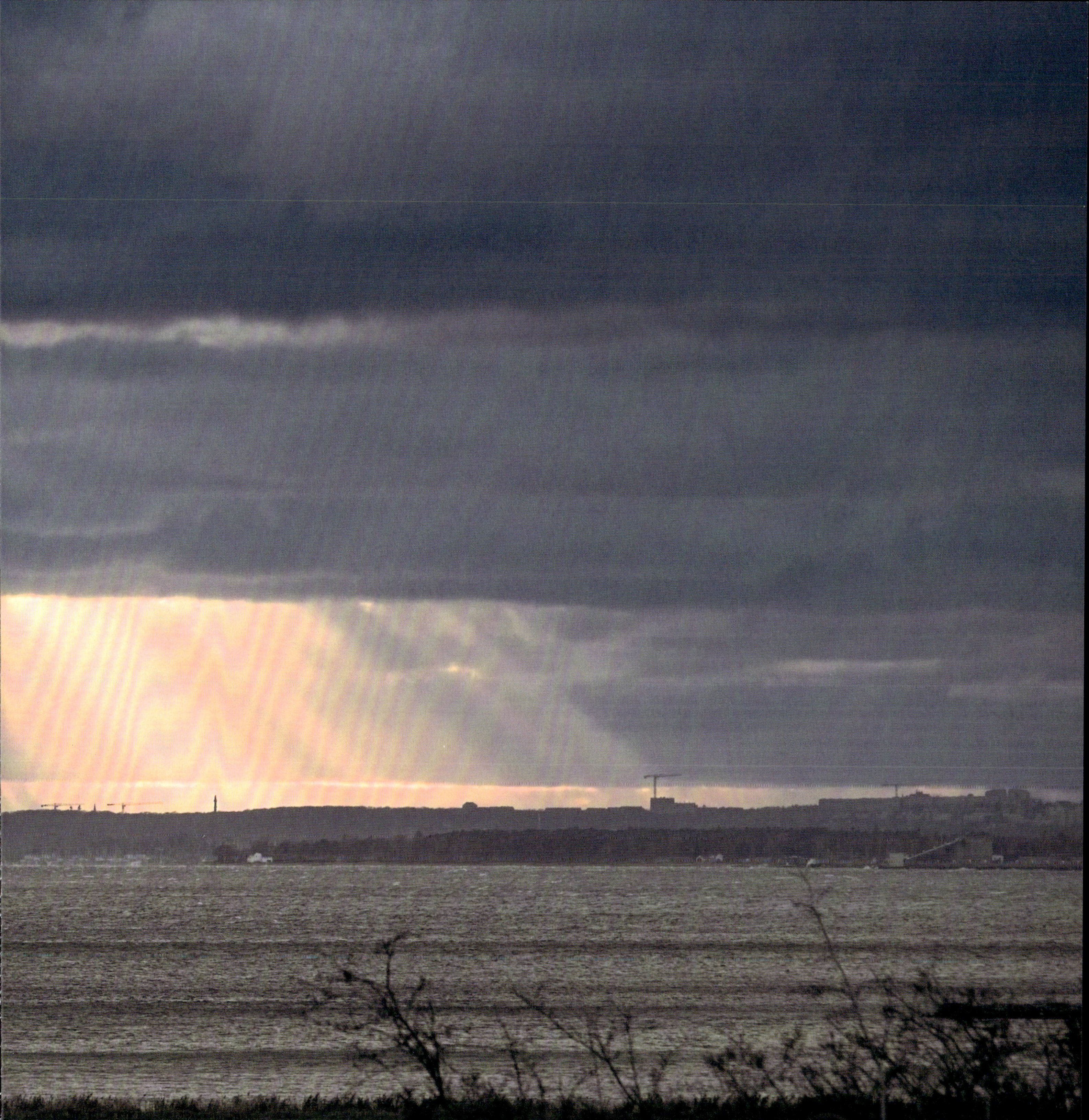

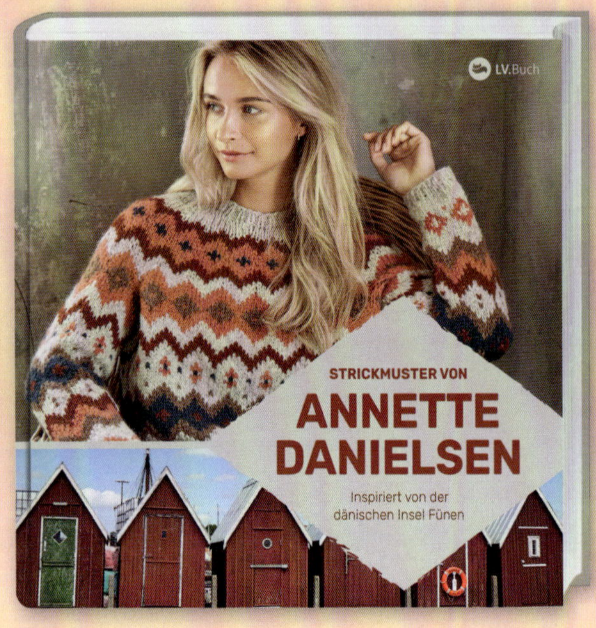

Strickmuster von Annette Danielsen

Annette Danielsen

€ 26,00 [D] | € 26,70 [A]

ISBN 978-3-7843-5754-6

Muster und Farben nach der Natur – neue Strickideen von Annette Danielsen

Zarte Farben und Muster prägen den Frühling auf der dänischen Insel Fünen. Die Autorin und Strickexpertin Annette Danielsen hat sich davon inspirieren lassen und in diesem Handarbeitsbuch eine moderne Kollektion an Pullovern und Jacken für Damen zusammengestellt. Die häufig zwei- oder mehrfarbigen Strick-Kreationen spiegeln die Fülle des fünischen Charakters wider. Lassen auch Sie sich von der reizvollen Landschaft verführen, die für die Strickmodelle Pate stand, und stricken Sie Ihre Mode selbst - vom einfachen Lochmuster bis zum anspruchsvollen Blattmuster.

- 17 dänische Strickanleitungen von Strickexpertin Annette Danielsen
- Vorbild Natur: bunte Strickpullover und Cardigans für Damen
- Inspiration Dänemark: Landschaft und Kulturdenkmäler als Vorlage für Strickmuster
- Masche für Masche: Anschauliche Strick-Anleitungen und Fotos der fertigen Modelle
- Das Handarbeitsbuch für alle, die Stricken und das Leben mit der Natur lieben

Jetzt bestellen unter www.buchweltshop.de

Liebe Leserinnen und Leser,

wir freuen uns, dass Sie unser Buch in den Händen halten. Ihre Meinung ist uns sehr wichtig und von entscheidender Bedeutung für die Weiterentwicklung unserer Arbeit. Dabei hilft uns Ihr Feedback.

Sagen Sie uns, was Sie bewegt und was Sie sich wünschen.

Vielen Dank für Ihre Unterstützung!

Erfahren Sie mehr über unser Qualitätsversprechen: www.lv-buch.de/qualitaetsversprechen

Schicken Sie Ihr Feedback an buch@lv.de

LV.Buch

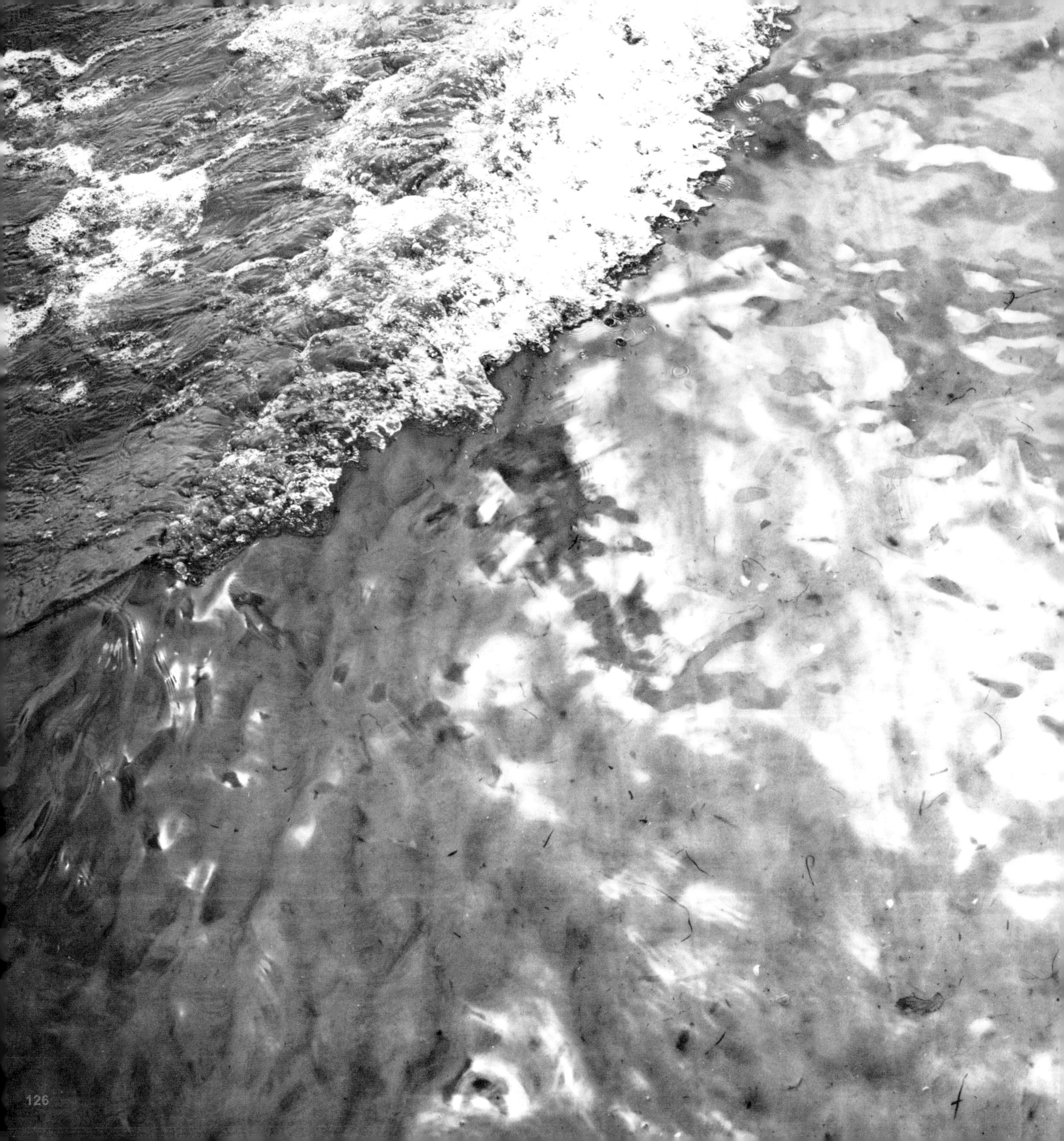